21世纪高职高专会计类专业课程改革规划教材

税法实务

（第三版）

主　编　李凤荣　宣胜瑾

副主编　张　萌　张凌羽　张开宇　于　蕾

中国人民大学出版社

·北京·

前　言

税收是国家的血脉，税法在我国法律体系中的地位是由税收在国家经济活动中的重要性决定的。税法是调整国家与各个经济组织及公民个人分配关系的基本法律规范，是体现各方经济利益再分配的依据，正日益受到全社会的共同关注。特别是近年来我国经济的快速发展，需要一大批诚实守信、遵纪守法、一专多能，既懂经济又精通技术的综合性人才。税收与我们的日常生活息息相关，所以人人都应该了解和熟悉它。对每个会计人员来说，更应该熟练掌握、正确理解、严格执行税收法律法规。税法是会计专业的一门基础课，也是会计专业技术资格考试和注册会计师资格考试的必考内容。

本教材的编写以财政部注册会计师考试委员会颁布的《注册会计师全国统一考试大纲》为依据，编者认真学习和研究了税法的理论和相关条例，及时将最新的内容纳入其中，体现了最新的国家税收政策。本教材从创作思路、结构设计、内容选择等方面都体现了高等职业教育的特点，以培养学生岗位技能为出发点，以提高学生分析和解决问题的能力为目标，在系统阐述税法基本理论的同时，注重理论和实践的统一。本教材内容全面、重点突出，涵盖税法的基础知识、增值税、消费税、企业所得税、个人所得税、城市维护建设税、教育费附加、烟叶税、关税、资源税、土地增值税、房产税、城镇土地使用税、契税、耕地占用税、车辆购置税、车船税、印花税、环境保护税及税收征收管理等。为了方便学生学习，在各情境中设有难点解答、提示等栏目，还配有大量的实务操作，并附有详细的解析。为了让学生毕业后能更好地就业，更快地适应工作岗位，在每个情境后设有综合实务操作题，通过这一环节的训练可以提升学生的岗位技能。

本教材的特色主要体现在如下几方面：

（1）分情境编写。改变传统的教材编写模式，根据税法的内容和税法体系，本教材共分 7 个学习情境，体例新颖，内容通俗易懂，能吸引学生更好地学习。

（2）注重实务操作。本教材有 5 个情境是实务操作内容，理论部分以够用为度，突出实务操作，理论与实务密切结合。

（3）涵盖税务报表。有增值税、消费税、企业所得税和个人所得税纳税申报的详细填报说明，将税额计算与纳税报表填制相结合，旨在增强学生的实际动手能力。

本教材由李凤荣负责总纂，李凤荣、宣胜瑾担任主编，张萌、张凌羽、张开宇、于蕾担任副主编。具体编写分工为：学习情境 1 由于蕾编写，学习情境 2、学习情境 4 由李凤荣编写，学习情境 3 由张凌羽编写，学习情境 5 由张萌编写，学习情境 6 由宣胜瑾编写，学习情境 7 由张开宇编写，电子资料由李凤荣和张萌制作。

在本教材的编写过程中，编者广泛参阅了众多专家、学者公开出版的专著和教材，在此对所参考文献的作者表示衷心感谢。

受编者学术水平和编写时间所限，书中难免有疏漏之处，恳请读者赐教。

编者

目　录

学习情境 1 基础知识

能力目标

1. 熟知税法基本理论知识；
2. 能够协调企业和税务机关的关系。

情境导入

2019 年，全国税务部门组织税费收入 18.3 万亿元，其中税收收入（已扣减出口退税）14 万亿元，同比增长 1.8%；累计办理出口退税 15 740 亿元，同比增长 4.8%，有力支持了外贸出口。

在党中央、国务院的正确引领下，2019 年大规模减税降费政策落地。深化增值税改革在 2019 年 4 月 1 日落地，作为收入规模最大的税种，增值税改革的减税规模超过全年减税降费规模的一半；个税六项专项附加扣除政策、小微企业普惠性税收减免、社保费降率在 2019 年依次落地；完善集成电路设计企业和软件企业所得税“两免三减半”政策，支持扶贫捐赠和第三方污染防治等政策或鼓励创新，或改善民生，或促进环保，体现了服务创新驱动发展战略。2019 年全年累计新增减税降费超过 2 万亿元，占 GDP 比重超过 2%，拉动全年 GDP 增长约 0.8 个百分点，所有行业税负均不同程度下降，有效激发了市场主体活力，增强了经济发展信心，特别是深化增值税改革后，月均净增一般纳税人 8.88 万户，相当于改革前的近两倍。

学习子情境 1.1

理解税收法律关系

1.1.1 税法

税法是国家制定的用以调整国家与纳税人之间在税收征纳过程中形成的税收权利与义务关系的法律规范的总称。

1.1.2 税收法律关系

税收法律关系是税法所确认和调整的，国家与纳税人之间、国家与国家之间以及各级政府之间在税收分配过程中形成的权利与义务关系。税收法律关系由主体、客体和内容三部分构成。

1.1.2.1 主体

税收法律关系的主体是指税收法律关系的参加者，在税收法律关系中享有权利（力）和承担义务的双方当事人。一方是代表国家行使征税职责的国家行政机关，即征税主体；另一方是履行纳税义务的单位和个人。

在税收法律关系中，主体双方法律地位平等，只是因为主体双方是行政管理者与被管理者的关系，所以双方的权利（力）与义务不对等。

1.1.2.2 客体

税收法律关系的客体是指税收法律关系主体的权利（力）、义务所共同指向的对象，也就是征税对象，包括货币、实物和应税行为。

1.1.2.3 内容

税收法律关系的内容是指税收法律关系的主体所享有的权利（力）和所承担的义务，它决定了税收法律关系的实质，是税法体系的核心。它规定主体可以怎样、不可以怎样，若违反了这些规定，须承担相应的法律责任。

税务机关的权力表现在依法进行征税、税务检查以及对违章者进行处罚；其义务主要是向纳税人宣传、咨询、辅导解读税法，及时把征收的税款解缴国库，依法受理纳税人对税收争议的申诉等。

纳税人的权利有多缴款申请退还权、延期纳税权、依法申请减免税权、申请复议和提起诉讼权等；其义务是按税法规定办理税务登记、进行纳税申报、接受税务检查、依法缴纳税款等。

1.1.3 税法的构成要素

税法的构成要素是指各种单行税法具有的共同的基本要素的总称。它包括总则、纳税义务人、征税对象、税目、税率、纳税环节、纳税期限、纳税地点、减税免税、罚则、附则等。

1.1.3.1 总则

总则包括立法依据、立法目的、适用原则等。

1.1.3.2 纳税义务人

纳税义务人又叫纳税主体，是直接负有纳税义务的单位和个人，包括一切履行纳税义务的法人、自然人和其他组织。

1.1.3.3 征税对象

征税对象又叫纳税客体，是税收法律关系中征纳双方权利义务所共同指向的标的物。征税对象是区别不同税种的主要标志，如房产税的征税对象是房屋等。

1.1.3.4 税目

税目是征税对象的具体项目或征税对象的具体化。

1.1.3.5 税率

税率是征税对象的征收比例或征收额度，是计算税额的尺度。我国现行的税率有：

（1）比例税率。对同一征税对象不分数额大小，规定相同的征收比率，如增值税、消费税等。

（2）超额累进税率。将征税对象按数额大小划分为若干等级，根据等级不同规定由低到高的不同税率，如职工薪酬个人所得税税率、个体工商户个人所得税税率等。

（3）定额税率。按征税对象的计量单位直接规定一个固定的征税数额，如资源税、车船税等。

（4）超率累进税率。把征税对象按相对数额划分为若干级距，分别规定相应的差别税率，相对数额每超过一个级距的，对超过部分就按高一级的税率计算应纳税额，如土地增值税。

1.1.3.6 纳税环节

纳税环节主要指税法规定的征税对象在从生产到消费的流转过程中应当缴纳税款的环节。例如，增值税在销售环节征收，消费税在生产、委托加工及进口环节征收。

1.1.3.7 纳税期限

纳税期限是指纳税人按照税法规定缴纳税款的期限。主要有两种形式：按期纳税和按次纳税。

1.1.3.8 纳税地点

纳税地点是指根据各个税种纳税对象的纳税环节和有利于对税款的源泉控制而规定的纳税人（包括代征、代扣、代缴义务人）纳税的具体地点。

1.1.3.9 减税免税

减税免税主要是指对某些纳税人和征税对象采取减少或者免予征税的特殊规定。

起征点，是指税法规定对课税对象开始征税的最低界限，收入未达到起征点的低收入者不纳税，收入超过起征点的高收入者按全部课税对象纳税。

免征额，是指税法规定课税对象中免予征税的数额。无论课税对象的数额大小，对免征额的部分都不征税，仅就其余部分征税。

1.1.3.10 罚则

罚则是指对纳税人违反税法的行为采取的处罚措施。

1.1.3.11 附则

附则一般规定与单行税税法紧密相关的内容，如该法的解释权、生效时间等。

1.1.4 税法的分类

税法按不同标准分为不同的类型。

1.1.4.1 按照税法的基本内容和效力划分

按照税法的基本内容和效力不同，分为税收基本法和税收普通法。税收基本法是税法体系的核心，起着税收母法的作用，包括税收制度的性质、税务管理机构、税收立法与管理权限、税收征收范围等。税收普通法是根据税收基本法的原则，对基本法规定的事项分别立法实施的法律，如增值税法、个人所得税法。

1.1.4.2 按照税法的职能作用划分

按照税法的职能作用的不同，分为税收实体法和税收程序法。税收实体法是规定税收法律关系主体的实体权利（力）和义务的法律规范的总称，其主要内容包括纳税主体、征税客体、计税依据、税目、税率、减税免税和违章处理等，如《中华人民共和国企业所得税法》《中华人民共和国个人所得税法》。税收程序法是税法体系的基本组成部分，主要内容包括税收确定程序、税收征收程序、税收检查程序和税收争议解决程序，如《中华人民共和国税收征收管理法》（以下简称《税收征收管理法》）。

1.1.4.3 按照税法规范的征收对象划分

税按照征收对象的不同，分为流转税、所得税、财产和行为税及资源税。增值税、消费税及关税是流转税；企业所得税、个人所得税是所得税；房产税、车船税、契税、印花税是财产和行为税；资源税、土地增值税和城镇土地使用税是资源税。因此，税法可分为流转税法、所得税法、财产和行为税法、资源税法。

1.1.4.4 按照主权国家的税收管辖权划分

按照主权国家行使税收管辖权的不同，分为国内税法、国际税法及外国税法。

学习子情境 1.2 认识我国现行税法体系

1.2.1 现行税法体系

从法律角度讲，一个国家在一定时期内、一定体制下以法定形式规定的各种税收法律、法规的总和即税法体系。但从税收工作角度讲，税法体系往往被称为税收制度，换句话说，税法体系就是通常所说的税收制度（简称税制）。

税收制度的内容主要有三个层次：一是不同的要素构成的税种，这些要素主要有纳税人、征税对象、税目、税率、纳税环节、纳税期限、减税免税等；二是不同的税种构成税收制度，一般包括所得税和流转税；三是规范税款征收程序的法律法规，如《税收征收管理法》等。

税种的设置及每种税的征税办法一般是以法律形式确定的，这些法律就是税法。一个国家的税法一般包括税法通则、各税种税法（条例）、实施细则、具体规定四个层次。我国的现行税制就其实体法而言，按其性质和作用大致分为以下五类：

（1）流转税类。包括增值税、消费税和关税。主要在生产、流通或者服务业中发挥调节作用。

（2）资源税类。包括资源税、土地增值税和城镇土地使用税。主要是对因开发和利用自然资源而形成的级差收入发挥调节作用。

（3）所得税类。包括企业所得税、个人所得税。主要在国民收入形成后，对生产经营者的利润和个人的纯收入发挥调节作用。

（4）特定目的税类。包括城市维护建设税、车辆购置税、耕地占用税和烟叶税，是为了达到特定目的，对特定对象和特定行为发挥调节作用。

（5）财产和行为税类。包括房产税、车船税、印花税、契税，主要是对某些财产和行为发挥调节作用。

关税由海关负责征收管理，其他税种由税务机关负责征收管理。

【提示1-1】中央确立税收法定原则之后，税收法治化进程不断加快，截至目前，在我国的18个税种中，已有9个税种完成立法：《企业所得税法》（2007年通过，2008年1月1日起施行，2018年修订），《个人所得税法》（2018年修订，2019年1月1日起施行），《车船税法》（2011年通过，2012年1月1日起施行）；2016年12月，《环境保护税法》由十二届全国人大常务委员会审议通过，自2018年1月1日起施行；2017年12月，《烟叶税法》《船舶吨税法》同时获审议通过，并均于2018年7月1日起施行；2018年12月，十三届全国人大会常委会审议通过《耕地占用税法》《车辆购置税法》，前者自2019年9月1日起施行，后者从2019年7月1日开始实施；2019年8月，十三届全国人大常委会表决通过《资源税法》，这也是我国现行的第9部税收实体税法。至此，"税收法定"任务完成过半。这18个税收法律法规构成了我国的税收实体法体系。

除税收实体法外，我国对税种征收管理适用的法律制度，是按照税收管理机关的不同而分别规定的：

（1）由税务机关负责征收的税种的征收管理，按照全国人大常委会发布实施的《税收征收管理法》执行。

（2）由海关负责征收的税种的征收管理，按照《海关法》及《进出口关税条例》等有关规定执行。

上述税收实体法和税种征收管理适用的法律制度构成了我国现行税法体系。

1.2.2　税收管理体系

税收管理体系是在各级国家机构之间划分税权的制度。税权的划分有纵向和横向的区别。纵向划分是指税权在中央与地方国家机构之间的划分；横向划分是指税权在同级立法、司法、行政等国家机构之间的划分。

我国税收管理体制是税收制度的重要组成部分，也是财政管理体制的重要内容。税收管理权限，包括税收立法、税收法律法规的解释权、税种的开征或停征权、税目和税率的调整权、税收的加征和减免权等。如果按大类划分，可以简单地将税收管理权限划分为税收立法权和税收执法权两类。

税收立法权是制定、修改、解释或废止税收法律、法规、规章和规范性文件的权力。它包括两方面的内容：一是什么机关有税收立法权；二是各级机关的税收立法权是如何划分的。

我国制定税收法规的机关不同，其法律级次也不同，主要包括：

（1）全国人大及其常委会制定的税收法律。

（2）全国人大及其常委会授权国务院制定的暂行规定及条例。

（3）国务院制定的税收行政法规。

（4）地方人大及其常委会制定的税收地方性法规。

（5）国务院税务主管部门制定的税收部门规章。

（6）地方政府制定的税收地方规章。

税收执法权和行政管理权是国家赋予税务机关的基本权力，是税务机关实施税收管理和系统内部行政管理的法律手段。其中税收执法权是指税务机关依法征收税款、依法进行税收管理活动的权力，具体包括税款征收管理权、税务稽查权、税务检查权、税务行政复议裁决权及其他税务管理权。

1.2.3 税务机构设置

2018年3月13日，我国改革国税、地税征管体制。将省级和省级以下国税、地税机构合并，具体承担所辖区域内的各项税收、非税收入征管等职责。国税、地税机构合并后，实行以国家税务总局为主与省（自治区、直辖市）人民政府双重领导管理体制。

1.2.4 税收征收管理范围划分

目前，我国的税收分别由财政、税务、海关等系统负责征收管理。

（1）税务局系统负责征收和管理境内发生各项税金。

（2）在有些地方，地方附加、契税、耕地占用税仍由地方财政部门征收和管理。

（3）海关系统负责征收和管理的项目有关税、行李和邮递物品进口税，同时负责代征进出口环节的增值税。

1.2.5 中央政府与地方政府税收收入划分

我国的税收收入分为中央政府固定收入、地方政府固定收入和中央政府与地方政府共享收入。

（1）中央政府固定收入包括消费税（含进口环节海关代征的部分）、车辆购置税、关税、船舶吨税、海关代征的进口环节增值税等。

（2）地方政府固定收入包括城镇土地使用税、耕地占用税、土地增值税、房产税、车船税、契税、烟叶税。

（3）中央政府与地方政府共享收入主要包括：

1）增值税：国内增值税中央政府分享50%，地方政府分享50%。进口环节由海关代征的增值税和铁路建设基金营业税改征增值税为中央收入。

2）企业所得税：国有邮政企业（包括中国邮政集团公司及其控股公司和直属单位）、中国工商银行股份有限公司、中国农业银行股份有限公司、中国银行股份有限公司、国家开发银行股份有限公司、中国农业发展银行、中国进出口银行、中国投资有限责任公司、中国建设银行股份有限公司、中国建银投资有限责任公司、中国信达资产管理股份有限公司、中国石油天然气股份有限公司、中国石油化工股份有限公司、海洋石油天然气企业［包括中国海洋石油总公司、中海石油（中国）有限公司、中海油田服务股份有限公司、海洋石油工程股份有限公司]、中国长江电力股份有限公司等企业缴纳的企业所得税（包括滞纳金、罚款）为中央收入，其余部分中央政府分享60%，地方政府分享40%。

3）个人所得税：分享比例与企业所得税相同。

4）资源税：海洋石油企业缴纳的部分为中央收入，其余部分为地方收入。2016年7月1日起，在河北省开展水资源税改革试点工作。水资源税中央政府分享10%，地方政府分享90%，河北省在缴纳南水北调工程基金期间，水资源税收入全部留给该省。

5）城市维护建设税：各银行总行、各保险总公司集中缴纳的部分为中央收入，其余部分为地方收入。

6）印花税：证券交易印花税收入为中央收入，其他印花税收入为地方收入。

小结

税法是国家制定的用以调整国家与纳税人之间在税收征纳过程中形成的税收权利与义务关系的法律规范的总称。

税收法律关系由主体、客体和内容三部分组成。

我国现行税制按其性质和作用大致分为五类：流转税类、资源税类、所得税类、特定目的税类、财产和行为税类。

税收管理体制是在各级国家机构之间划分税权的制度。我国的税收管理体制是税收制度的重要组成部分，也是财政管理体制的重要内容。如果按大类划分，可以简单地将税收管理权限分为税收立法权和税收执行权两类。国税、地税机构合并后，实行以国家税务总局为主与省（自治区、直辖市）人民政府双重领导管理体制。

综合实务操作题

一、单项选择题

1. 下列各项中，不属于税收法律关系中纳税主体的是（　　）。

A. 法人　　B. 自然人　　C. 其他组织　　D. 海关

2. 在税收法律体系中，税收法律关系主体双方（　　）。

A. 法律地位平等，权利（力）义务对等

B. 法律地位平等，权利（力）义务不对等

C. 法律地位不平等，权利（力）义务对等

D. 法律地位不平等，权利（力）义务不对等

3. 下列税法要素中，属于区分不同税种的重要标志的是（　　）。

A. 纳税期限　　B. 纳税义务人　　C. 征税对象　　D. 税率

4. 税收法律关系中最实质的内容是（　　）。

A. 税收法律关系的主体　　B. 税收法律关系的客体

C. 税收法律关系的内容　　D. 税收法律事实

5. 根据税收法律制度的规定，下列属于税收法律关系客体的是（　　）。

A. 征税人　　B. 纳税人　　C. 征税对象　　D. 纳税义务

6. 税收行政法由（ ）制定。
A. 全国人民代表大会及其常务委员会 B. 地方人民代表大会及其常务委员会
C. 财政部和国家税务总局 D. 国务院
7. 我国税收立法权的划分类型是（ ）。
A. 按照税种类型的不同划分 B. 按照税种的基本要素划分
C. 按照税种收入的级次划分 D. 按照税收执法的级次划分
8. 税务主管机关的权力（利）有（ ）。
A. 制定税收法律 B. 依法征税
C. 进行税务检查 D. 对违章者进行税务处罚
9.《中华人民共和国增值税法》的法律级次属于（ ）。
A. 财政部制定的部门要求 B. 全国人大授权国务院立法
C. 国务院制定的税收行政法规 D. 全国人大制定的税收法律
10. 下列各项中，表述正确的是（ ）。
A. 税目是区分不同税种的主要标志
B. 税率是衡量税负轻重的重要标志
C. 纳税人就是履行纳税义务的法人和自然人
D. 征税对象就是税收法律关系中征纳双方权利义务所指的物品

二、多项选择题

1. 以下关于税收法律关系的表述中正确的是（ ）。
A. 税收法律关系双方法律地位平等但权利（力）义务不对等
B. 税收法律关系的保护对主体双方是不平等的
C. 税收法律关系的产生、变更与消灭由税收法律事实决定
D. 税收法律关系的内容是税收法律关系中最实质的东西
2. 中国现行税制中，采用累进税率的有（ ）。
A. 全额累进税率 B. 超率累进税率
C. 超额累进税率 D. 超倍累进税率
3. 下列各项中，有权制定税收规章的税务主管机关有（ ）。
A. 国家税务总局 B. 财政部 C. 国务院办公厅 D. 海关总署
4.《税收征收管理法》属于我国税法体系中的（ ）。
A. 税收基本法 B. 税收实体法 C. 税收程序法 D. 国内税法
5. 下列税种中，全部属于中央政府固定收入的有（ ）。
A. 消费税 B. 增值税 C. 车辆购置税 D. 资源税
6. 县级国家税务总局的派出机构有（ ）。
A. 征收分局 B. 税务所
C. 代扣代缴义务人 D. 代征人
7. 国家税务主管机关的权力（利）有（ ）。
A. 制定税收法律 B. 依法征税
C. 进行税务检查 D. 对违章者进行税务处罚

8. 下列关于省级税务局实行的管理体制表述中，错误的有（　　）。

A. 国家税务总局垂直领导

B. 同级政府领导

C. 国家税务总局和同级政府双重领导，国家税务总局领导为主

D. 国家税务总局和同级政府双重领导，地方政府领导为主

9. 税务机关负责征收和管理的项目有（　　）。

A. 境内发生的增值税　　B. 证券交易印花税

C. 土地增值税　　D. 关税

三、判断题

1. 在税收法律关系中，征纳双方法律地位的平等主要体现为双方权利（力）与义务的对等。（　　）

2. 税收法律关系的主体是指代表国家行使职责的税务机关。（　　）

3. 地区性地方税收的立法权可经省级立法机关或经省级立法机关授权的下级政府行使。（　　）

4. 税法是调整征收机关与纳税人之间征纳税方面权利（力）及义务的总称。（　　）

5. 税收法律关系的保护对主体双方是对等的。（　　）

6.《税收征收管理法》属于税收基本法。（　　）

7. 由于制定税收法律、法规和规章的机关不同，其法律级次不同，因此其法律效力也不同。（　　）

8. 某市政府为了支持小规模纳税人的发展，规定小规模纳税人如果取得了增值税专用发票，可以按规定抵扣进项税。（　　）

9. 中央各部委可根据本系统的需要制定税收补充规定。（　　）

10. 中央和地方分享企业所得税的收入和个人所得税的收入（除储蓄存款利息收入外）。（　　）

学习情境 

增值税实务

能力目标

1. 会计算增值税一般纳税人和小规模纳税人的应纳税额；

2. 通过本教学环节的实训操作，能增强学生动手能力和操作的协调能力；

3. 在任务驱动的教学方式下，能让学生独立完成从会计账簿记录到税务报表申报完整过程的操作，培养申报纳税的能力；

4. 采用分工协作的操作方式，培养学生团结合作的团队意识、互帮互学的精神品质。

情境导入

一家汽车制造企业的总经理问税务局的办税员："我们企业应该缴纳哪些税?"办税员回答："增值税、消费税、城市维护建设税、城镇土地税、房产税、车船税、企业所得税和印花税等。"

总经理："请先给我讲讲为什么要缴纳增值税吧。"

办税员："一般情况下，销售货物或者劳务，销售服务、无形资产、不动产以及进口货物都要缴纳增值税。"

学习子情境 2.1

熟知增值税相关条例

2.1.1 增值税概述

增值税是对在我国境内销售货物，提供加工、修理修配劳务和服务，销售无形资产、不动产，以及进口货物的单位和个人，就其取得的货物、劳务或应税服务销售额，以及进口货物金额计算税款，并实行税款抵扣制的一种流转税。

增值税具有保持税收中性、普遍征收、税收负担由商品最终消费者承担、实行税款抵扣制度、实行比例税率及价外税制度的特点。

有问有答

问：为什么说我国现行的增值税是价外税？如何理解价外税？

答：价外税是指与销售货物相关的增值税额独立于价格之外单独核算，不作为价格的组成部分。增值税的应税销售收入中不含销项税额，销售成本中一般也不含进项税额，纳税人缴纳的增值税当然也不能作为收入的抵减项计入利润表中，因此，所有增值税的计算与缴纳均与利润表无关。而作为价内税的消费税，不仅应税销售收入中包含消费税，实际缴纳的消费税也需要计入销售税金，缴纳的消费税作为收入的抵减项目计入利润表中，直接影响纳税人最终的利润。例如，某一般纳税人购入 A 商品 100 件，每件 10 元（不含税），价税合计 1 130 元，用支票支付完毕。经过生产、加工后，每件销售 20 元（不含税），全部销售完毕，货款已经收到，适用的增值税税率是 13%，消费税税率是 10%，我们看以下计算：

应纳增值税＝20×100×13%－10×100×13%＝130(元)
应纳消费税＝20×100×10%＝200(元)
税前利润＝(20－10)×100－200＝800(元)

我们假设适用的增值税税率为 50%，则计算如下：

应纳增值税＝20×100×50%－10×100×50%＝500(元)
应纳消费税＝20×100×10%＝200(元)
税前利润＝(20－10)×100－200＝800(元)

我们再假设适用的增值税税率为 50%，消费税税率为 20%，则计算如下：

应纳增值税＝20×100×50%－10×100×50%＝500(元)
应纳消费税＝20×100×20%＝400(元)
税前利润＝(20－10)×100－400＝600(元)

由上述可见，无论增值税税率如何变化，都不影响企业获得的利润，而消费税税率一旦变化，则明显影响企业获得的利润。

2.1.1.1 征税范围

增值税的征税范围，包括在我国境内销售货物、提供应税劳务和销售服务、无形资产、不动产及进口货物。在境内销售货物或者提供应税劳务和应税服务是指销售货物的起运地或者所在地在境内以及提供劳务和应税服务的发生地在我国境内。

“在我国境内”是指：

（1）服务（租赁不动产除外）或者无形资产（自然资源使用权除外）的销售或者购买方在境内。

（2）所销售或者租赁的不动产在境内。

（3）所销售自然资源使用权的自然资源在境内。

（4）财政部和国家税务总局规定的其他情形。

下列情形不属于在境内销售服务或者无形资产，不征收增值税：

（1）境外单位或者个人向境内单位或者个人销售完全在境外发生的服务。

（2）境外单位或者个人向境内单位或者个人销售完全在境外使用的无形资产。

（3）境外单位或者个人向境内单位或者个人出租完全在境外使用的有形动产。

（4）财政部和国家税务总局规定的其他情形。

1. 征税范围的一般规定

（1）销售或者进口的货物。

货物是指有形动产，包括电力、热力、气体在内。销售货物是指有偿转让货物的所有权。进口货物是指货物从我国境外移送至我国境内的行为。

（2）应税劳务。

应税劳务，是指纳税人有偿提供的加工、修理修配劳务。加工是指受托加工货物，即委托方提供原材料及主要材料，受托方按照委托方的要求制造货物并收取加工费的业务；修理修配是指受托对损伤和丧失功能的货物进行修复，使其恢复原状和功能的业务。

【提示 2－1】单位或者个体工商户聘用的员工为本单位或者雇主提供加工、修理修配劳务，不包括在内。

（3）应税服务。

应税服务，是指提供交通运输服务、邮政服务、电信服务、建筑服务、金融服务、现代服务和生活服务。

1）交通运输服务。交通运输服务，是指使用运输工具将货物或者旅客送达目的地，使其空间位置得到转移的业务活动。该服务包括陆路运输服务、水路运输服务、航空运输服务和管道运输服务。

a. 陆路运输服务。陆路运输服务，是指通过陆路（地上或者地下）运送货物或者旅客的运输业务活动，包括铁路运输服务和其他陆路运输服务。

铁路运输服务，是指通过铁路运送货物或者旅客的运输业务活动。

其他陆路运输服务，是指铁路运输以外的陆路运输业务活动。包括公路运输、缆车运输、索道运输、地铁运输、城市轻轨运输服务等。

出租车公司向使用本公司自有出租车的出租车司机收取的管理费用，按陆路运输服务征收增值税。

b. 水路运输服务。水路运输服务，是指通过江、河、湖、川等天然、人工水道或者海洋航道运送货物或者旅客的运输业务活动。

远洋运输的程租、期租业务，属于水路运输服务。

程租业务，是指远洋运输企业为租船人完成某一特定航次的运输任务并收取租赁费的业务。

期租业务，是指远洋运输企业将配备操作人员的船舶承租给他人使用一定期限，承租期内听候承租方调遣，不论是否经营，均按天向承租方收取租赁费，发生的固定费用均由船东负担的业务。

c. 航空运输服务。航空运输服务，是指通过空中航线运送货物或者旅客的运输业务活动。

航空运输的湿租业务，属于航空运输服务。

湿租业务，是指航空运输企业将配备机组人员的飞机承租给他人使用一定期限，承租期内听候承租方调遣，不论是否经营，均按一定标准向承租方收取租赁费，发生的固定费用均由承租方承担的业务。

航天运输服务，按照航空运输服务征收增值税。

航天运输服务，是指利用火箭等载体将卫星、空间探测器等空间飞行器发射到空间轨道的业务活动。

d. 管道运输服务。管道运输服务，是指通过管道设施输送气体、液体、固体物质的运输业务活动。

无运输工具承运业务，按照交通运输服务缴纳增值税。

无运输工具承运业务，是指经营者以承运人身份与托运人签订运输服务合同，收取运费并承担承运人责任，然后委托实际承运人完成运输服务的经营活动。

2）邮政服务。邮政服务，是指中国邮政集团公司及其所属邮政企业提供邮件寄递、邮政汇兑、机要通信和邮政代理等邮政基本服务的业务活动。该服务包括邮政普遍服务、邮政特殊服务和其他邮政服务。

a. 邮政普遍服务。邮政普遍服务，是指函件、包裹等邮件寄递，以及邮票发行、报刊发行和邮政汇兑等业务活动。

函件，是指信函、印刷品、邮资封片卡、无名址函件和邮政小包等。

包裹，是指按照封装上的名址递送给特定个人或者单位的独立封装的物品，其重量不超过 50 千克，任何一边的尺寸不超过 150 厘米，长、宽、高合计不超过 300 厘米。

b. 邮政特殊服务。邮政特殊服务，是指义务兵平常信函、机要通信、盲人读物和革命烈士遗物的寄递等业务活动。

c. 其他邮政服务。其他邮政服务，是指邮册等邮品销售、邮政代理等业务活动。

3）电信服务。电信服务，是指利用有线、无线的电磁系统或者光电系统等各种通信网络资源，提供语音通话服务，传送、发射、接收或者应用图像、短信等电子数据和信息的业务活动。该服务包括基础电信服务和增值电信服务。

a. 基础电信服务。基础电信服务，是指利用固网、移动网、卫星、互联网，提供语音通话服务的业务活动，以及出租或者出售带宽、波长等网络元素的业务活动。

b. 增值电信服务。增值电信服务，是指利用固网、移动网、卫星、互联网、有线电视网络，提供短信和彩信服务、电子数据和信息的传输及应用服务、互联网接入服务等业务活动。

卫星电视信号落地转接服务，按照增值电信服务缴纳增值税。

4）建筑服务。建筑服务，是指各类建筑物、构筑物及其附属设施的建造、修缮、装饰，线路、管道、设备、设施等的安装以及其他工程作业的业务活动。该服务包括工程服务、安装服务、修缮服务、装饰服务和其他建筑服务。

a. 工程服务。工程服务，是指新建、改建各种建筑物、构筑物的工程作业，包括与建筑物相连的各种设备或者支柱、操作平台的安装或者装设工程作业，以及各种窑炉和金属结构工程作业。

b. 安装服务。安装服务，是指生产设备、动力设备、起重设备、运输设备、传动设备、医疗实验设备以及其他各种设备、设施的装配、安置工程作业，包括与被安装设备相连的工作台、梯子、栏杆的装设工程作业，以及被安装设备的绝缘、防腐、保温、油漆等工程作业。

固定电话、有线电视、宽带、水、电、燃气、暖气等经营者向用户收取的安装费、初装费、开户费、扩容费以及类似收费，按照安装服务缴纳增值税。

c. 修缮服务。修缮服务，是指对建筑物、构筑物进行修补、加固、养护、改善，使之恢复原来的使用价值或者延长其使用期限的工程作业。

d. 装饰服务。装饰服务，是指对建筑物、构筑物进行修饰装修，使之美观或者具有特定用途的工程作业。

e. 其他建筑服务。其他建筑服务，是指上列工程作业之外的各种工程作业服务，如钻井（打井）、拆除建筑物或者构筑物、平整土地、园林绿化、疏浚（不包括航道疏浚）、建筑物平移、搭脚手架、爆破、矿山穿孔、表面附着物（包括岩层、土层、沙层等）剥离和清理等工程作业。

5）金融服务。金融服务，是指经营金融保险业务的活动。该服务包括贷款服务、直接收费金融服务、保险服务和金融商品转让。

a. 贷款服务。贷款服务，是指将资金贷与他人使用而取得利息收入的业务活动。

各种占用、拆借资金取得的收入，包括金融商品持有期间（含到期）利息（保本收益、报酬、资金占用费、补偿金等）收入、信用卡透支利息收入、买入返售金融商品利息收入、融资融券收取的利息收入，以及融资性售后回租、押汇、罚息、票据贴现、转贷等业务取得的利息及利息性质的收入，按照贷款服务缴纳增值税。

融资性售后回租，是指承租方以融资为目的，将资产出售给从事融资性售后回租业务的企业后，从事融资性售后回租业务的企业将该资产出租给承租方的业务活动。

以货币资金投资收取的固定利润或者保底利润，按照贷款服务缴纳增值税。

b. 直接收费金融服务。直接收费金融服务，是指为货币资金融通及其他金融业务提供相关服务并收取费用的业务活动。包括提供货币兑换、账户管理、电子银行、信用卡、信用证、财务担保、资产管理、信托管理、基金管理、金融交易场所（平台）管理、资金结算、资金清算、金融支付等服务。

c. 保险服务。保险服务，是指投保人根据合同约定，向保险人支付保险费，保险人对于合同约定的可能发生的事故因其发生所造成的财产损失承担赔偿保险金责任，或者当被保险人死亡、伤残、生病或者达到合同约定的年龄、期限等条件时承担给付保险金责任的商业保险行为。该服务包括人身保险服务和财产保险服务。

人身保险服务，是指以人的寿命和身体为保险标的的保险业务活动。

财产保险服务，是指以财产及其有关利益为保险标的的保险业务活动。

d. 金融商品转让。金融商品转让，是指转让外汇、有价证券、非货物期货和其他金融商品所有权的业务活动。

其他金融商品所有权的转让包括基金、信托、理财产品等各类资产管理产品和各种金融衍生品所有权的转让。

6）现代服务。现代服务，是指围绕制造业、文化产业、现代物流产业等提供技术性、知识性服务的业务活动。该服务包括研发和技术服务、信息技术服务、文化创意服务、物流辅助服务、租赁服务、鉴证咨询服务、广播影视服务、商务辅助服务和其他现代服务。

a. 研发和技术服务。研发和技术服务，包括研发服务、合同能源管理服务、工程勘察勘探服务。

b. 信息技术服务。信息技术服务，是指利用计算机、通信网络等技术对信息进行生产、收集、处理、加工、存储、运输、检索和利用，并提供信息服务的业务活动。该服务包括软件服务、电路设计及测试服务、信息系统服务、业务流程管理服务和信息系统增值服务。

c. 文化创意服务。文化创意服务，包括设计服务、商标和著作权转让服务、知识产权服务、广告服务和会议展览服务。

d. 物流辅助服务。物流辅助服务，包括航空服务、港口码头服务、货运客运场站服务、打捞救助服务、装卸搬运服务、仓储服务和收派服务。

e. 租赁服务。租赁服务，包括融资租赁服务和经营租赁服务。

f. 鉴证咨询服务。鉴证咨询服务，包括认证服务、鉴证服务和咨询服务。

g. 广播影视服务。广播影视服务，包括广播影视节目（作品）的制作服务、发行服务和播映（含放映，下同）服务。

h. 商务辅助服务。商务辅助服务，包括企业管理服务、经纪代理服务、人力资源服务、安全保护服务。

i. 其他现代服务。其他现代服务，是指除研发和技术服务、信息技术服务、文化创意服务、物流辅助服务、租赁服务、鉴证咨询服务、广播影视服务和商务辅助服务以外的现代服务。

7）生活服务。生活服务，是指为满足城乡居民日常生活需求提供的各类服务活动。该服务包括文化体育服务、教育医疗服务、旅游娱乐服务、餐饮住宿服务、居民日常服务和其他生活服务。

a. 文化体育服务。文化体育服务，包括文化服务和体育服务。

文化服务，是指为满足社会公众文化生活需求提供的各种服务。包括：文艺创作、文艺表演、文化比赛，图书馆的图书和资料借阅，档案馆的档案管理，文物及非物质遗产保护，组织举办宗教活动、科技活动、文化活动，提供游览场所。

体育服务，是指组织举办体育比赛、体育表演、体育活动，以及提供体育训练、体育指导、体育管理的业务活动。

b. 教育医疗服务。教育医疗服务，包括教育服务和医疗服务。

教育服务，是指提供学历教育服务、非学历教育服务、教育辅助服务的业务活动。

医疗服务，是指提供医学检查、诊断、治疗、康复、预防、保健、接生、计划生育、防疫服务等方面的服务，以及与这些服务有关的提供药品、医用材料器具、救护车、病房住宿和伙食的业务活动。

c. 旅游娱乐服务。旅游娱乐服务，包括旅游服务和娱乐服务。

旅游服务，是指根据旅游者的要求，组织安排交通、游览、住宿、餐饮、购物、文娱、商务等服务的业务活动。

娱乐服务，是指为娱乐活动同时提供场所和服务的业务活动。具体包括歌厅、舞厅、夜总会、酒吧、台球、高尔夫球、保龄球、游艺（包括射击、狩猎、跑马、游戏机、蹦极、卡丁车、热气球、动力伞、射箭、飞镖）。

d. 餐饮住宿服务。餐饮住宿服务，包括餐饮服务和住宿服务。

餐饮服务，是指通过同时提供饮食和饮食场所的方式为消费者提供饮食消费服务的业务活动。

住宿服务，是指提供住宿场所及配套服务等的业务活动。包括宾馆、旅馆、旅社、度假村和其他经营性住宿场所提供的住宿服务。

e. 居民日常服务。居民日常服务，是指主要为满足居民个人及其家庭日常生活需求提供的服务，包括市容市政管理、家政、婚庆、养老、殡葬、照料和护理、救助救济、美容美发、按摩、桑拿、氧吧、足疗、沐浴、洗染、摄影扩印等服务。

f. 其他生活服务。其他生活服务，是指除文化体育服务、教育医疗服务、旅游娱乐服务、餐饮住宿服务和居民日常服务之外的生活服务。

（4）销售无形资产。

销售无形资产，是指转让无形资产所有权或者使用权的业务活动。无形资产，是指不具有实物形态，但能带来经济利益的资产，包括技术、商标、著作权、商誉、自然资源使用权和其他权益性无形资产。

技术，包括专利技术和非专利技术。

自然资源使用权，包括土地使用权、海域使用权、探矿权、采矿权、取水权和其他自然资源使用权。

其他权益性无形资产，包括基础设施资产经营权、公共事业特许权、配额、经营权（包括特许经营权、连锁经营权、其他经营权）、经销权、分销权、代理权、会员权、席位权、网络游戏虚拟道具、域名、名称权、肖像权、冠名权、转会费等。

（5）销售不动产。

销售不动产，是指转让不动产所有权的业务活动。不动产，是指不能移动或者移动后会引起性质、形状改变的财产，包括建筑物、构筑物等。

建筑物，包括住宅、商业营业用房、办公楼等可供居住、工作或者进行其他活动的建造物。

构筑物，包括道路、桥梁、隧道、水坝等建造物。

转让建筑物有限产权或者永久使用权的，转让在建的建筑物或者构筑物所有权的，以及在转让建筑物或者构筑物时一并转让其所占土地的使用权的，按照销售不动产缴纳增值税。

2. 征税范围的具体规定

(1) 征税范围的特殊项目。

1) 货物期货(包括商品期货和贵金属期货),在期货的实物交割环节缴纳增值税。

2) 银行销售金银的业务缴纳增值税。

3) 典当业的死当物品销售业务和寄售业代委托人销售寄售物品的业务缴纳增值税。

4) 集邮商品(如邮票、首日封、邮折等)的生产及销售业务缴纳增值税。

(2) 征税范围的特殊行为。

1) 视同销售行为。单位或者个体工商户的下列行为,视同销售货物、服务、无形资产或者不动产:

a. 将货物交付他人代销;

b. 销售代销货物;

c. 设有两个以上机构并实行统一核算的纳税人,将货物从一个机构移送至其他机构用于销售,但相关机构设在同一县(市)的除外;

d. 将自产或者委托加工的货物用于非增值税应税项目、简易计税项目;

e. 将自产、委托加工的货物用于集体福利或者个人消费;

f. 将自产、委托加工或者购进的货物作为投资,提供给其他单位或者个体工商户;

g. 将自产、委托加工或者购进的货物分配给股东或者投资者;

h. 将自产、委托加工或者购进的货物无偿赠送给其他单位或者个人;

i. 向其他单位或者个人无偿提供服务、转让无形资产或者不动产,但用于公益事业或者以社会公众为对象的除外。

【提示 2-2】上述行为视同销售货物、服务、无形资产或者不动产,均要征收增值税。这样做的目的:一是保证增值税税款抵扣制度的实施,不致因发生上述行为而造成各相关环节税款抵扣链条的中断,如 a、b;二是避免因发生上述行为而造成货物销售税收负担不平衡的矛盾,防止逃避纳税的现象;三是体现增值税计算的配比原则,即购进货物已经在购进环节实施了进项税额抵扣,同时应该产生相应的销项税额,否则就会产生不配比的情况,如 d~h。

【提示 2-3】视同销售行为中,所涉及的外购货物进项税额,凡符合规定的,允许作为当期进项税额抵扣。其中,购进货物用于 d、e 项的,进项税额不予抵扣,已经抵扣的,应做进项税额转出处理。

2) 混合销售行为。一项销售行为如果既涉及货物又涉及服务,为混合销售行为。从事货物的生产、批发或者零售的企业、企业性单位和个体工商户的混合销售行为,视为销售货物,按照销售货物缴纳增值税;其他单位和个人的混合销售行为,按照销售服务缴纳增值税。

3) 兼营行为。兼营行为是指纳税人生产或销售不同税率的货物,或者既销售货物又提供应税劳务、应税服务以及销售无形资产和不动产,且这些应税行为不发生在同一销售行为中。

纳税人兼营销售货物、劳务、服务、无形资产或者不动产,适用不同税率或者征收率的,应当分别核算适用不同税率或者征收率的销售额,未分别核算销售额的,从高适用税率。

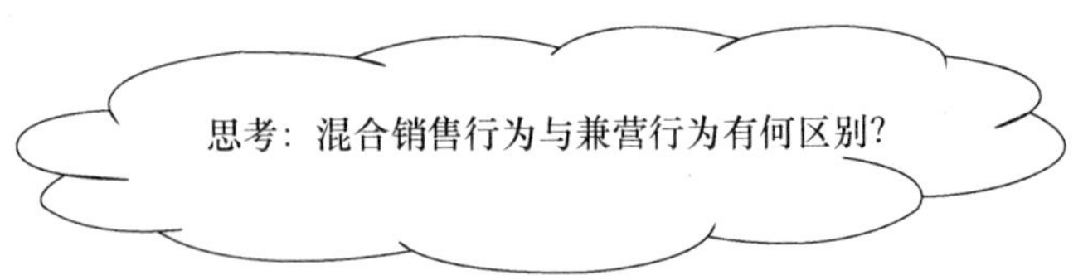

2.1.1.2 纳税义务人和扣缴义务人

纳税义务人是指从事销售和进口货物、提供应税劳务、销售服务、转让无形资产或者不动产的单位和个人。单位租赁或者承包给其他单位或者个人经营的，以承租人或者承包人为纳税人。

在我国境外的单位或者个人在境内提供应税劳务、销售服务、转让无形资产和不动产，在境内未设有经营机构，以其代理人为扣缴义务人；在境内没有代理人的，以购买者为扣缴义务人。

2.1.1.3 小规模纳税人和一般纳税人

增值税的纳税人是指在我国境内销售货物和进口货物或提供加工、修理修配劳务，销售服务，转让无形资产及不动产的单位和个人。

单位以承包、承租、挂靠方式，承包人、承租人（以下统称承包人）以发包人、出租人、被挂靠人（以下统称发包人）名义对外经营并由承包人承担相关法律责任的，以发包人为纳税人；否则，以承包人为纳税人。

根据纳税人的经营规模以及会计核算健全程度的不同，增值税的纳税人可分为小规模纳税人和一般纳税人。

1. 小规模纳税人

小规模纳税人是指年销售额在规定标准以下，并且会计核算不健全，不能按规定报送有关税务资料的增值税纳税人。

（1）增值税小规模纳税人标准为年应征增值税销售额500万元及以下。

（2）旅店业和餐饮业纳税人销售非现场消费的食品，属于不经常发生增值税应税行为，可以选择按小规模纳税人缴纳增值税。

（3）兼有销售货物、提供加工和修理修配劳务以及销售服务，且不经常发生应税行为的单位和个体工商户，可选择按照小规模纳税人纳税。

（4）小规模纳税人不能领购和使用增值税专用发票，按简易办法计算缴纳增值税，但可以到税务机关代开增值税专用发票。

【提示 2-4】小规模纳税人会计核算健全且能够提供准确税务资料的，可以向主管税务机关申请一般纳税人资格认证。

2. 一般纳税人

一般纳税人是指年应征增值税销售额超过小规模纳税人标准的企业和企业性单位。

年应征增值税销售额，是指纳税人在连续不满12个月的经营期内累计应征增值税销售额，包括纳税申报销售额、稽查查补销售额、纳税评估调整销售额、税务机关代开发票销售额和免税销售额。

兼有销售货物、提供应税劳务及销售服务、转让无形资产和不动产的纳税人，销售货物及应税劳务销售额与销售服务、转让无形资产和不动产的销售额分别计算，分别适用增值税一般纳税人资格登记标准。

下列纳税人不属于一般纳税人：

（1）年应税销售额未超过小规模纳税人标准的企业。

（2）个人（除个体经营者以外）。

（3）非企业性单位。

（4）不经常发生增值税应税行为的企业。

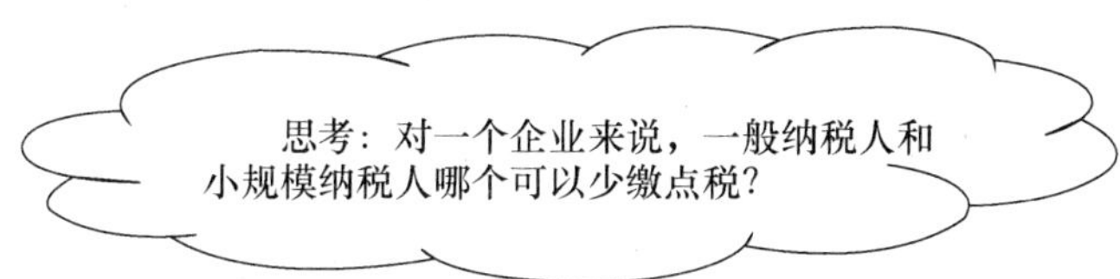

2.1.2　税收优惠

2.1.2.1　《增值税暂行条例》规定的免税项目

（1）农业生产者销售的自产农业产品。农业产品是指种植业、养殖业、林业、牧业、水产业生产的各类植物、动物的初级产品；农业生产者，包括从事农业生产的单位和个人。对上述单位和个人销售的外购农产品，以及单位和个人外购农产品生产、加工后销售的仍然属于规定范围的农业产品，不属于免税范围，应当按照规定的税率征收增值税。

（2）避孕药品和用具。

（3）古旧图书。古旧图书是指向社会收购的古书和旧书。

（4）直接用于科学研究、科学试验和教学的进口仪器、设备。

（5）外国政府、国际组织无偿援助的进口物资和设备。

（6）由残疾人组织直接进口的供残疾人专用的物品。

（7）销售的自己使用过的物品。自己使用过的物品是指其他个人自己使用过的物品。

2.1.2.2　财政部、国家税务总局规定的其他免税项目

1. 资源综合利用及其他产品的增值税政策

（1）对销售下列自产货物实行免征增值税政策：

1）再生水。

2）以废旧轮胎为全部生产原料生产的胶粉。

3）翻新轮胎。

4）生产原料中掺兑废渣比例不低于 30%的特定建材产品。

（2）对污水处理劳务免征增值税。

（3）对销售下列自产货物实行增值税即征即退政策：

1）以工业废气为原料生产的高纯度二氧化碳产品。

2）以垃圾为燃料生产的电力或者热力。

3）以煤炭开采过程中伴生的舍弃物油母页岩为原料生产的页岩油。

4）以废旧沥青混凝土为原料生产的再生沥青混凝土。

5）采用旋窑法工艺生产的水泥或者外购水泥熟料采用研磨工艺生产的水泥，水泥生产原料中掺兑废渣比例不低于 30%。

（4）销售下列自产货物实现的增值税实行即征即退50％的政策：

1）以退役军用发射药为原料生产的涂料硝化棉粉。退役军用发射药在生产原料中的比重不低于90％。

2）对燃煤发电厂及各类工业企业产生的烟气、高硫天然气进行脱硫生产的副产品。

3）以废弃酒糟和酿酒底锅水为原料生产的蒸汽、活性炭、白炭黑、乳酸、乳酸钙、沼气。废弃酒糟和酿酒底锅水在生产原料中所占比重不低于80％。

4）以煤矸石、煤泥、石煤、油母页岩为燃料生产的电力和热力。煤矸石、煤泥、石煤、油母页岩用量占发电燃料的比重不低于60％。

5）利用风力生产的电力。

6）部分新型墙体材料产品。

（5）对销售自产的综合利用生物柴油实行增值税先征后退政策。

（6）对增值税一般纳税人生产的黏土实心砖、瓦，一律按适用税率征收增值税，不得采取简易办法征收增值税。

2．调整完善资源综合利用产品及劳务增值税政策

（1）对销售以建筑废物、煤矸石为原料自产的建筑砂石骨料免征增值税。

（2）对垃圾处理、污泥处理处置劳务免征增值税。

（3）对销售下列自产货物实行增值税即征即退100％的政策：

1）利用工业生产过程中产生的余热、余压生产的电力或热力。

2）以餐厨垃圾、畜禽粪便、稻壳、花生、玉米壳、棉籽壳、三剩物、次小薪材、污水处理后产生的污泥、油田采油过程中产生的油污泥为生产原料生产的产品，上述生产原料的比重不低于80％，其中利用油田采油过程中产生的油污泥生产燃料的资源比重不低于60％。

3）以污水处理后产生的污泥为原料生产的干化污泥、燃料。生产原料中污泥的比重不低于90％。

4）以废弃的动物油、植物油为原料生产的饲料级混合油。生产原料中上述原料的比重不低于90％。

5）以回收的废矿物油为原料生产的润滑油基础油、汽油、柴油等工业油料。生产原料中上述原料的比重不低于90％。

6）以油田采油过程中产生的油污泥为原料生产的乳化油调和剂及防水卷材辅料产品。生产原料中上述原料的比重不低于70％。

3．飞机维修业务增值税问题

（1）自2000年1月1日起，对飞机维修劳务增值税实行税负超6％的部分由税务机关即征即退的政策。

（2）对承担国内、国外航空公司飞机维修业务的企业所从事的国外航空公司飞机维修业务，实行免征本环节增值税应纳税额、直接退还增值税进项税额的办法。

（3）飞机维修企业应分别核算国内、国外飞机维修业务的进项税额；未分别核算或者未准确核算进项税额的，由主管税务机关进行核定。

4．免征蔬菜流通环节增值税

经国务院批准，自2012年1月1日起，免征蔬菜流通环节增值税。

（1）对从事蔬菜批发、零售的纳税人销售的蔬菜免征增值税。

（2）纳税人既销售蔬菜又销售其他增值税应税货物的，应分别核算蔬菜和其他增值税应税货物的销售额；未分别核算的，不得享受蔬菜增值税免税政策。

5. 粕类产品免征增值税问题

豆粕属于征收增值税的饲料产品，对除豆粕以外的其他粕类饲料产品，均免征增值税。

6. 制种企业增值税政策

制种企业在下列生产经营模式下生产销售种子，属于农业生产者销售自产农业产品，免征增值税：

（1）制种企业利用自有土地或承租土地，雇用农户或雇工进行种子繁育，再经烘干、脱粒、风筛等深加工后销售种子。

（2）制种企业提供亲本种子委托农户繁育并从农户手中收回，再经烘干、脱粒、风筛等深加工后销售种子。

7. 有机肥产品免征增值税政策

自 2008 年 6 月 1 日起，纳税人生产销售和批发、零售有机肥产品免征增值税。

2.1.2.3　营业税改征增值税试点过渡的规定

1. 免税项目

根据相关规定，下列项目免征增值税：

（1）托儿所、幼儿园的保育和教育服务。

（2）养老机构提供的养老服务。

（3）残疾人福利机构提供的育养服务。

（4）婚姻介绍服务。

（5）残疾人员本人为社会提供的服务。

（6）医疗机构提供的医疗服务。

（7）从事学历教育的学校提供的教育服务。

（8）学生勤工俭学提供的服务。

（9）农业机耕、排灌、病虫害防治、植物保护、农牧保险以及相关技术培训业务，家禽、牲畜、水生动物的配种和疾病防治。

（10）纪念馆、博物馆、文化馆、文物保护单位管理机构、美术馆、展览馆、书画院、图书馆在自己的场所提供文化体育服务取得的第一道门票收入。

（11）寺院、宫观、清真寺和教堂举办文化、宗教活动的门票。

（12）行政单位之外的其他单位收取的符合《营业税改征增值税试点实施办法》第十条规定条件的政府性基金和行政事业性收费。

（13）个人转让著作权。

（14）个人销售自建自用住房。

（15）2018 年 12 月 31 日前，公共租赁住房经营管理单位出租公共租赁住房。

（16）台湾航运公司、航空公司从事海峡两岸海上直航、空中直航业务在大陆取得的运输收入。

（17）纳税人提供的直接或间接国际货物运输代理服务。

（18）以下利息收入：2016 年 12 月 31 日前，金融机构农户小额贷款；国家助学贷款；国债、地方政府债券；人民银行对金融机构的贷款；住房公积金管理中心用住房公积金在指定的委托银行发放的个人住房贷款；外汇管理部门在从事国家外汇储备经营过程中，委托金融机构发放的外汇贷款；统借统还业务中，企业集团或企业集团中的核心企业以及集团所属财务公司按不高于支付给金融机构的借款利率水平或者支付的债券票面利率水平，向企业集团或者集团内下属单位收取的利息。

（19）被撤销金融机构以货物、不动产、无形资产、有价证券、票据等财务清偿债务。

（20）保险公司开办的一年期以上人身保险产品取得的保费收入。

（21）下列金融商品转让收入：合格的境外机构投资者（QFII）委托境内公司在我国从事证券买卖业务；香港市场投资者（包括单位和个人）通过沪港通买卖上海证券交易所上市的 A 股；香港市场投资者（包括单位和个人）通过基金互认买卖内地基金份额；证券投资基金（封闭式证券投资基金、开放式证券投资基金）管理人运用基金买卖股票、债券；个人从事金融商品转让业务。

（22）金融同业往来利息收入。

（23）符合条件的担保机构从事中小企业信用担保或者再担保业务取得的收入（不含信用评级、咨询、培训等收入），3 年内免征增值税。

（24）国家商品储备管理单位及其直属企业承担商品储备任务，从中央或者地方财政取得的利息补贴收入和价差补贴收入。

（25）纳税人提供技术转让、技术开发和与之相关的技术咨询、技术服务收入。

（26）符合条件的合同能源管理服务收入。

（27）2017 年 12 月 31 日前，科普单位的门票收入，以及县级及以上党政部门和科协开展科普活动的门票收入。

（28）政府举办的从事学历教育的高等、中等和初等学校（不含下属单位），举办进修班、培训班取得的全部归该学校所有的收入。

（29）政府举办的职业学校设立的主要为在校学生提供实习场所，并由学校出资自办、由学校负责经营管理、经营收入归学校所有的企业，从事《销售服务、无形资产、不动产注释》中“现代服务”（不含融资租赁服务、广告服务和其他现代服务）、“生活服务”（不含文化体育服务、其他生产服务和桑拿、氧吧）业务活动取得的收入。

（30）家政服务企业由员工制家政服务员提供家政服务取得的收入。

（31）福利彩票、体育彩票的发行收入。

（32）军队空余房产租赁收入。

（33）为了配合国家住房制度改革，企业、行政事业单位按房改房成本价、标准价出售住房取得的收入。

（34）将土地使用权转让给农业生产者用于农业生产。

（35）涉及家庭财产分割的个人无偿转让不动产、土地使用权。

（36）土地所有者出让土地使用权和土地使用者将土地使用权归还给土地所有者。

（37）县级以上地方人民政府或自然资源行政主管部门出让、转让或收回自然资源使用权（不含土地使用权）。

(38) 随军家属就业。

(39) 军队转业干部就业。

(40) 境内单位和个人向中华人民共和国境外单位提供电信服务收入。

(41) 以公益活动为目的或者以社会公众为对象无偿提供的电信服务收入。

2. 不征收增值税项目

(1) 根据国家指令无偿提供的铁路运输服务、航空运输服务，属于用于公益事业的服务。

(2) 存款利息。

(3) 被保险人获得的保险赔付。

(4) 房地产主管部门或者其指定机构、公积金管理中心、开发企业以及物业管理单位代收的住宅专项维修资金。

(5) 在资产重组过程中，通过合并、分立、出售、转换等方式，将全部或者部分实物资产以及与其相关联的债权、负债和劳动力一并转让给其他单位和个人，其中涉及的不动产、土地使用权转让行为。

3. 增值税即征即退规定

(1) 一般纳税人提供管道运输服务，对其增值税实际税负超过 3%的部分实行增值税即征即退政策。

(2) 经人民银行、银行保险监督管理委员会或者商务部批准从事融资租赁业务的一般纳税人，提供有形动产融资租赁服务和有形动产融资性售后回租服务，对其增值税实际税负超过 3%的部分实行即征即退政策。

4. 扣减增值税规定

(1) 退役士兵创业就业。

(2) 重点群体创业就业。

5. 减免税的其他规定

(1) 金融企业发放贷款后，自结息日起 90 天内发生的应收未收利息按现行规定缴纳增值税，自结息日起 90 天后发生的应收未收利息暂不缴纳增值税，待实际收到利息时按规定缴纳增值税。

(2) 个人将购买不足 2 年的住房对外销售的，按照 5%的征收率全额缴纳增值税；个人将购买 2 年及以上的住房对外销售的，免征增值税（北京、上海、广州、深圳市除外）；北京、上海、广州、深圳市个人购买 2 年及以上非普通住房对外销售的，按照销售收入减去购买房屋的价款后的差额按照 5%的征收率缴纳增值税，购买 2 年及以上的普通住房对外销售的，免征增值税。

2.1.2.4 起征点免税规定

增值税起征点只适用于个体工商户小规模纳税人和其他个人，增值税起征点幅度如下：

(1) 按期纳税的，为月销售额 5 000～20 000 元（含本数）。

(2) 按次纳税的，为每次（日）销售额 300～500 元（含本数）。

个人提供应税服务的销售额未达到增值税起征点的，免征增值税；达到起征点的，全额计算缴纳增值税。

2.1.2.5 小微企业税收优惠

根据《财政部 税务总局关于实施小微企业普惠性税收减免政策的通知》〔财税〔2019〕13号〕的规定，2019年1月1日至2021年12月31日，对月销售额10万元以下（含本数）的增值税小规模纳税人，免征增值税。

有问有答

问：某省电信公司是一般纳税人，其分公司年应税收入低于500万元，是否可以认定为增值税一般纳税人？

答：根据《电信企业增值税征收管理暂行办法》的规定，总机构及其分支机构，一律由主管税务机关认定为增值税一般纳税人。分公司年应税收入低于500万元、符合条件（有固定经营场所、财务核算健全）的，也可以认定为增值税一般纳税人。

学习子情境 2.2 增值税应纳税额的计算

本部分以美丰集团公司为例，对增值税进行深入细致的剖析，对增值税应纳税额的计算、税额的缴纳、纳税申报及专用发票的开具等进行分析。在学习过程中注意思考：美丰集团公司的业务涉及哪些税种？相关资料如下：

美丰集团公司创立于1987年，为增值税一般纳税人，有职工1 200余人，设有商场、粮食加工厂、家具厂、卷烟厂和电视机厂，从事电器、家具、金饰品、化妆品、酒类产品的销售，资产总额为140亿元，年销售额为80亿元，年纳税9亿元。

美丰集团公司财务部安排两人负责发票及纳税申报工作：一人负责购买发票、保管发票并开具发票；一人负责向税务局进行纳税申报。

2.2.1 税率、征收率、抵扣率、预征率

我国增值税采用比例税率，有基本税率、低税率和零税率三档，并设有抵扣率和预征率。

2.2.1.1 基本税率

增值税一般纳税人销售或者进口货物，提供加工、修理修配劳务（除低税率适用范围和销售个别旧货外），税率为13%（自2019年4月1日起实施）。

2.2.1.2 低税率

（1）增值税一般纳税人销售或者进口下列货物，税率为9%（自2019年4月1日起实施）：

1）粮食、食用植物油、鲜奶；

2）自来水、暖气、冷气、热水、煤气、石油液化气、天然气、沼气、居民用煤炭制品；

3）图书、报纸、杂志、音像制品、电子出版物；

4）饲料、化肥、农药、农机、农膜；

5）国务院规定的其他货物。

（2）增值税一般纳税人提供下列服务项目，税率为 9%：

1）交通运输业服务；

2）邮政业服务；

3）基础电信服务；

4）建筑服务；

5）不动产租赁服务；

6）销售不动产；

7）转让土地使用权。

（3）一般纳税人销售下列服务项目，税率为 6%：

1）金融服务；

2）增值电信服务；

3）生活服务；

4）现代化服务（有形动产租赁除外）；

5）销售无形资产（销售土地使用权除外）。

2.2.1.3　零税率

纳税人出口货物，税率为零；但是，国务院另有规定的除外。

【提示 2－5】出口原油、柴油、援外货物、天然牛黄、麝香、铜及铜基合金、白银、糖和新闻纸等不适用零税率。

2.2.1.4　征收率

1. 小规模纳税人

（1）销售货物、加工和修理修配劳务、服务、无形资产的，征收率为 3%。

（2）销售自己使用过的固定资产，减按 2%征收率征收增值税。

（3）销售旧货，按 3%征收率减按 2%征收增值税。

（4）销售不动产（不含个体工商户销售购买的住房和其他个人销售不动产），按照 5%的征收率征收增值税。

（5）房地产开发企业中的小规模纳税人，销售自行开发的房地产项目，按 5%的征收率征收增值税。

（6）出租不动产（不含个人出租住房），按 5%的征收率征收增值税。

2. 一般纳税人

（1）3%征收率。

1）销售下列自产货物，从 2014 年 7 月 1 日起，可选择按简易办法依 3%征收率征收增值税：

a. 县级及县级以下小型水力发电单位生产的电力。

b. 建筑用和生产建筑材料所用的砂、土、石料。

c. 以自己采掘的砂、土、石料或其他矿物连续生产的砖、瓦、石灰（不含黏土实心砖、瓦）。

d. 用微生物、微生物代谢产物、动物毒素、人或动物的血液或组织制成的生物制品。

e. 自来水。

f. 商品混凝土（仅限于以水泥为原料生产的水泥混凝土）。

2）从 2014 年 7 月 1 日起，销售下列货物，暂按简易办法依 3%征收率征收增值税：

a. 寄售商店代销寄售物品。

b. 典当业销售死当物品。

c. 经国务院或其授权机关批准认定的免税商店零售免税货物。

3）自 2016 年 5 月 1 日起，发生下列特定应税服务，可以选择简易计税方法按 3%计税，但一经选择，36 个月内不得变更：

a. 公共交通运输服务，包括轮客渡，公交客运，地铁、城市轻轨，出租车，长途客运，班车。

b. 经认定的动漫企业为开发动漫产品提供的动漫脚本编撰，形象设计，背景设计，动画设计，分镜，动画制作、摄制、描线、上色、画面合成，配音、配乐，音效合成，剪辑、字幕制作，压缩转码服务，以及在境内转让动漫版权。

c. 电影放映服务、仓储服务、装卸搬运服务、收派服务和文化体育服务。

d. 以纳入“营改增”试点之日前取得的有形动产为标的物提供的经营租赁服务。

e. 在纳入“营改增”试点之日前签订的尚未执行完毕的有形动产租赁合同。

f. 以清包工方式提供的建筑服务。清包工方式，是指施工方不采购建筑工程所需的材料或只采购辅助材料，并收取人工费、管理费或者其他费用的建筑服务。

g. 为甲供工程提供的建筑服务。甲供工程，是指全部或部分设备、材料、动力由工程发包方自行采购的建筑工程。

h. 为建筑工程老项目提供的建筑服务。建筑工程老项目是指合同注明的开工日期在 2016 年 4 月 30 日前的建筑工程项目。

（2）3%征收率减按 2%征收。包括：

1）一般纳税人销售旧货，按简易办法依 3%征收率减按 2%征收增值税，不得抵扣进项税额。

2）一般纳税人销售自己使用过的固定资产，区分不同情况征收增值税：一般纳税人销售自己使用过的 2009 年 1 月 1 日或纳入“营改增”试点之日后购进或自制的固定资产，按照适用税率征收增值税；销售自己使用过的 2008 年 12 月 31 日或纳入“营改增”试点之日前购进或自制的固定资产，依 3%征收率减按 2%征收增值税，并且不得开具增值税专用发票，或者依照 3%征收率缴纳增值税，可开具增值税专用发票。

（3）5%征收率（销售或出租不动产）。自 2016 年 5 月 1 日起，一般纳税人发生下列特定应税行为，可以选择简易计税方法计税，但一经选择，36 个月内不得变更，纳税人在不动产所在地按 5%预缴税款后，向机构所在地主管税务机关进行纳税申报：

1）销售其 2016 年 4 月 30 日前取得或者自建的不动产。

2）房地产开发企业销售自行开发的房地产老项目。

3）出租其 2016 年 4 月 30 日前取得的不动产，公路经营企业中的一般纳税人收取试点前开工的高速公路车辆通行费，可依照 5%的征收率减按 3%征收。

3. 其他

（1）其他个人销售其取得（不含自建）的不动产（不含其购买的住房），按照 5%的征收率征收。

（2）其他个人出租其取得的不动产（不含住房），按照5%的征收率征收。

（3）个人出租住房，依照5%的征收率减按1.5%征收。

2.2.1.5 抵扣率（扣除率）

对企业从非增值税纳税人处购进免税农产品，由于不能得到增值税专用发票，为了不增加企业的增值税税负，税法规定可按抵扣率计算抵扣进项税额。

增值税一般纳税人购进农产品，从按照简易计税方法依照3%征收率计算缴纳增值税的小规模纳税人取得增值税专用发票的，以增值税专用发票上注明的金额和9%的扣除率计算进项税额并取得（开具）农产品销售发票或收购发票的，以农产品销售发票或收购发票上注明的农产品买价和9%的扣除率计算进项税额。

2.2.1.6 预征率

预征率包括2%、3%和5%三档。

2.2.2 增值税计税方法

增值税的计税方法，包括一般计税方法和简易计税方法。

一般纳税人发生应税行为，原则上适用一般计税方法。一般纳税人发生财政部和国家税务总局规定的特定应税行为，可以选择适用简易计税方法，一经选择，36个月内不得变更。

小规模纳税人发生应税行为适用简易计税方法。

2.2.3 增值税应纳税额的计算

2.2.3.1 一般纳税人应纳税额的计算

一般纳税人销售货物、提供劳务、销售服务、转让无形资产和不动产，采用一般计税方法（进项税抵扣法）。

应纳税额，等于当期销项税额抵扣当期进项税额后的余额。计算公式为：

当期应纳税额＝当期销项税额－当期进项税额

1. 销项税额的计算

销项税额是指纳税人销售货物或者提供劳务和应税服务，按照销售额或提供应税劳务收入和规定的税率计算，并向购买方收取的增值税额。销项税额的计算公式为：

销项税额＝销售额×适用税率

公式中的“销售额”为不含增值税的销售额，如销售额含税，要换算成不含增值税的销售额。其换算公式为：

销售额＝含税销售额÷(1＋税率)

（1）一般销售方式下的销售额。

销售额是指纳税人因销售货物或者提供应税劳务和应税服务而向购买方收取的全部价款和价外费用，不包括向购买方收取的销项税额。价外费用，包括价外向购买方收取的手续费、补贴、基金、集资费、返还利润、奖励费、违约金、滞纳金、延期付款利息、赔偿金、代收款项、代垫款项、包装物、包装物租金、储备费、优质费、运输装卸费及其他各种性质的价外收费。但下列项目不包括在内：

1）受托加工应征消费税的消费品所代收代缴的消费税。

2）承运部门的运输费用发票开具给购买方的，并由纳税人将该发票转交给购买方的代垫运费。

3）符合条件的代为收取的政府性基金或者行政事业性收费。

4）销售货物的同时代办保险等而向购买方收取的保险费，以及向购买方收取的代购买方缴纳的车辆购置费税、车辆牌照费。

【提示 2-6】（1）凡随同销售货物或提供应税劳务向购买方收取的价外费用，无论会计制度规定如何核算，均应并入销售额计算应纳税额，其目的是防止逃避纳税。

（2）对增值税一般纳税人向购买方收取的价外费用和逾期包装物押金，应视为含税收入，在征税时换算成不含税收入再并入销售额。

【实务操作 2-1】2019 年 5 月，美丰电视机厂向亚细亚商场销售电视机 80 台，开出增值税专用发票，单价 5 000 元，同时收取运费 4 520 元。计算美丰电视机厂该项业务的销项税额。

解析：

电视机的销售额＝80×5 000＝400 000（元）

运费的销售额＝4 520÷（1＋13％）＝4 000（元）

销项税额＝（400 000＋4 000）×13％＝52 520（元）

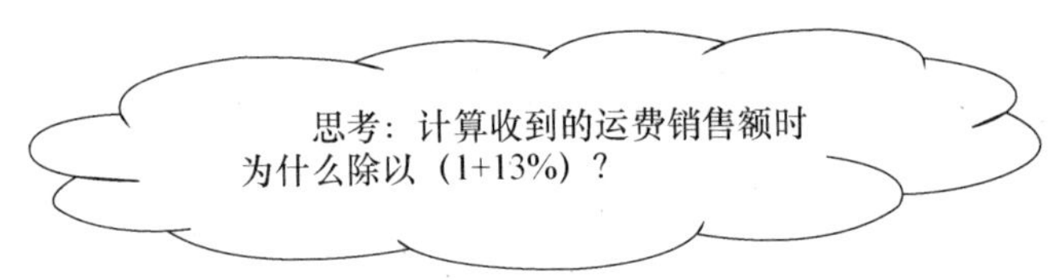

（2）特殊销售方式下的销售额。

1）折扣销售方式。

折扣销售是指销售方在销售货物或应税劳务时，因购货方购货数量较大等原因而给予购货方的价格优惠。

第一，折扣销售不同于销售折扣。销售折扣发生在销货之后，是一种融资性质的理财费用，因此，销售折扣不得从销售额中减除。另外，销售折扣又不同于销售折让，销售折让是由于货物的品种和质量引起销售额的减少，因此，对销售折让可以折让后的货款为销售额。折扣销售、销售折扣以及销售折让的税务处理见表 2-1。

表 2-1　折扣销售、销售折扣、销售折让的税务处理

类别	税务处理
折扣销售	销售额与折扣额开在一张发票上并注明，将折扣后的价格作为销售额；如按折扣额另开一张发票，则将折扣前的价格作为销售额。折扣仅限于价格折扣，如是实物折扣，则按“视同销售货物”处理
销售折扣	折扣额不得从销售额中减除
销售折让	折让额可以从销售额中减除

第二，折扣销售仅限于货物价格的折扣，如果销货者将货物用于实物折扣，该实物则按“视同销售货物”中的“赠送他人”计算征收增值税。

【实务操作 2-2】2019 年 11 月，某商场购买电视机，原价 6 000 元/台（不含税），美丰集团公司下属某电视机厂规定购入 50 台以上的可享受 9 折优惠，该商场购入 200 台电视机。请计算该项业务的销项税额。

解析：（1）开具一张发票，注明按 10%折扣，则：

销售额＝6 000×200×90%＝1 080 000(元)

销项税额＝1 080 000×13%＝140 400(元)

（2）开具两张发票，其中一张为红字发票 120 000 元，则：

销售额＝6 000×200＝1 200 000(元)

销项税额＝1 200 000×13%＝156 000(元)

2）以旧换新销售方式。

以旧换新是指纳税人在销售自己货物的同时，有偿收回旧货物的行为。采取以旧换新方式销售货物的，按新货物的同期销售价格确定销售额，不得扣减旧货物的收购价格。对金银首饰以旧换新业务，可以按销售方实际收取的不含税价款征收增值税。

【实务操作 2-3】2019 年 7 月，美丰集团公司下属商场采取以旧换新方式零售电视机，新机单价 5 000 元，旧机折价 1 500 元，顾客只需支付 3 500 元就能得到新的电视机。请计算该项业务的销项税额。

解析：

销售额＝5 000÷(1＋13%)＝4 424.78(元)

销项税额＝4 424.78×13%＝575.22(元)

3）还本销售方式。

还本销售是指纳税人在销售货物后，到一定期限由销售方一次或分次退还给购货方全部或部分价款。采取还本销售方式销售货物，其销售额就是货物的销售价格，不得从销售额中减除还本支出。

【实务操作 2-4】美丰集团公司下属商场为促销以还本销售方式销售西门子冰箱，每台不含税单价 6 500 元，本月共销售 60 台，同时支付到期还本的冰箱款，每台 2 500 元。请计算当月的销项税额。

解析：

销售额＝6 500×60＝390 000(元)

销项税额＝390 000×13%＝50 700(元)

4）以物易物销售方式。

以物易物是指购销双方不是以货币结算，而是以同等价款的货物相互结算，实现货物购销的一种方式。以物易物双方都应做购销处理，以各自发出的货物核算销售额并计算销项税额，以各自收到的货物核算购货额并计算进项税额。如果收到的货物不能取得相应的增值税专用发票或其他合法票据，则不能抵扣进项税额。

【实务操作 2-5】2019 年 6 月，美丰家具厂用 1 套单价为 12 000 元（含税）的沙发和商场换 2 台单价为 6 000 元（含税）的笔记本电脑。请计算该项业务的销项税额。

解析：

沙发销售额＝12 000÷(1＋13％)＝10 619.47(元)

销项税额＝10 619.47×13％＝1 380.53(元)

电脑销售额＝6 000×2÷(1＋13％)＝10 619.47(元)

销项税额＝10 619.47×13％＝1 380.53(元)

5）包装物押金的处理。

包装物是指纳税人包装本单位货物的各种物品。纳税人为销售货物而出租出借包装物收取的押金，须单独记账，1 年以内又未过期的，不并入销售额征税。

【提示 2-7】(1) 收取的押金属于含税收入。

(2) 对因逾期未收回包装物不再退还的押金，应按所包装货物的适用税率计算销项税额；包装物租金在销货时作为价外费用并入销售额计算销项税额。

(3) 从 1995 年 6 月 1 日起，对销售除啤酒、黄酒以外的其他酒类产品收取的包装物押金，无论是否返还及会计上如何核算，均应并入当期销售额征税。

【实务操作 2-6】美丰粮食加工厂向某单位销售大米、面粉等粮食，不含税销售额共计 90 000 元，另收取面粉袋押金 5 000 元，因逾期不再退还。请计算粮食加工厂该项业务的销项税额。

解析：

销售额＝90 000＋5 000÷(1＋9％)＝94 587.16(元)

销项税额＝94 587.16×9％＝8 512.84(元)

6）销售旧货的税务处理。

纳税人销售旧货，按照简易办法依照 3％征收率减按 2％征收增值税。

旧货是指进入二次流通的具有部分使用价值的货物（含旧汽车、旧摩托车和旧游艇），但不包括自己使用过的物品。

有问有答

问：需要缴纳二手车交易增值税的纳税人有哪些？

答：销售二手车的单位和个体工商户，应按规定申报缴纳增值税。其中，单位是指企业、行政单位、事业单位、军事单位、社会团体及其他单位。

【实务操作 2-7】2019 年 10 月，美丰集团公司下属一家单位（一般纳税人）将其已使用 3 年的汽车以 50 万元价格出售，原价 48 万元，已提取折旧 1.5 万元。请计算该项业务的销项税额。

解析：

销售额＝50÷(1＋13％)＝44.25(万元)

销项税额＝44.25×2％＝0.89(万元)

【提示 2-8】一般纳税人选择简易办法计算缴纳增值税后，36 个月内不得变更。

7）一般纳税人销售货物属于下列情形之一的，暂按3%征收率计算缴纳增值税：

a. 寄售商店代销寄售物品。

b. 典当业销售死当物品。

c. 经批准的免税商店零售的免税品。

8）纳税人发生应税行为价格明显偏低或者偏高且不具有合理商业目的的，或者发生视同销售货物、服务、无形资产或者不动产而无销售额的，主管税务机关有权按照下列顺序确定销售额：

a. 按纳税人最近时期同类货物、劳务、服务、无形资产和不动产的平均价格确定。

b. 按其他纳税人最近时期同类货物、劳务、服务、无形资产和不动产的平均销售价格确定。

c. 按组成计税价格确定，其计算公式如下：

组成计税价格＝成本×(1＋成本利润率)

公式中的“成本”为实际生产成本或实际采购成本。

如果属于应征消费税的货物，其组成计税价格应加计消费税税额，其计算公式为：

组成计税价格＝成本×(1＋成本利润率)＋消费税税额

【实务操作2-8】美丰集团公司下属一家地板商，将生产的新型实木地板无偿赠送给其常年合作的客户，成本100 000元，假设本公司和其他企业均无同类货物售价，实木地板的成本利润率为5%，消费税税率为5%。计算该地板商该项业务的销项税额。

解析：

组成计税价格＝100 000×(1＋5%)÷(1－5%)＝110 526.32(元)

销项税额＝110 526.32×13%＝14 368.42(元)

(3) 销售服务、无形资产和不动产相关项目的销售额。

1）贷款服务，以提供贷款服务取得的全部利息及利息性质的收入为销售额。

2）直接收费金融服务，以提供直接收费金融服务收取的手续费、佣金、酬金、管理费、服务费、经手费、开户费、过户费、结算费、转托管费等各类费用为销售额。

3）金融商品转让，按照卖出价扣除买入价后的余额为销售额。

转让金融商品出现的正负差，按盈亏相抵后的余额为销售额。若相抵后出现负差，可结转下一纳税期与下期转让金融商品销售额相抵，但年末时仍出现负差的，不得转入下一会计年度。

金融商品的买入价，可以选择按照加权平均法或者移动加权平均法进行核算，选择后36个月内不得变更。

金融商品转让，不得开具增值税专用发票。

4）经纪代理服务，以取得的全部价款和价外费用，扣除向委托方收取并代为支付的政府性基金或者行政事业性收费后的余额为销售额。向委托方收取的政府性基金或者行政事业性收费，不得开具增值税专用发票。

5）航空运输企业的销售额，不包括代收的机场建设费和代售其他航空运输企业客票而代收转付的价款。

6）一般纳税人提供客运场站服务，以其取得的全部价款和价外费用，扣除支付给承运方运费后的余额为销售额。

7）一般纳税人提供旅游服务，可以取得的全部价款和价外费用，扣除向旅游服务购买方收取并支付给其他单位或者个人的住宿费、餐饮费、交通费、签证费、门票费和支付给其他接团旅游企业的旅游费用后的余额为销售额。

选择上述办法计算销售额的纳税人，向旅游服务购买方收取并支付的上述费用，不得开具增值税专用发票，可以开具普通发票。

8）纳税人提供建筑服务适用简易计税方法的，以取得的全部价款和价外费用扣除支付的分包款后的余额为销售额。

9）房地产开发企业中的一般纳税人销售其开发的房地产项目（选择简易计税方法的房地产老项目除外），以取得的全部价款和价外费用，扣除受让土地时向政府部门支付的土地价款后的余额为销售额。

房地产老项目，是指《建筑工程施工许可证》注明的合同开工日期在 2016 年 4 月 30 日前的房地产项目。

（4）混合销售行为的销售额。

根据税法的规定，从事货物的生产、批发或者零售的单位和个体工商户的混合销售行为，按照销售货物缴纳增值税；其他单位和个体工商户的混合销售行为，按照销售服务缴纳增值税。

（5）兼营行为的销售额。

纳税人兼营税率不同的货物、劳务、服务、无形资产或者不动产，适用不同税率或者征收率的，应当分别核算适用不同税率或者征收率的销售额；未分别核算的，从高适用税率。

2. 进项税额的计算

进项税额是指纳税人购进货物、劳务、服务、无形资产、不动产所支付或负担的增值税税额，是与销项税额相对应的概念。增值税的核心就是用纳税人收取的销项税额抵扣其支付的进项税额，但并不是纳税人的所有进项税额都可以从销项税额中抵扣。

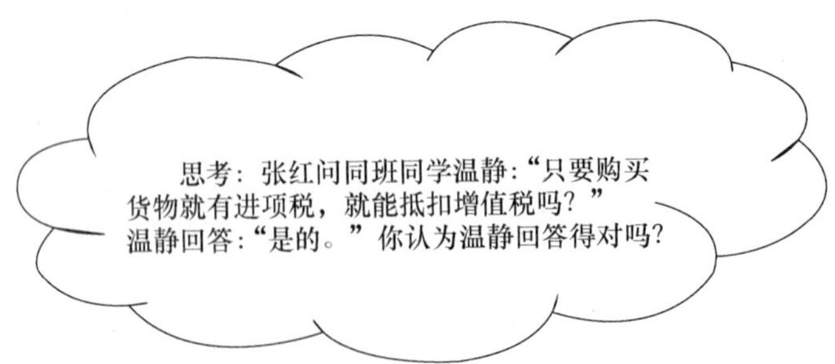

（1）准予从销项税额中抵扣的进项税额。

1）从销售方取得的增值税专用发票上（含货物运输业增值税专用发票、税控机动车销售统一发票，下同）注明的增值税税额。

2）从海关取得的海关进口增值税专用缴款书上注明的增值税税额。

3）从境外单位或者个人购进服务、无形资产或者不动产，自税务机关或者扣缴义务人取得的解缴税款的完税凭证上注明的增值税税额。

4）纳税人购进农产品，扣除率为 9%。纳税人购进用于生产或者委托加工 13%税率货物的农产品，按照 10％的扣除率计算进项税额。

纳税人按照 10％扣除需要取得的凭证：一是农产品收购发票或者销售发票，且必须是农业生产者销售自产农产品适用免税政策开具的普通发票；二是取得一般纳税人开具的增值税专用发票或海关进口增值税专用缴款书；三是从按照 3％征收率缴纳增值税的小规模纳税人处取得的增值税专用发票。

购进农产品，按照收购发票或者销售发票上注明的农产品买价扣除率计算进项税额。其公式为：

进项税额＝买价×扣除率

5）纳税人购进国内旅客运输服务，其进项税额允许从销项税额中抵扣。纳税人未取得增值税专用发票的，暂按照以下规定确定进项税额：

a. 取得增值税电子普通发票的，为发票上注明的税额；

b. 取得注明旅客身份信息的航空运输电子客票行程单的，按照下列公式计算进项税额：

进项税额＝(票价＋燃油附加费)÷(1＋9％)×9％

c. 取得注明旅客身份信息的铁路车票的，按照下列公式计算进项税额：

进项税额＝票面金额÷(1＋9％)×9％

d. 取得注明旅客身份信息的公路、水路等其他客票的，按照下列公式计算进项税额：

进项税额＝票面金额÷(1＋3％)×3％

【提示 2－9】第一，只有国内旅客运输服务才可以抵扣进项税。国际运输服务适用零税率或免税，上一环节运输企业提供的国际运输未缴纳增值税，也就不存在下一环节进项税抵扣的问题。

第二，除增值税专用发票和电子普通发票外，其他的旅客运输扣税凭证，都必须是注明旅客身份信息的票证才可以计算抵扣进项税，纳税人手写无效。

第三，航空运输的电子客票行程单上的价款是分项列示的，包括票价、燃油附加费和民航发展基金。计算抵扣的基础是票价加燃油附加费，不包括民航发展基金。

第四，除扣税凭证和进项税计算方法的特殊规定外，旅客运输服务进项税的抵扣原则需要符合现行增值税进项税抵扣的基本规定。比如用于免税、简易计税的不得抵扣；用于集体福利、个人消费、非正常损失等情形的不得抵扣；等等。

第五，与本单位建立了合法用工关系的个人发生的旅客运输费用，属于可以抵扣的范围。对于劳务派遣的用工形式，劳务派遣人员发生的旅客运输费用，应由用工单位抵扣进项税，而不是劳务派遣单位抵扣。

6）加计抵减。自 2019 年 4 月 1 日至 2021 年 12 月 31 日，允许生产、生活性服务业纳税人按照当期可抵扣进项税额加计 10％抵减应纳税额。生产、生活性服务业纳税人，是指提供邮政服务、电信服务、现代服务、生活服务取得的销售额占全部销售额的比重超过 50％的纳税人。

【提示 2－10】加计抵减政策只适用于一般纳税人。

关于加计抵减政策的计算：

a. 纳税人应按照当期可抵扣进项税额的10%计提当期加计抵减额。按照现行规定不得从销项税额中抵扣的进项税额，不得计提加计抵减额；已计提加计抵减额的进项税额，按规定做进项税额转出的，应在进项税额转出当期相应调减加计抵减额。计算公式如下：

当期计提加计抵减额＝当期可抵扣进项税额×10%

当期可抵减加计抵减额＝上期末加计抵减额余额＋当期计提加计抵减额－当期调减加计抵减额

b. 纳税人出口货物和劳务、发生跨境应税行为不适用加计抵减政策，其对应的进项税额不得计提加计抵减额。

纳税人兼营出口货物和劳务、发生跨境应税行为且无法划分不得计提加计抵减额的进项税额，按照以下公式计算：

不得计提加计抵减额的进项税额＝当期无法划分的全部进项税额×当期出口货物、劳务和发生跨境应税行为的销售额÷当期全部销售额

c. 纳税人应单独核算加计抵减额的计提、抵减、调减、结余等变动情况。

（2）不得从销项税额中抵扣的进项税额。

1）用于简易计税方法计税项目、免征增值税项目、集体福利或者个人消费的购进货物、劳务、服务、无形资产和不动产。

2）非正常损失的购进货物及相关的劳务和交通运输服务。

3）非正常损失的在产品、产成品所耗用的购进货物（不包括固定资产）、劳务和交通运输服务。

4）非正常损失的不动产以及该不动产所耗用的购进货物、设计服务和建筑服务。

5）非正常损失的不动产在建工程所耗用的购进货物、设计服务和建筑服务。新建、改建、扩建、修缮、装饰不动产，均属于不动产在建工程。

上述2）、3）、4）、5）项所说的非正常损失，是指因管理不善造成货物被盗、丢失、霉烂变质，以及因违反法律法规造成货物或者不动产被依法没收、销毁、拆除的情形。

6）购进的贷款服务、餐饮服务、居民日常服务和娱乐服务。

7）纳税人接受贷款服务和贷款方支付的与该笔贷款直接相关的投融资顾问费、手续费、咨询费，其进项税额不得从销项税额中抵扣。

8）财政部和国家税务总局规定的其他情形。

一般纳税人兼营免税项目或免征增值税项目而无法划分不得抵扣的进项税额的，按下列公式计算不得抵扣的进项税额：

不得抵扣的进项税额＝当月无法划分的全部进项税额×当月免税项目销售额、非增值税应税劳务营业额合计÷当月全部销售额、营业额合计

有下列情形之一者，应当按照销售额和增值税税率计算应纳税额，不得抵扣进项税额，也不得使用增值税专用发票：

a. 一般纳税人会计核算不健全，或者不能提供准确税务资料的。

b. 应当办理一般纳税人资格登记而未办理的。

（3）计算应纳税额时间的限定。

1）计算销项税额时间的限定：

a. 采用直接收款方式销售货物，不论货物是否发出，均为收到销售款或者取得索取销售款凭据的当天。

b. 采用托收承付和委托银行收款方式销售货物，为发出货物并办妥托收手续的当天。

c. 发生视同销售行为的，为货物移送使用的当天。

2）进项税额的抵扣时限。增值税一般纳税人取得的增值税专用发票，应在开具之日起360日内办理认证，并在认证通过的次月申报期内，向主管税务机关申报抵扣进项税额，即当月认证当月抵扣；进口货物取得的属于增值税扣税范围的海关缴款书，须经税务机关稽核比对相符后，其增值税额方能作为进项税额在销项税额中抵扣。

（4）扣减进项税额的规定。

1）已抵扣进项税额的购进货物、劳务、服务发生不得抵扣进项税额的情形（简易计税项目、免征增值税项目除外）时，应将该项货物、劳务、服务的进项税额从当期进项税额中扣减；无法确定该进项税额的，按照当期实际成本计算应扣减的进项税额。

2）已抵扣进项税额的固定资产、无形资产或者不动产，发生不得抵扣进项税额的情形时，按照下列公式计算不得抵扣的进项税额：

$$不得抵扣的进项税额=固定资产、无形资产或不动产净值\times适用税率$$

3）因销售折让、中止或者退回而退还给购买方的增值税额，应当从当期的销项税额中扣减；因销售折让、中止或者退回而收回的增值税额，应当从当期的进项税额中扣减。

【实务操作2-9】美丰集团公司下属一家电子生产企业（一般纳税人），2019年8月发生下列经济业务：

（1）销售A产品50台，不含税单价为8 000元。货款收到后，向购买方开具了增值税专用发票，并将提货单交给了购买方。截至月底，购买方尚未提货。

（2）将20台新试制的B产品分发给投资者，单位成本为6 000元。该产品尚未投放市场。

（3）企业内部职工集体福利领用甲材料1 000千克，每千克单位成本为50元。

（4）企业某项免征增值税项目领用甲材料200千克，每千克单位成本为50元，同时领用A产品5台。

（5）当月丢失库存乙材料800千克，每千克单位成本为20元，作为待处理财产损溢处理。

（6）当月发生购进货物的全部进项税额为70 000元。

另：上月进项税额已全部抵扣完毕，本月取得的进项税额抵扣凭证均已申报抵扣。购销货物适用的增值税税率为13%，B产品成本利润率为10%。

要求：（1）计算当月销项税额；

（2）计算当月可抵扣的进项税额；

（3）计算当月应缴纳的增值税额。

解析：（1）当月销项税额=[50×8 000+5×8 000+20×6 000×(1+10%)]×13%=74 360（元）；

（2）当月可抵扣的进项税额＝70 000－(50×1 000＋50×200＋20×800)×13%＝60 120（元）；

（3）当月应缴纳的增值税额＝74 360－60 120＝14 240（元）。

3．一般纳税人一般计税方法应纳税额的计算

应纳税额的计算公式为：

应纳税额＝当期销项税额－当期进项税额＝当期销售额×适用税率－当期进项税额

【提示 2－11】当期进项税额不足抵扣的部分可结转下期继续抵扣。

【实务操作 2－10】美丰商场（一般纳税人）与服装厂（一般纳税人）达成协议，按销售额挂钩进行平销返利。2018 年 6 月，商场销售服装取得零售额 100 000 元，平价与服装厂结算，取得增值税专用发票，并按协议约定收取服装厂零售额 20%的返还收入 20 000 元。当月该商场允许某电压力锅厂进店销售新型电压力锅，一次收取进店费 30 000 元。请计算该商场当月可以抵扣的进项税额和当期销项税额。

解析：商业企业向供货方收取的凡与商品销售数量、销售额挂钩的各种返还收入，均应按平销返利行为的有关规定冲减当期增值税进项税额。

可以抵扣的进项税额＝100 000÷(1＋13%)×13%－20 000÷(1＋13%)×13%
＝9 203.54(元)

当期销项税额＝100 000÷(1＋13%)×13%＝11 504.42(元)

【实务操作 2－11】2019 年 10 月，美丰电视机厂（一般纳税人）生产出最新型号电视机，每台不含税单价为 1.2 万元。当月销售情况如下：

（1）向某商场销售 500 台，由于购买数量较多，给予 10%的价格折扣并开具一张发票，注明折扣金额。

（2）发货给外省分支机构 300 台，用于销售，并支付运费 12.5 万元，运输单位开具了运输业增值税专用发票。

（3）采取以旧换新方式收购旧型号电视机，销售新型号电视机 100 台，每台旧电视机按不含税单价折价 0.3 万元。

（4）购进电视机零部件，取得的增值税专用发票上注明的金额为 240 万元。

（5）向参加全国体育运动会的优秀运动员赠送 50 台电视机。

（6）当月从国外购进电视机检测设备，取得的海关开具的完税凭证上注明的增值税额是 20 万元。

（7）9 月留抵税额为 0.6 万元。

要求：（1）计算美丰电视机厂当月销项税额。

（2）计算美丰电视机厂当月进项税额。

（3）计算美丰电视机厂 10 月应缴纳的增值税额。

解析：采取折扣销售方式并开具一张发票，注明折扣额的，可按折后的销售额计算销项税额；发给位于外省的分支机构用于销售的货物于移送时计算销项税额；采取以旧换新方式销售货物的，按新货物的同期销售价格确定销售额，不得减除旧货物的收购价格；赠送给优秀运动员的电视机视同销售货物处理。

（1）销项税额＝[1.2×500×(1－10%)＋1.2×300＋1.2×100＋1.2×50]×13%＝

1 080×13%=140.4（万元）。

（2）进项税额=12.5×9%+240×13%+20=1.125+31.2+20=52.33（万元）。

（3）应纳税额=当期销项税额−当期进项税额−上期留抵税额=140.4−52.33−0.6=87.47（万元）。

【实务操作 2-12】美丰商场为一般纳税人，2019 年 7 月发生如下业务：

（1）购进办公用品，不含税价格为 40 万元，取得销货方开具的增值税专用发票（尚未到税务机关认证），发票上注明税金为 5.2 万元。

（2）购进 25 台电脑，金额为 20 万元，取得增值税专用发票（已认证）。

（3）零售一批空调，取得收入 33.9 万元。

（4）批发一批空调，不含税售价为 20 万元，因对方提前 10 天付款，按合同规定给予 2%的折扣，实收款项 19.6 万元。

（5）因质量问题，顾客退回 6 月购买的摄像机，退款 9.04 万元。

（6）与厂方联系，将此摄像机退回厂家，并提供了税务机关开具的退货证明单，收回货款及税金 1.13 万元。

（7）从果农手中购进苹果，支付价款 2 万元，取得合法收购凭证。

要求：计算美丰商场本月应缴纳的增值税。

解析：

销售额=33.9÷(1+13%)+20−9.04÷(1+13%)=42(万元)

销项税额=42×13%=5.46(万元)

进项税额=20×13%−1.13÷(1+13%)×13%+2×9%=2.65(万元)

应纳税额=5.46−2.65=2.81(万元)

【实务操作 2-13】美丰服装厂为一般纳税人，2019 年 9 月发生如下业务：

（1）销售服装取得不含税收入 60 万元、补贴收入 2.26 万元。

（2）销售给外省商贸公司服装一批，开具增值税专用发票，注明价款为 50 万元。

（3）销售给小规模纳税人服装，开具发票金额为 11.3 万元，因对方提前付款，实际只收取 11 万元。

（4）送给孤儿院一批服装，价税合计 16.95 万元，货已送到。

（5）为某中学加工校服，收到加工费 5.65 万元，开具普通发票。

（6）购进办公用品取得增值税专用发票，注明税额为 0.9 万元。

（7）支付水电费取得增值专用发票，注明税额为 8 万元。

（8）本月购进布料支付金额 18 万元，取得增值税专用发票；上月购进布料取得的专用发票金额为 30 万元，本月已通过认证。

要求：计算当月应缴纳的增值税。

解析：补贴收入为价外费用，作为含税销售额计算销项税额；因提前付款而给予对方的现金折扣不能冲减销售额；送给孤儿院的服装应视同销售处理。

销项税额=[60+2.26÷(1+13%)]×13%+50×13%+11.3÷(1+13%)×13%
+16.95÷(1+13%)×13%+5.65÷(1+13%)×13%
=18.46(万元)

进项税额＝0.9＋8＋18×13%＋30×13%＝15.14(万元)

应纳税额＝18.46－15.14＝3.32(万元)

【实务操作2-14】美丰商场为一般纳税人，2019年9月发生以下业务：

(1) 2日，采取有奖销售方式销售冰箱，冰箱零售价为3 500元/台，奖品是微波炉，市场价为600元/台，销售200台电冰箱，送出微波炉120台。

(2) 6日，购入40台电视机，取得对方开具的增值税专用发票，金额为1 404 000元。

(3) 7日，购入一批办公用品，增值税专用发票上注明的税款为13 600元。

(4) 11日，销售空调160台，零售价6 000元/台，市场部负责安装，每台收取安装费200元。

(5) 从日本购入数码相机60台，从海关取得的完税凭证上注明的完税价格为240 000元，关税税率为15%。

(6) 20日，从小规模纳税人加工厂购入洗涤用品，取得税务机关代开的专用发票，注明价款为12 000元。

(7) 21日，销售冰箱16台，开具的增值税专用发票上注明价款为64 000元，同时支付对方回扣3 000元。

(8) 30日，将上月购进的库存饮料、食品发放给职工，不含税价为200 000元，其中鲜奶60 000元；将上月购进的红酒赠送给供货商，市场零售价为90 400元；盘点时发现变质的货物，不含税价为40 000元。

要求：(1) 计算美丰商场9月的销项税额。

(2) 计算美丰商场9月的进项税额。

(3) 计算美丰商场9月的进项税额转出数。

(4) 计算美丰商场9月的应纳增值税税额。

解析：有奖销售的奖品属于无偿赠送他人，应计入销售额计算销项税额；销售并负责安装属于混合销售，安装费计入销售额征税；税务局代开增值税专用发票以3%的税率抵扣进项税额；支付对方的回扣不冲减销售额；改变用途和变质货物的进项税额不得抵扣，应做转出处理；赠送红酒视同销售计算销项税额。

销项税额＝[(3 500×200＋600×120)÷(1＋13%)＋(6 000＋200)×160
÷(1＋13%)＋64 000＋90 400÷(1＋13%)]×13%
＝1 705 061.95×13%＝221 658.05(元)

进项税额＝1 404 000×13%＋13 600＋240 000×(1＋15%)×13%＋12 000×3%
＝232 360(元)

进项税额转出＝(200 000－60 000)×13%＋60 000×9%＋40 000×13%
＝28 800(元)

应纳税额＝221 658.05－232 360＋28 800＝18 098.05(元)

【实务操作2-15】2019年6月3日，某一般纳税人取得交通运输收入109万元（含税），当月外购汽油10万元、购入运输车辆20万元（不含税金额，取得增值税专用发票），发生联运支出40万元（不含税金额，取得增值税专用发票）。计算该纳税人2019年6月的应纳税额。

解析：

$$应纳税额=109\div(1+9\%)\times9\%-10\times13\%-20\times13\%-40\times9\%=1.5(万元)$$

【实务操作 2-16】 2019 年 3 月 3 日，南京 K 律师事务所安排两名律师参加某企业家沙龙，免费提供资产重组相关业务法律咨询服务 4 小时，3 月 5 日，该律师事务所安排三名律师参加“学雷锋”活动，在市民广场提供免费法律咨询服务 3 小时。该事务所民事业务咨询服务费价格为每人 800 元/小时。计算该事务所 3 月 3 日和 5 日应缴纳的增值税。

解析： 3 月 3 日免费提供资产重组相关业务法律咨询服务，视同提供应税服务，按最近时期提供同类应税服务平均价格计算销项税额：

$$销项税额=(2\times4\times800)\div(1+6\%)\times6\%=362.26(元)$$

3 月 5 日以社会公众为对象开展服务活动，不属于视同提供应税服务，不缴税。

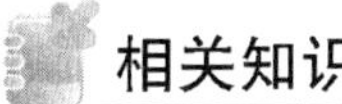

相关知识

关于纳税人销售不动产及不动产经营租赁的增值税征收规定

1. 销售不动产

(1) 一般纳税人销售其 2016 年 4 月 30 日前取得（不含自建）的不动产，可以选择适用简易计税方法，以取得的全部价款和价外费用减去该项不动产购置原价或者取得不动产时的作价后的余额为销售额，按照 5%的征收率计算应纳税额。

(2) 一般纳税人销售其 2016 年 4 月 30 日前自建的不动产，可以选择适用简易计税方法，以取得的全部价款和价外费用为销售额，按照 5%的征收率计算应纳税额。

(3) 一般纳税人销售其 2016 年 5 月 1 日后取得（不含自建）的不动产，应适用一般计税方法，以取得的全部价款和价外费用为销售额计算应纳税额。

(4) 一般纳税人销售其 2016 年 5 月 1 日后自建的不动产，应适用一般计税方法，以取得的全部价款和价外费用为销售额计算应纳税额。

(5) 小规模纳税人销售其取得（不含自建）的不动产（不含个体工商户销售购买的住房和其他个人销售不动产），应以取得的全部价款和价外费用减去该项不动产购置原价或者取得不动产时的作价后的余额为销售额，按照 5%的征收率计算应纳税额。

(6) 小规模纳税人销售其自建的不动产，应以取得的全部价款和价外费用为销售额，按照 5%的征收率计算应纳税额。

(7) 房地产开发企业中的一般纳税人，销售自行开发的房地产老项目，可以选择适用简易计税方法，按照 5%的征收率计税。

(8) 房地产开发企业中的小规模纳税人，销售自行开发的房地产项目，按照 5%的征收率计税。

(9) 其他个人销售其取得（不含自建）的不动产（不含其购买的住房），应以取得的全部价款和价外费用减去该项不动产购置原价或者取得不动产时的作价后的余额为销售额，按照 5%的征收率计算应纳税额。

2. 不动产经营租赁

(1) 一般纳税人出租其 2016 年 4 月 30 日前取得的不动产，可以选择适用简易计税方法，按照5%的征收率计算应纳税额。

(2) 小规模纳税人出租其取得的不动产（不含个人出租住房），应按照5%的征收率计算应纳税额。

(3) 其他个人出租其取得的不动产（不含住房），应按照5%的征收率计算应纳税额。

(4) 个人出租住房，应按照5%的征收率减按1.5%计算应纳税额。

4. 一般纳税人简易计税方法应纳税额的计算

(1) 一般情况下简易计税方法应纳税额的计算。

根据我国《增值税暂行条例》和《营业税改征增值税试点实施办法》的规定，一般纳税人在特殊情况下（具体情况见征收率相关内容），也可以按简易计税方法计算缴纳增值税。

一般纳税人适用简易计税方法的应纳税额，是指按照销售额和增值税征收率计算的增值税额，不得抵扣进项税额。一般纳税人适用简易计税方法的应纳税额的计算公式为：

应纳增值税额＝销售额×征收率

由于增值税是价外税，如果采用的是含税价（即销售额和税额合计）定价方式，需要将含税销售额换算成不含税销售额。含税销售额和不含税销售额之间的换算公式为：

不含税销售额＝含税销售额÷(1＋征收率)

(2) 建筑业选择简易计税方法计算应纳税额的具体规定如下：

1) 一般纳税人以清包工方式提供的建筑服务，可以选择适用简易计税方法计税。

以清包工方式提供建筑服务，是指施工方不采购建筑工程所需的材料或只采购辅助材料，并收取人工费、管理费或者其他费用的建筑服务，其成本主要是少量辅助材料、人工费和管理费，一般情况下仅能取得少量增值税进项税额发票，抵扣额少。

考虑到这点，清包工在“营改增”后采用增值税简易计税方法计税，税率仍然是3%，与“营改增”前一致，就实际情况而言，大型施工企业一般不会采用清包工这种方式提供建筑服务，清包工方式常见于服务于小业主的装修公司，故对于整个建筑施工市场影响不大。

2) 一般纳税人为甲供工程提供的建筑服务，可以选择适用简易计税方法计税。

甲供工程，是指全部或部分设备、材料、动力由发包方自行采购的建筑工程。

3) 一般纳税人为建筑工程老项目提供的建筑服务，可以选择适用简易计税方法计税。

建筑工程老项目，是指《建筑工程施工许可证》注明的合同开工日期在2016年4月30日前的建筑工程项目；未取得《建筑工程施工许可证》的，建筑工程承包合同注明的开工日期在2016年4月30日前的建筑工程项目。

建筑业选择适用简易计税方法，销售额为取得的全部价款和价外费用扣除支付的分包款后的余额。计算公式为：

应纳增值税额＝(全部价款＋价外费用－分包款)×3%

5. 预缴增值税的计算

“营改增”中，为了平衡各地方税收利益关系，针对房地产开发业和建筑业两个对于地方财政影响重大的行业，新增加了“预征率”（具体包括2%、3%、5%）这个特殊的规定。财政部和国家税务总局明确了预征率的适用范围，相关规定如下：

（1）预征率为2%。

一般纳税人跨县（市）提供建筑服务，适用一般计税方法计税的，应以取得的全部价款和价外费用扣除支付的分包款后的余额，按照2%的预征率在建筑服务发生地预缴税款后，向机构所在地主管税务机关进行纳税申报。预缴增值税税款的计算公式为：

预缴增值税税款=(全部价款+价外费用-分包款)÷(1+10%)×2%

（2）预征率为3%。

1）房地产开发企业采取预收款方式销售所开发的房地产项目，在收到预收款时按照3%的预征率预缴增值税。预缴增值税税款的计算公式为：

预缴增值税税款=预收款÷(1+适用税率或征收率)×3%

2）一般纳税人跨县（市）提供建筑服务，适用简易计税方法计税的以及小规模纳税人跨县（市）提供建筑服务的，应以取得的全部价款和价外费用扣除支付的分包款后的余额，按照3%的预征率在建筑服务发生地预缴税款后，向机构所在地主管税务机关纳税申报。预缴增值税税款的计算公式为：

预缴增值税税款=(全部价款+价外费用-分包款)÷(1+3%)×3%

3）一般纳税人出租取得不动产，适用一般计税方法计税的，应以取得的全部价款和价外费用，按照3%的预征率在不动产所在地预缴税款后，向机构所在地主管税务机关进行纳税申报。预缴增值税税款的计算公式为：

预缴增值税税款=含税销售额÷(1+10%)×3%

【实务操作2-17】红海建筑公司是一般纳税人，机构所在地在江苏。假设红海建筑公司在广州市提供建筑工程服务，工程总包合同价款为300万元，支付的分包款为100万元，计算该公司在广州市预缴的增值税税款。

解析：该公司在广州市预缴的增值税税款计算如下：

（1）如果公司采用一般计税方法：

预缴增值税税款=(300-100)÷(1+10%)×2%=3.64(万元)

（2）如果公司采用简易计税方法：

预缴增值税税款=(300-100)÷(1+3%)×3%=5.83(万元)

（3）预征率为5%。

1）无论是一般纳税人还是小规模纳税人，转让取得（包括自建）的不动产（除其他个人外发生转让的），均向不动产所在地预缴税款后，向机构所在地主管税务机关纳税申报。

a. 纳税人转让自建的不动产，按照全额预缴。计算公式为：

预缴增值税税款=含税销售额÷(1+5%)×5%

b. 纳税人转让除自建以外的不动产，按照差额预缴。计算公式为：

预缴增值税税款=(含税销售额—不动产购置原价或者取得不动产时的作价)÷(1+5%)×5%

2）一般纳税人出租其取得的，选择或者使用简易计税方法的不动产：小规模纳税人出租的除个体工商户和其他个人住房以外的不动产，向不动产所在地预缴税款后，向机构所在地主管税务机关进行纳税申报。计算公式为：

预缴增值税税款=含税销售额÷(1+5%)×5%

2.2.3.2 小规模纳税人应纳税额的计算

1. 征收率

小规模纳税人适用的增值税征收率为3%。

2. 应纳税额的计算公式

应纳税额的相关计算公式为：

应纳税额=销售额×征收率

销售额=含税销售额÷(1+征收率)

【提示2-12】小规模纳税人不得抵扣进项税额。

【实务操作2-18】某生产企业为小规模纳税人，2020年2月对部分资产盘点后进行处理：销售边角料，由税务机关代开增值税专用发票，取得含税收入92 800元；销售使用过的小汽车1辆，取得含税收入72 100元（原值120 000元）。计算上述业务应缴纳的增值税。

解析：小规模纳税人销售自己使用过的固定资产，减按2%征收率征收增值税。

应纳税额=92 800÷(1+3%)×3%+72 100÷(1+3%)×2%=4 102.91(元)

2.2.3.3 扣缴义务人应纳税额的计算

境外单位或者个人在境内提供应税服务，在境内未设有经营机构的，扣缴义务人按照下列公式计算应扣缴税额：

应扣缴税额=接受方支付的价款÷(1+税率)×税率

【实务操作2-19】境外公司为某纳税人提供咨询服务，合同价款为212万元，且该境外公司没有在境内设立经营机构，也没有代理人，计算其应纳增值税。

解析：该境外公司没有在境内设立经营机构，也没有代理人，应以接受方为增值税扣缴义务人，接受方应当扣缴的税额计算如下：

应扣缴税额=212÷(1+6%)×6%=12(万元)

2.2.3.4 特殊经营行为应纳税额的计算

【实务操作2-20】2019年7月16日，某4S店销售轿车一辆并为客户办理了按揭手续，轿车售价258 500元（不含税），办理按揭手续另收取费用2 000元。计算该4S店此项业务的应纳税额。

解析：混合销售行为按企业主营项目交税，该企业主营项目是销售货物，收取的手续费属于销售服务，在这里属于混合销售行为。对收取的手续费进行价税分离，一并按销售货物项目适用13%的税率缴纳增值税。

销项税额=[258 500+2 000÷(1+13%)]×13%=33 835.09(元)

【实务操作2-21】美丰建材商场为一般纳税人，2020年1月销售装修材料452 000元（含税），为个人装饰房屋收取费用共计80 000元；本月购进装修材料及用具，对方开具的专用发票注明的金额为100 000元。请在销售额分别核算和不分别核算的情况下，计算该建材商场应缴纳的增值税。

解析：此业务属于兼营行为，纳税人兼营销售货物、劳务、服务、无形资产或者不动产，适用不同税率或者征收率的，应当分别核算适用不同税率或者征收率的销售额；未分别核算的，从高适用税率。

（1）分别核算销售额：

应纳增值税=[452 000÷(1+13%)]×13%-100 000×13%+80 000×6%
=43 800(元)

（2）未分别核算销售额：

应纳增值税=[(452 000+80 000)÷(1+13%)]×13%-100 000×13%
=48 203.54(元)

【实务操作2-22】2020年3月，大江供销社本月零售化肥160 000元，销售给农民洗衣机5台，共15 000元。请计算本月供销社的增值税销项税额。

解析：此业务属于兼营行为，化肥适用9%的税率，洗衣机适用13%的税率。

销项税额=[160 000÷(1+9%)]×9%+[15 000÷(1+13%)]×13%
=14 936.67(元)

有问有答

问：A公司在与日本某公司的贸易中，由于日本某公司的计划变更，导致A公司国内采购的部分材料无法使用，只能报废，损失由日本某公司负担，请问A公司获得的赔偿金是否需要缴纳增值税？如果需要缴纳增值税，是计提销项税还是做进项税转出处理？如果是保险赔偿，增值税处理是否有所不同？

答：由于日本某公司的计划变更，导致A公司国内采购的部分材料无法使用，只能报废，损失由日本某公司负担，A公司取得的是赔偿金，没有取得销售货物收入或加工、修理修配劳务收入，不涉及增值税。这种情况也不属于因管理不善造成的丢失、被盗、霉烂变质损失，即不属于增值税进项税转出的情况，不需要做进项税转出处理。

同理，如果是保险赔偿，也不涉及增值税，不需要做进项税转出处理。

2.2.4 进出口货物业务

2.2.4.1 进口货物的业务

1. 进口货物的征税范围及纳税人

（1）进口货物的征税范围。

申报进入中华人民共和国海关境内的货物均应缴纳增值税。

确定一项货物是否属于进口货物，必须看其是否有报关进口手续。只要是报关进口的应税货物，不论其是产自哪个国家，也不论是用在哪里，均应按照规定缴纳进口环节的增值税。

（2）进口货物的纳税人。

进口货物的纳税人是指进口货物的收货人或办理报关手续的单位和个人。对代理进口货物，以海关开具的完税凭证上的纳税人为增值税纳税人。

2. 进口货物应纳税额的计算

（1）进口货物的适用税率。

进口货物适用税率与内销货物增值税税率相同。

（2）进口货物应纳税额的计算。

纳税人进口货物，按照组成计税价格和规定的税率计算应纳税额。计算公式为：

组成计税价格＝关税完税价格＋关税＋消费税

应纳税额＝组成计税价格×税率

在计算进口货物的增值税时应该注意以下问题：

1）进口货物增值税的组成计税价格中包括已纳关税税额，如果进口货物属于消费税应税消费品，其组成计税价格中还要包括进口环节已纳消费税税额。

2）在计算进口环节的应纳增值税税额时不得抵扣任何税额，即在计算进口环节的应纳增值税税额时，不得抵扣发生在我国境外的各种税金。

3）一般贸易下，进口货物的关税完税价格以海关审定的成交价格为基础的到岸价格作为完税价格。成交价格，是一般贸易项下进口货物的买方为购买该项货物向卖方实际支付或应当支付的价格；到岸价格，是由货价加上货物运抵我国关境内输入地点起卸前的包装费、运费、保险费和其他劳务费等费用构成的一种价格。

4）纳税人进口货物取得的合法海关完税凭证，是计算增值税进项税额的唯一依据，其价格差额部分以及从境外供应商取得的退还或返还的资金，不做进项税额转出处理。

【实务操作 2-23】某企业具有进出口经营权，为增值税小规模纳税人，2019 年 8 月从国外进口小轿车一辆，关税完税价格为 85 500 元人民币，假定关税税率为 20%，消费税税率为 5%，计算其进口增值税。

解析：小规模纳税人，进口计税时不使用征收率。

应纳增值税＝85 500×(1＋20%)÷(1－5%)×16%＝14 040(元)

3. 进口货物的税收管理

进口货物的增值税由海关代征。个人携带或者邮寄进境自用物品的增值税，连同关税一并计征。

进口货物，增值税纳税义务发生时间为报关进口的当天，纳税地点应当由进口人或其代理人向报关地海关申报纳税，其纳税期限为自海关填发海关进口增值税专用缴款书之日起 15 日内。

进口货物增值税的征收管理，依据《税收征收管理法》《海关法》《进出口关税条例》《进出口税则》的有关规定执行。

2.2.4.2 出口货物退（免）税

我国的出口货物退（免）税是指在国际贸易业务中，对我国报关出口的货物退还或免征其在国内各生产和流转环节按税法规定缴纳的增值税和消费税，即对增值税出口货物实行零税率，对消费税出口货物免税。

增值税出口货物的零税率，从税法上理解有两层含义：一是对本道环节生产或销售货物的增值部分免征增值税；二是对出口货物前道环节所含的进项税额进行退付。

可以退（免）税的出口货物一般应具备以下四个条件：

（1）必须是增值税、消费税征税范围的货物。

（2）必须是报关离境的货物。所谓报关离境，即出口，就是货物输出海关。这是区别货物是否应退（免）税的主要标准之一。

（3）必须是在财务上做销售处理的货物。出口货物只有在财务上做销售处理后，才能办理退税。

（4）必须是出口收汇并已核销的货物。

1. 出口货物退（免）税基本政策及其适用范围

世界各国为了鼓励本国货物出口，一般都采取优惠的税收政策。有的国家采取对该货物出口前所包含的税金在出口后予以退还的政策（即出口即退税）；有的国家采取对出口的货物在出口前即予以免税的政策。我国根据本国实际，采取出口退税与免税相结合的政策。目前，我国的出口货物税收政策分为以下三种形式：

（1）出口免税并退税。

出口免税是指对货物在出口销售环节不征收增值税、消费税，这是把货物出口环节与出口前的销售环节都同样视为一个征税环节；出口退税是指对货物在出口前实际承担的税收负担，按规定的退税率计算后予以退还。

第一，生产企业自营出口或委托外贸企业代理出口的自产货物出口免税并退税。

第二，有出口经营权的外贸企业收购后直接出口或委托其他企业代理出口的货物出口免税并退税。

第三，下列特定出口的货物出口免税并退税：

1）对外承包工程公司运出境外用于对外承包项目的货物。

2）对外承接修理修配业务的企业用于对外修理修配的货物。

3）外轮供应公司、远洋运输供应公司销售给外轮、远洋国轮而收取外汇的货物。

4）企业在国内采购并运往境外作为国外投资的货物等。

第四，视同自产产品给予退（免）税。

1）生产企业出口外贸的产品，凡同时符合以下条件的，可视同自产货物办理退税：

a. 与本企业生产的产品名称、性能相同。

b. 使用本企业注册商标或外商提供给本企业的商标。

c. 出口给进口本企业自产产品的外商。

2）生产企业外购的与本企业所生产的产品配套出口的产品，若出口给进口本企业自产产品的外商，符合下列条件之一的，可视同自产产品办理退税：

a. 用于维修本企业出口的自产产品的工具、零部件、配件。

b. 不经过本企业加工或组装，出口后能直接与本企业产品组合成套产品的。

3）凡同时符合下列条件的，主管出口退税的税务机关可认定为集团成员，集团公司收购成员企业生产的产品，可视同自产产品办理退（免）税：

a. 经县级以上政府主管部门批准为集团公司成员的企业，或由集团公司控股的生产企业。

b. 集团公司及其成员企业均实行生产企业财务会计制度。

c. 集团公司必须将有关成员企业的证明材料报送给主管出口退税的税务机关。

4）生产企业委托加工收回的产品，同时符合下列条件的，可视同自产产品办理退税：

a. 必须与本企业生产的产品名称、性能相同，或者是用本企业生产的产品再委托深加工收回的产品。

b. 出口给进口本企业自产产品的外商。

c. 委托方执行的是生产企业财务会计制度。

d. 委托方与受托方必须签订委托加工协议。主要原材料由委托方提供。受托方不垫付资金，只收取加工费，开具加工费（含代垫的辅助材料）的增值税专用发票。

（2）出口免税不退税。

出口免税与上述（1）项含义相同。出口不退税是指适用这个政策的出口货物因在前一道生产、销售环节是免税的，因此，出口时该货物的价格中本身就不含税，也无须退税。

1）属于生产企业的小规模纳税人自营出口或委托外贸企业代理出口的自产货物，免税但不退税。

2）外贸企业从小规模纳税人购进并持普通发票的货物出口，免税但不退税。

3）外贸企业直接购进国家规定的免税货物（包括免税农产品）出口的，免税但不退税。

4）来料加工复出口的货物，即原材料进口免税，加工自制的货物出口不退税。

5）避孕药品和用具、古旧图书，内销免税，出口也免税。

6）出口卷烟：有出口卷烟权的企业出口国家出口卷烟计划的卷烟，在生产环节免征增值税、消费税，出口环节不办理退税；其他非计划内出口的卷烟照章征收增值税和消费税，出口一律不退税。

7）军品以及军队系统企业出口军需工厂生产或军需部门调拨的货物免税。

8）国家规定的其他免税货物，如农业生产者销售的自产农业产品、饲料、农膜等。

【提示 2-13】出口享受免征增值税的货物，其耗用的原材料、零部件等支付的进项税额，包括准予抵扣的运输费用所含的进项税额，不能从内销货物的销项税额中抵扣，应计入产品成本。

（3）出口不免税也不退税。

出口不免税是对国家限制或禁止出口的某些货物的出口环节视同内销环节，照常征税，出口不退税是指对这些货物出口不退还出口前其所负担的税款。

下列出口货物不免税也不退税：

1）国家计划外出口的原油。

2）援外出口货物。

3）国家禁止出口的货物，包括天然牛黄、麝香、铜及铜基合金等。

2. 出口货物的退税率

增值税出口货物退税率有13%、10%、9%、6%、0%五档。增值税出口货物退税在计算时，有以下三种情况：

（1）出口退税率的一般规定。

1）除财政部和国家税务总局根据国务院决定明确的增值税出口退税率（以下简称退税率）外，出口货物的退税率为其适用税率。

2）应税服务的退税率采用适用的增值税税率。

（2）出口退税率的特殊规定。

1）外贸企业购进按简易办法征税的出口货物、从小规模纳税人购进的出口货物，退税率分别为简易计税办法实际执行的征收率、小规模纳税人征收率。上述出口货物取得增值税专用发票的，退税率按照增值税专用发票上注明的税率和出口货物退税率孰低的原则确定。

2）出口企业委托加工、修理修配货物，其加工、修理修配费用的退税率，为出口货物的退税率。

3）中标机电产品、出口企业向海关报关进入特殊区域销售给特殊区域内生产企业生产耗用的列名原材料、输入特殊区域的水电气，其退税率为适用税率。如果国家调整列名原材料的退税率，列名原材料应当自调整之日起按照调整后的退税率执行。

（3）适用不同退税率的货物、劳务及应税服务，应分开报送、核算并申报退（免）税；未分开报关、核算或划分不清的，从低适用退税率。

【提示2－14】只有征税率和退税率相同，出口货物才真正实现了“零税率”。

3. 出口货物应退税额的计算

（1）“免、抵、退”税的计算方法。

生产企业自营或委托外贸企业代理出口自产货物，除另有规定外，一律实行免、抵、退税管理办法。

实行免、抵、退税管理办法的“免”税是指对生产企业出口的自产货物，在出口时免征本企业生产销售环节增值税；“抵”税是指生产企业出口自产货物所耗用的原材料、燃料、动力等所含应予以退还的进项税额，抵顶内销货物的应纳税额；“退”税是指生产企业出口的自产货物在当月应抵顶的进项税额大于应纳税额时，对未抵顶完的部分予以退税。由于出口货物增值税实行零税率，除了出口环节免征增值税即没有销项税额外，需要将为生产出口产品所购进的项目已经缴纳的税款，即进项税额退还给出口企业等纳税人。因此出口企业退税并不是退还销项税额，而是退还进项税额。

【提示2－15】如果一个企业的产品全部出口，商品没有内销，则完全采用“免”和“退”的方式，就不存在“抵”税的问题。采用“抵”税的方式其实是为了简化征管手续，即用本来要退还给纳税人的退税抵顶内销货物应该按规定缴纳的增值税款。

1）当期应纳税额的计算：

$$\begin{matrix}\text{当期应纳}\\\text{税额}\end{matrix}=\begin{matrix}\text{当期内销货物的}\\\text{销项税额}\end{matrix}-\left(\begin{matrix}\text{当期进项}\\\text{税额}\end{matrix}-\begin{matrix}\text{当期免抵退税不得}\\\text{免征和抵扣税额}\end{matrix}\right)-\begin{matrix}\text{上期留抵}\\\text{税额}\end{matrix}$$

其中：

$$\text{当期免抵退税不得免征和抵扣税额}=\text{出口货物离岸价}\times\text{外汇人民币牌价}\times\left(\text{出口货物征税率}-\text{出口货物退税率}\right)-\text{免抵退税不得免征和抵扣税额的抵减额}$$

$$\text{免抵退税不得免征和抵扣税额抵减额}=\text{免税购进原材料价格}\times\left(\text{出口货物征税率}-\text{出口货物退税率}\right)$$

免税购进原材料包括从国内购进免税原材料和进料加工免税进口料件。其中进料加工免税进口料件的价格为组成计税价格，计算公式如下：

进料加工免税进口料件的组成计税价格＝货物到岸价＋海关实征关税和消费税

从上述计算公式看出，出口退税在“销项税额”方面并非执行真正的零税率而是一种“超低税率”，也就是征税率（13％、10％）与退税率（各种货物不同）之差，即税法规定的出口退税“不得免征和抵扣的税额”的计算比率。

下面我们通过会计分录来分析“免抵退税”的计算原理。根据企业会计制度的规定，对于实行“免抵退”方法的生产企业，在会计上应当增设如下增值税专栏：

a.“出口抵减内销产品应纳税额”借方专栏。

b.“出口退税”贷方专栏。

另外，以“进项税额转出”贷方专栏核算“当期免抵退税不得免征和抵扣税额”，以“其他应收款——应收补贴款”科目核算“当期应退税额”。

相关会计分录为：

a. 根据“当期免抵退税不得免征的抵扣税额”：

借：主营业务成本

　贷：应交税费——应交增值税（进项税额转出）

b. 根据“当期免抵税额”：

借：应交税费——应交增值税（出口抵减内销产品应纳税额）

　贷：应交税费——应交增值税（出口退税）

c. 根据“当期应退税额”：

借：其他应收款——应收补贴款

　贷：应交税费——应交增值税（出口退税）

这笔分录才是真正的退税。根据“当期应退税额”的计算过程得知，退的是期末未抵扣完的留抵进项税额。由此可见，“出口退税”贷方专栏核算的是“当期免抵税额”与“当期应退税额”之和，即税法中规定的“当期免抵退税额”（即出口销售额×退税率）。

出口货物实际执行的“超低税率”计算的“销项税额”被记入“进项税额转出”贷方专栏。如果将该部分数额与“出口退税”贷方专栏数额相加，其实也就是内销情况下，应当缴纳的销项税额。所以，“出口退税”贷方专栏数额反映的并非真正的退税，而是出口货物较内销货物因执行税率的不同而少缴的增值税“销项税额”。

“免抵退税不得免征和抵扣税额抵减额”与前面“免抵退税额抵减额”是有区别的。

前者实质是不予抵免的金额，实际账务处理中是不存在的，但是作为"免抵退"这种管理办法的计算思路，必须将这部分予以剔除。而通过前面对计算公式的分析，可以理解为前面对免税购进原材料也相应计算了不得免征和抵扣的税额，所以单独计算"免抵退税不得免征和抵扣税额抵减额"作为对其的修正。

2）免抵退税额的计算：

$$\text{免抵退税额}=\text{出口货物离岸价}\times\text{外汇人民币牌价}\times\text{出口货物退税率}-\text{免抵退税额抵减额}$$

其中：

免抵退税额抵减额＝免税购进原材料价格×出口货物退税率

3）当期应退税额和免抵退税额的计算：

a. 如当期期末留抵税额≤当期免抵退税额，则：

当期应退税额＝当期期末留抵税额

当期免抵税额＝当期免抵退税额－当期应退税额

b. 如当期期末留抵税额＞当期免抵税额，则：

当期应退税额＝当期免抵退税额

当期免抵税额＝0

【实务操作 2－24】2019 年 6 月，某自营出口的生产企业为增值税一般纳税人，2019 年 5 月 31 日留抵税额 6 万元，出口货物的征税率为 13%，退税率为 10%，6 月发出的有关业务如下：

（1）购进原材料一批，取得的增值税专用发票注明的价款为 400 万元，准予抵扣的进项税额 52 万元通过认证。

（2）内销货物不含税销售额 200 万元，收款 226 万元存入银行。

（3）出口货物的销售额折合人民币 400 万元。

要求：计算企业 6 月应免抵退税额。

解析：（1）免抵退税免征和抵扣税额＝400×(13%－10%)＝12（万元）。

（2）应纳税额＝200×13%－(52－12)－6＝－20（万元）。

（3）出口货物免抵退税额＝400×10%＝40（万元）。

（4）计算退税额的免抵税额：

当期期末留抵税额 20 万元＜当期免抵退税额 40 万元，则：

当期应退税额＝当期期末留抵税额，即 6 月应退税额＝26（万元）；

当期免抵税额＝当期免抵退税额－当期应退税额，即 6 月免抵税额＝40－26＝14（万元）。

【实务操作 2－25】某自营出口企业为增值税一般纳税人。出口货物征税率为 13%，退税率为 10%，2019 年 6 月购进原材料，取得增值税专用发票注明的价款为 200 万元，抵扣进项税额为 26 万元，货物已入库。上期期末留抵税额为 3 万元。当月内销货物的销项税额为 16 万元，本月出口货物销售额折合人民币 200 万元，计算免抵退税额、应退税额、免抵税额。

解析：

应纳税额=16-[26-200×(13%-10%)]-3=-7(万元)

免抵退税额=200×10%=20(万元)

期末留抵税额7万元<免抵退税额20万元

应退税额=7(万元)

免抵税额=20-7=13(万元)

【实务操作2-26】 2019年A生产企业进口货物，海关审定的关税完税价格为500万元，关税税率为10%，海关代征了进口环节增值税。进口领料加工材料一批，海关暂免征税予以放行，组成计税价格为100万元，从国内市场购进原材料支付的价款为1 400万元，取得的增值税专用发票上注明的税额为182万元。外销进料加工货物的离岸价为1 000万元人民币。内销货物的销售额为1 200万元（不含税），上期留抵税额为50万元，计算当期应缴或应退的增值税税额（内销货物适用13%税率，出口退税率为9%）。

解析：（1）计算当期进项税额：

进口环节海关代征增值税=500×(1+10%)×13%=71.5(万元)

国内采购进项税额为238万元；

进口领料加工材料由于是免税进口料件，没有缴纳过增值税，因此计算不得免征和抵扣税额时不能与纳过税的情况一样对待，需要计算免抵退税不得免征和抵扣税额抵减额=100×(13%-9%)=4（万元）；

出口货物当期不得免征和抵扣税额为：1 000×(13%-9%)-4=36（万元）；

上期留抵税额为50万元；

当期允许抵扣的进项税额为：71.5+182-36+50=267.5（万元）。

（2）计算当期销项税额：

出口货物销售免税。

内销货物销项税额=1 200×13%=156(万元)

（3）当期应纳税额为：156-267.5=-111.5（万元）。

（4）由于进口料件享受了免税优惠，计算出口货物免抵退税的限额时要扣减已享受过的优惠额：

1 000×9%-100×9%=81(万元)

由于期末留抵税额111.5万元>当期免抵退税额81万元，故：

当期应退税额=81(万元)

当期免抵税额=0

当期留抵税额=111.5-81=30.5(万元)

（2）“先征后退”的计算方法。

“先征后退”主要用于收购货物出口的外（工）贸企业。“先征”是指在收购货物时支付的进项税额；“后退”是指出口后按规定退给企业的已纳进项税额。

1）外贸企业收购一般纳税人货物出口。

外贸企业以及实行外贸企业财务制度的工贸企业收购货物出口，其出口销售环节的增值税免征；其收购货物的成本部分，因外贸企业支付收购货款的同时也支付了生产经营该类商品的企业已纳的增值税款，因此，在货物出口后按收购成本与退税率计算退税退还给外贸企业，征、退税之差计入企业成本。

外贸企业出口货物增值税的计算应依据购进出口货物增值税专用发票上所注明的购进金额和退税率计算。

应退税额＝收购不含增值税购进金额×退税率

【实务操作2－27】某进出口公司2019年6月出口日本平纹布2 000米，进货增值税专用发票列明单价20元/平方米，计税金额40 000元，退税率为10％。计算当期应退税额。

解析：

应退税额＝2 000×20×10％＝4 000(元)

2）外贸企业收购小规模纳税人货物出口。

a. 从小规模纳税人购进特准退税的抽纱、工艺品等12类出口货物，同样实行销售出口货物的收入免税，并退还出口货物进项税额的办法。应退税额计算公式如下：

应退税额＝普通发票所列销售金额÷(1＋征收率)×6％

b. 从小规模纳税人购进税务机关代开的增值税专用发票的出口货物的应退税额计算公式为：

应退税额＝增值税专用发票注明的金额×6％

【实务操作2－28】纺织品出口公司9月份从民俗村手工艺厂小规模纳税人购进工艺品8.48万元，取得普通发票。出口货物折合人民币12万元，退税率为6％。计算当期应退税额。

解析：

应退税额＝8.48÷(1＋3％)×6％＝0.49(万元)

c. 外贸企业委托生产企业加工出口货物。

外贸企业委托生产企业加工收回后报关出口的货物，按购进国内原材料的增值税专用发票上注明的购进金额，依原辅材料的退税率计算原辅材料应退税额。支付的加工费，凭受托方开具货物的退税率计算加工费的应退税额。

【实务操作2－29】某进出口公司2019年10月份购进材料一批，委托加工成服装出口，增值税专用发票注明购进金额50 000元（退税率10％）；取得加工费的增值税专用发票计税金额10 000元（退税率13％）。计算当期应退税额。

解析：

购进材料退税额＝50 000×10％＝5 000(元)

加工费退税额＝10 000×13％＝1 300(元)

应退税额合计＝5 000＋1 300＝6 300(元)

4. 旧设备的出口退（免）税处理

旧设备是指出口企业作为固定资产使用过的设备（简称自用旧设备）和出口企业直接购买的旧设备（简称外购旧设备）。

（1）旧设备出口企业的范围及出口方式。

出口企业包括增值税一般纳税人、小规模纳税人和非增值税纳税人。出口方式包括自营出口和委托出口。

（2）增值税一般纳税人和非增值税纳税人出口自用旧设备的税务处理。

应退税额的计算公式为：

$$\text{应退税额}=\text{增值税专用发票所列明金额(不含税)}\times\left(\text{设备折余价值}\div\text{设备原值}\right)\times\text{适用退税率}$$

$$\text{设备折余价值}=\text{设备原值}-\text{已提折旧}$$

【提示 2-16】纳税人须向主管税务机关申报并填写《旧设备折旧情况确认表》及提供相关资料，经税务机关核实无误后办理退税。

（3）增值税一般纳税人和非增值税纳税人出口外购旧设备的税务处理。

增值税一般纳税人和非增值税纳税人出口的外购旧设备，实行免税不退税的办法。企业出口外购旧设备后，须在规定期限内提供相关资料向税务机关申报。

（4）小规模纳税人出口自用旧设备和外购旧设备的税务处理。

小规模纳税人出口自用旧设备和外购旧设备，实行免税不退税的办法。

5. 出口货物退（免）税管理

（1）利用“口岸电子执法系统”的出口数据审核生产企业免、抵、退的出口额。

对生产企业申报的没有电子数据（有纸质报关单的除外）的免、抵、退税出口额和有电子数据但企业未在当月申报的出口额，应按规定申报的相对应的出口额或电子数据中的离岸价等计算销项税额，并在当月底前通知生产企业。

（2）出口企业未在规定期限内申报出口货物的处理。

出口企业应在货物报关出口之日［以出口货物报关单（出口退税专用）上注明的出口日期为准，下同］起 90 日内，向退税部门申报办理出口货物退（免）税手续。逾期不申报的，除另有规定者和确有特殊原因经地市级以上税务机关批准者外，不再受理该笔出口货物的退（免）税申报。

（3）新发生出口业务的退免税。

1）新发生出口业务的企业，自发生首笔出口业务之日起 12 个月内发生的应退税额，不实行按月退税的办法，而是采取结转下期继续抵顶其内销货物应纳税额。12 个月后，如该企业属于小型出口企业，则年底对未抵顶完的部分一次性办理退税；如该企业属于小型企业以外的企业，则实行统一的按月计算办理免、抵、退税的办法。

2）注册开业时间在一年以上的新发生出口业务的企业（小型出口企业除外），经市级税务机关核实确有生产能力并无偷税行为及走私等违法行为的，可实行统一的按月计算办理免、抵、退税的办法。

3）新成立的内外销销售额之和超过 500 万元（含）人民币，且外销销售额占其全部销售额的比例超过 50%（含）的生产企业，如在自成立之日起 12 个月内不办理退税确有困难的，在从严掌握的基础上，经批准，可实行统一的按月计算办理免、抵、退税的办法。

学习子情境 2.3　纳税申报

案件　2005 年 3 月 21 日，青海省海西蒙古族藏族自治州国家税务局稽查局接到青海省国家税务局税务违法案件举报中心“海西化工建材股份公司偷税案”督办函，该局随即成立专案检查组，对该公司 2003 年 1 月 1 日至 2004 年 12 月 31 日期间，销售水泥及涉税事宜逐项进行调查、询问、核实、取证，并详细检查了该公司的纳税情况。

经调查，发现该公司的主要偷税手段及违法事实有：(1) 未做销售收入，造成少缴增值税。2004 年度青海海西化工建材股份有限公司 2004 年 9 月 27 日将已抵扣进项税额的生产用电和材料 328 287.75 元（含税）销售给海西蒙西联碱业有限公司，账面上未做收入，造成少缴增值税 47 699.93 元。(2) 购进货物与支付款项等不一致。(3) 名实不符，违反税收优惠政策。青海海西化工建材股份有限公司采取多种方法，多退增值税税金 282 677.36 元。

国税部门专业人士分析：第一，对违法事实（1），根据规定，对少缴的增值税 47 699.93 元追缴入库。第二，对违法事实（2），根据规定，对已抵扣的进项税额做进项税额转出 123 969.23 元、补缴增值税 123 969.23 元处理。第三，对违法事实（3），根据规定，对不应享受增值税优惠政策的，多退增值税 282 677.36 元补缴入库。以上三项共少缴增值税 454 346.52 元。第四，对该公司违法事实（1）、（2）、（3），根据《中华人民共和国税收征收管理法》第六十三条的规定：纳税人伪造、变造、隐匿、擅自销毁账簿、记账凭证，或者在账簿上多列支出或者不列、少列收入，或者经税务机关通知申报而拒不申报或者进行虚假的纳税申报，不缴或者少缴应纳税款的，是偷税。对纳税人偷税的，由税务机关追缴其不缴或者少缴的税款、滞纳金，并处不缴或者少缴的税款百分之五十以上五倍以下的罚款；构成犯罪的，依法追究刑事责任，对其偷税行为处以罚款 227 173.26 元。第五，根据规定，从滞纳税款之日起，按日加收滞纳税款万分之五的滞纳金。

2.3.1　纳税义务发生时间

纳税义务发生时间，是纳税人发生应税行为应当承担纳税义务的起始时间。

2.3.1.1　一般规定

(1) 纳税人销售货物或者应税劳务，其纳税义务发生时间为收讫销售款项或者取得索取销售款项凭据的当天；先开具发票的，为开具发票的当天。

(2) 纳税人进口货物，其纳税义务发生时间为报关进口的当天。

(3) 增值税扣缴义务发生时间为纳税人增值税纳税义务发生的当天。

2.3.1.2　具体规定

(1) 采取直接收款方式销售货物，不论货物是否发出，均为收到销售款或者取得索取销售凭据的当天。

(2) 采取托收承付和委托银行收款方式销售货物，为发出货物并办妥托收手续的当天。

（3）采取赊销和分期收款方式销售货物，为书面合同约定的收款日期的当天。无书面合同的或者书面合同没有约定收款日期的，为货物发出的当天。

（4）采取预收货款方式销售货物，为货物发出的当天，但销售生产工期超过 12 个月的大型机械设备、船舶、飞机等货物，为收到预收款或者书面合同约定的收款日期的当天。

（5）委托其他纳税人代销货物，为收到代销清单或者收到全部或者部分货款的当天。未收到代销清单及货款的，为发出代销货物满 180 天的当天。

（6）销售应税劳务，为提供劳务同时收讫销售款或者取得索取销售款项凭据的当天。

（7）纳税人发生视同销售货物行为，为货物移送的当天。

2.3.2 纳税期限

增值税的纳税期限分别为 1 日、3 日、5 日、10 日、15 日、1 个月或者 1 个季度。纳税人进口货物，应当自海关填发进口增值税专用缴款书之日起 15 日内缴纳税款。

2.3.3 纳税地点

（1）固定业户向其机构所在地主管税务机关申报纳税。总分支机构不在同一县（市）的，应当分别向各自所在地的主管税务机关申报纳税；经批准，可由总机构汇总向总机构所在地的主管税务机关申报纳税。

（2）固定业户到外县（市）销售货物或者应税劳务，应当向其机构所在地主管税务机关申请开具外出经营活动税收管理证明，并向其所在地主管税务机关申报纳税；未开具证明的，向销售或劳务发生地的税务机关申报纳税，否则由其机构所在地的主管税务机关补征税款。

（3）非固定业户销售货物或者应税劳务，应当向销售地或者劳务发生地的主管税务机关申报纳税，否则，由其机构所在地或者居住地的主管税务机关补征税款。

（4）进口货物，应当向报关地海关申报纳税。

（5）扣缴义务人应当向其机构所在地或者居住地的主管税务机关缴纳其扣缴的税款。

2.3.4 增值税纳税申报

2.3.4.1 增值税一般纳税人纳税申报表

增值税一般纳税人的纳税申报表包括：

（1）《增值税纳税申报表（一般纳税人适用）》。

（2）《增值税纳税申报表附列资料（一）》（本期销售情况明细）。

（3）《增值税纳税申报表附列资料（二）》（本期进项税额明细）。

（4）《增值税纳税申报表附列资料（三）》（服务、不动产和无形资产扣除项目明细）。

（5）《增值税纳税申报表附列资料（四）》（税收抵减情况表）。

（6）《增值税减免税申报明细表》。

2.3.4.2 增值税小规模纳税人的纳税申报表

增值税小规模纳税人的纳税申报表包括：

(1)《增值税纳税申报表（小规模纳税人适用）》。

(2)《增值税纳税申报表（小规模纳税人适用）附列资料》。

模拟申报

（一）一般纳税人

1. 企业基本情况

滨城西点有限责任公司为一般纳税人，纳税人识别号码为 13010589147999，注册地为滨城西区普阳路 815 号，开户银行为招商银行西区支行，账号为 60200113200220089。

2. 模拟数据及填报说明

(1) 销项数据。

业务一：本月适用 13%税率的货物销售额为 700 000 元（其中开具增值税专用发票的销售额为 400 000 元，开具普通发票的销售额为 200 000 元，未开具发票的销售额为 100 000 元）。

分别将开具增值税专用发票的销售额 400 000 元、开具普通发票的销售额 200 000 元、未开具发票的销售额 100 000 元填入附列资料一第 1 行的第 1、3、5 列，第 2、4、6 列为相对应的销项税额；（第 9 列第 1 至 5 行合计数－第 9 列第 6 至 7 行合计数）与主表第 1 行数据一致，（第 10 列第 1 至 5 行合计数－第 10 列第 6 至 7 行合计数）与主表第 11 行数据一致。

(2) 进项数据。

业务二：本月购进货物取得增值税专用发票 14 份，金额 70 000 元，税额 9 100 元，本月已认证通过。填入附列资料二第 2 行对应栏次。

业务三：购进固定资产小汽车一辆，取得税控机动车销售统一发票 1 份，金额80 000 元，税额 10 400 元，本月已认证通过。填入附列资料二第 2 行对应栏次；购进的小汽车属于固定资产，还要填入附列资料三第 1 行对应栏次。

业务四：销售货物取得货物运输业增值税专用发票 1 份，金额 3 000 元，税额 270 元，本月已认证通过。填入附列资料二第 2 行对应栏次；附列资料二第 1 行为小计栏，填报税控增值税专用发票小计数。

将本期认证相符的防伪税控增值税专用发票、货物运输业增值税专用发票、机动车销售统一发票合计数填入附列资料二第 35 行对应列。

业务五：购进货物取得铁路运输发票 1 份，运费 1 000 元。填入附列资料二第 8b 行对应列。

业务六：上月进口一批货物，取得海关进口增值税专用缴款书 3 份，金额 20 000 元，税额 2 600 元，本月取得比对结果通知书，比对相符。填入附列资料二第 5 行对应列；附列资料二第 4 行为小计栏，填报其他扣税凭证小计数；附列资料二第 12 行为合计栏，填报当期申报抵扣进项税额合计数，与主表第 12 行数据一致。

(3) 调整数据。

业务七：本月因保管员离开仓库未锁门，丢失货物（适用 13%税率）一件，金额 1 000 元，税额 130 元。作为非正常损失填入附列资料二第 16 行。

业务八：将购进的货物（适用 13%税率）部分发给全体职工当作上半年福利，金额

30 000 元，税额 3 900 元。作为职工福利填入附列资料二第 15 行。

业务九：退货 5 000 元，红字发票通知单上注明的进项税额为 650 元。填入附列资料二第 20 行。

业务十：纳税检查调减进项税额 10 000 元。填入附列资料二第 19 行，同时填入主表第 16 行；附列资料二第 13 行为进项税额转出合计栏，与主表第 14 行一致。

3. 税款计算与申报表填报对比情况

（1）增值税应纳税额的计算。

销项税额＝(400 000＋200 000＋100 000)×13%＝91 000(元)

进项税额＝9 100＋10 400＋2 600＋270＋90＝22 460(元)

进项税额转出额＝130＋3 900＋10 000＋650＝14 680(元)

本期应抵扣税额＝22 460－14 680＋10 000＝17 780(元)

本月应纳税额＝91 000－17 780＝73 220(元)

本期纳税检查进项税额转出应补缴税额 10 000 元，反映在主表第 38 行期末未缴查补税额栏。

（2）申报表的填报见表 2－2～表 2－7。

（二）小规模纳税人

1. 企业基本情况

东方贸易有限责任公司为增值税小规模纳税人，纳税人识别号为 189321220010456，注册地是吉春市互助路 151 号，开户行是工商银行互助支行，电话号码为 13156410281。

2. 模拟数据及填报说明

业务一：本月应税货物销售额 50 000 元，使用税控收款机开具发票。

将销售额 50 000 元填入主表第 1 行和第 3 行“应税货物及劳务”列。

业务二：本月处置旧固定资产，收入 515 元。

不含税销售额＝515÷1.03＝500(元)

将销售额 500 元填入主表第 4 行“应税货物及劳务”列；按照规定减按 2%征收增值税，抵减额＝500×2%＝10（元）；将减征额 10 元填入主表第 11 行“应税货物及劳务”列。

业务三：本月购置税控收款机一台，价款 1 130 元，取得增值税普通发票，注明金额为 1 000 元，税额为 130 元。

增值税小规模纳税人购置税控收款机，经主管税务机关审核批准后，可凭购进税控收款机取得的增值税专用发票，按照发票上注明的增值税税额抵免当期应纳增值税税额，或者按照购进税控收款机取得的普通发票上注明的价款，依下列公式计算可抵免税额：

可抵免税额＝价款÷(1＋13%)×13%＝1 130÷(1＋13%)×13%＝130(元)

将减征额 130 元填入主表第 11 行“应税货物及劳务”列。

业务四：本月收取广告收入 51 500 元。

销售额＝51 500÷1.03＝50 000(元)

将广告销售额 50 000 元填入主表第 3 行“应税服务”列。

表 2-2 增值税纳税申报表

（一般纳税人适用）

根据国家税收法律法规及增值税相关规定制定本表。纳税人不论有无销售额，均应按税务机关核定的纳税期限填写本表，并向当地税务机关申报。

税款所属时间：自 2019 年 6 月 1 日至 2019 年 6 月 30 日　填表日期：2019 年 7 月 6 日

纳税人识别号	1	3	0	1	0	5	8	9	1	4	7	9	9	9						所属行业：食品		金额单位：元至角分

纳税人名称	滨城西点有限责任公司	法定代表人姓名	张大可	注册地址	滨城西区普阳路 815 号	生产经营地址	滨城西区普阳路 815 号
开户银行及账号	招行西区支行 60200113200220089	登记注册类型		内资企业		电话号码	

项目		栏次	一般项目		即征即退项目	
			本月数	本年累计	本月数	本年累计
销售额	（一）按适用税率计税销售额	1	700 000			
	其中：应税货物销售额	2	700 000			
	应税劳务销售额	3				
	纳税检查调整的销售额	4				
	（二）按简易办法计税销售额	5				
	其中：纳税检查调整的销售额	6				
	（三）免、抵、退办法出口销售额	7			—	—
	（四）免税销售额	8			—	—
	其中：免税货物销售额	9			—	—
	免税劳务销售额	10			—	—
税款计算	销项税额	11	91 000			
	进项税额	12	22 460			
	上期留抵税额	13				
	进项税额转出	14	14 680			
	免、抵、退应退税额	15			—	—
	按适用税率计算的纳税检查应补缴税额	16	10 000		—	—
	应抵扣税额合计	17=12+13−14−15+16	17 780	—		—
	实际抵扣税额	18（如 17<11，则为 17，否则为 11）	17 780			
	应纳税额	19=11−18	73 220			
	期末留抵税额	20=17−18				
	简易计税办法计算的应纳税额	21				—
	按简易计税办法计算的纳税检查应补缴税额	22			—	—
	应纳税额减征额	23				
	应纳税额合计	24=19+21−23				

续表

税款缴纳	期初未缴税额（多缴为负数）	25				
	实收出口开具专用缴款书退税额	26			—	—
	本期已缴税额	27=28+29+30+31				
	①分次预缴税额	28		—		—
	②出口开具专用缴款书预缴税额	29		—	—	—
	③本期缴纳上期应纳税额	30				
	④本期缴纳欠缴税额	31				
	期末未缴税额（多缴为负数）	32=24+25+26−27				
	其中：欠缴税额（≥0）	33=25+26−27		—		—
	本期应补（退）税额	34=24−28−29		—		—
	即征即退实际退税额	35	—	—		—
	期初未缴查补税额	36			—	—
	本期入库查补税额	37			—	—
	期末未缴查补税额	38=16+22+36−37	10 000		—	—
授权声明	如果你已委托代理人申报，请填写下列资料： 为代理一切税务事宜，现授权________ （地址）________为本纳税人的代理申报人，任何与本申报表有关的往来文件，都可寄予此人。 授权人签字：		申报人声明	本纳税申报表是根据国家税收法律法规及相关规定填报的，我确定它是真实的、可靠的、完整的。 声明人签字：		

主管税务机关：　　　　接收人：　　　　接收日期：

表 2-3　增值税纳税申报表附列资料（一）

（本期销售情况明细）

税款所属时间：2019 年 6 月 1 日至 2019 年 6 月 30 日

纳税人名称：（公章）滨城西点有限责任公司

金额单位：元至角分

项目及栏次				开具增值税专用发票		开具其他发票		未开具发票		纳税检查调整		合计			服务、不动产和无形资产扣除项目本期实际扣除金额	扣除后	
				销售额	销项（应纳）税额	销售额	销项（应纳）税额	销售额	销项（应纳）税额	销售额	销项（应纳）税额	销售额	销项（应纳）税额	价税合计		含税（免税）销售额	销项（应纳）税额
				1	2	3	4	5	6	7	8	9=1+3+5+7	10=2+4+6+8	11=9+10	12	13=11−12	14=13÷(100%+税率或征收率)×税率或征收率
一、一般计税方法计税	全部征税项目	13%税率的货物及加工修理修配劳务	1	400 000	52 000	200 000	26 000	100 000	13 000			700 000	91 000	791 000	—	—	—
		13%税率的服务、不动产和无形资产	2														
		9%税率的货物及加工修理修配劳务	3											—	—	—	—
		9%税率的服务、不动产和无形资产	4														
		6%税率	5														
	其中：即征即退项目	即征即退货物及加工修理修配劳务	6	—	—	—	—	—	—	—	—			—	—	—	—
		即征即退服务、不动产和无形资产	7	—	—	—	—	—	—	—	—						

续表

项目及栏次				开具增值税专用发票		开具其他发票		未开具发票		纳税检查调整		合计			服务、不动产和无形资产扣除项目本期实际扣除金额	扣除后	
				销售额	销项（应纳）税额	销售额	销项（应纳）税额	销售额	销项（应纳）税额	销售额	销项（应纳）税额	销售额	销项（应纳）税额	价税合计		含税（免税）销售额	销项（应纳）税额
				1	2	3	4	5	6	7	8	9=1+3+5+7	10=2+4+6+8	11=9+10	12	13=11−12	14=13÷(100%+税率或征收率)×税率或征收率
二、简易计税方法计税	全部征税项目	6%征收率	8							—	—			—	—	—	—
		5%征收率的货物及加工修理修配劳务	9a							—	—			—	—	—	—
		5%征收率的服务、不动产和无形资产	9b							—	—						
		4%征收率	10							—	—			—	—	—	—
		3%征收率的货物及加工修理修配劳务	11							—	—			—	—	—	—
		3%征收率的服务、不动产和无形资产	12							—	—						
		预征率　%	13a							—	—						
		预征率　%	13b							—	—						
		预征率　%	13c							—	—						
	其中：即征即退项目	即征即退货物及加工修理修配劳务	14	—	—	—	—	—	—	—	—			—	—	—	—
		即征即退服务、不动产和无形资产	15	—	—	—	—	—	—	—	—						

续表

项目及栏次			开具增值税专用发票		开具其他发票		未开具发票		纳税检查调整		合计			服务、不动产和无形资产扣除项目本期实际扣除金额	扣除后	
			销售额	销项（应纳）税额	销售额	销项（应纳）税额	销售额	销项（应纳）税额	销售额	销项（应纳）税额	销售额	销项（应纳）税额	价税合计		含税（免税）销售额	销项（应纳）税额
			1	2	3	4	5	6	7	8	9=1+3+5+7	10=2+4+6+8	11=9+10	12	13=11−12	14=13÷（100%+税率或征收率）×税率或征收率
三、免抵退税	货物及加工修理修配劳务	16	—	—		—		—	—	—		—	—	—	—	—
	服务、不动产和无形资产	17	—	—		—		—	—	—		—				—
四、免税	货物及加工修理修配劳务	18				—		—	—	—		—	—	—	—	—
	服务、不动产和无形资产	19	—	—		—		—	—	—		—				—

表 2-4 增值税纳税申报表附列资料（二）

（本期进项税额明细）

税款所属时间：2019 年 6 月 1 日至 2019 年 6 月 30 日

纳税人名称：（公章）滨城西点有限责任公司 金额单位：元至角分

一、申报抵扣的进项税额				
项目	栏次	份数	金额	税额
（一）认证相符的增值税专用发票	1=2+3	16	153 000	19 770
其中：本期认证相符且本期申报抵扣	2	16	153 000	19 770
前期认证相符且本期申报抵扣	3			
（二）其他扣税凭证	4=5+6+7+8a+8b	4	21 000	2 690
其中：海关进口增值税专用缴款书	5	3	20 000	2 600
农产品收购发票或者销售发票	6			
代扣代缴税收缴款凭证	7		—	
加计扣除农产品进项税额	8a	—	—	
其他	8b	1	1 000	90
（三）本期用于购建不动产的扣税凭证	9			
（四）本期用于抵扣的旅客运输服务扣税凭证	10			
（五）外贸企业进项税额抵扣证明	11	—	—	
当期申报抵扣进项税额合计	12=1+4+11	20	174 000	22 460
二、进项税额转出额				
项目	栏次	税额		
本期进项税额转出额	13=14 至 23 之和	14 680		
其中：免税项目用	14			
集体福利、个人消费	15	3 900		
非正常损失	16	130		
简易计税方法征税项目用	17			
免抵退税办法不得抵扣的进项税额	18			
纳税检查调减进项税额	19	10 000		
红字专用发票信息表注明的进项税额	20	650		
上期留抵税额抵减欠税	21			
上期留抵税额退税	22			
其他应做进项税额转出的情形	23			
三、待抵扣进项税额				
项目	栏次	份数	金额	税额
（一）认证相符的增值税专用发票	24	—	—	—
期初已认证相符但未申报抵扣	25			
本期认证相符且本期未申报抵扣	26			
期末已认证相符但未申报抵扣	27			
其中：按照税法规定不允许抵扣	28			
（二）其他扣税凭证	29=30 至 33 之和			
其中：海关进口增值税专用缴款书	30			
农产品收购发票或者销售发票	31			
代扣代缴税收缴款凭证	32		—	
其他	33			
	34			
四、其他				
项目	栏次	份数	金额	税额
本期认证相符的增值税专用发票	35	16	153 000	19 770
代扣代缴税额	36	—	—	

表 2－5 增值税纳税申报表附列资料（三）

（服务、不动产和无形资产扣除项目明细）

税款所属时间：2019 年 6 月 1 日至 2019 年 6 月 30 日

纳税人名称：（公章）滨城西点有限责任公司

金额单位：元至角分

项目及栏次		本期服务、不动产和无形资产价税合计额（免税销售额）	服务、不动产和无形资产扣除项目				
			期初余额	本期发生额	本期应扣除金额	本期实际扣除金额	期末余额
		1	2	3	4＝2＋3	5（5≤1 且 5≤4）	6＝4－5
13%税率的项目	1	80 000		10 400	10 400	10 400	0
9%税率的项目	2						
6%税率的项目（不含金融商品转让）	3						
6%税率的金融商品转让项目	4						
5%征收率的项目	5						
3%征收率的项目	6						
免抵退税的项目	7						
免税的项目	8						

表 2-6　增值税纳税申报表附列资料（四）

（税额抵减情况表）

税款所属时间：2019 年 6 月 1 日至 2019 年 6 月 30 日

纳税人名称：（公章）滨城西点有限责任公司　　　　金额单位：元至角分

一、税额抵减情况

序号	抵减项目	期初余额	本期发生额	本期应抵减税额	本期实际抵减税额	期末余额
		1	2	3=1+2	4≤3	5=3-4
1	增值税税控系统专用设备费及技术维护费					
2	分支机构预征缴纳税款					
3	建筑服务预征缴纳税款					
4	销售不动产预征缴纳税款					
5	出租不动产预征缴纳税款					

二、加计抵减情况

序号	加计抵减项目	期初余额	本期发生额	本期调减额	本期可抵减额	本期实际抵减额	期末余额
		1	2	3	4=1+2-3	5	6=4-5
6	一般项目加计抵减额计算						
7	即征即退项目加计抵减额计算						
8	合计						

表 2-7　增值税减免税申报明细表

税款所属时间：2019 年 6 月 1 日至 2019 年 6 月 30 日

纳税人名称：（公章）滨城西点有限责任公司　　　　金额单位：元至角分

一、减税项目						
减税性质代码及名称	栏次	期初余额	本期发生额	本期应抵减税额	本期实际抵减税额	期末余额
		1	2	3=1+2	4≤3	5=3-4
合计	1					
	2					
	3					
	4					
	5					
	6					
二、免税项目						
免税性质代码及名称	栏次	免征增值税项目销售额	免税销售额扣除项目本期实际扣除金额	扣除后免税销售额	免税销售额对应的进项税额	免税额
		1	2	3=1-2	4	5
合计	7					
出口免税	8		—	—	—	—
其中：跨境服务	9		—	—	—	—
	10					
	11					
	12					
	13					
	14					
	15					
	16					

业务五：本月发生广告服务，申请代开增值税专用发票价税合计 10 300 元。

销售额＝10 300÷1.03＝10 000(元)

将代开增值税专用发票销售额填入主表第 2 行“应税服务”列；将申请代开增值税专用发票预缴税款 300 元填入主表第 13 行“应税服务”列。

业务六：本月销售蔬菜、鲜肉等的免税销售额为 100 000 元，使用税控收款机开具发票。将免税销售额 100 000 元填入主表第 6 行和第 7 行“应税货物及劳务”列。

3. 税款计算与申报表填报对比情况

（1）增值税应纳税额的计算。

本月货物销售应纳税额＝50 000×3%＋500×3%－10－130＝1 375(元)

本月应税服务应纳税额＝60 000×3%－300＝1 500(元)

（2）申报表的填报见表 2－8。

表 2－8　增值税纳税申报表（增值税小规模纳税人适用）

纳税人识别号：1 8 9 3 2 1 2 2 0 0 1 0 4 5 6

纳税人名称（公章）：东方贸易有限责任公司　　　　金额单位：元（列至角分）

税款所属期：2019 年 6 月 1 日至 2019 年 6 月 30 日　　　　填表日期：2019 年 7 月 5 日

	项目	栏次	本期数		本年累计	
			应税货物及劳务	应税服务	应税货物及劳务	应税服务
一、计税依据	（一）应征增值税不含税销售额	1	50 000	60 000		
	税务机关代开的增值税专用发票不含税销售额	2		10 000		
	税控器具开具的普通发票不含税销售额	3	50 000	50 000		
	（二）销售使用过的应税固定资产不含税销售额	4（4≥5）	500	—		—
	其中：税控器具开具的普通发票不含税销售额	5		—		—
	（三）免税销售额	6（6≥7）	100 000			
	其中：税控器具开具的普通发票销售额	7	100 000			
	（四）出口免税销售额	8（8≥9）				
	其中：税控器具开具的普通发票销售额	9				
二、税款计算	本期应纳税额	10	1 515	1 800		
	本期应纳税额减征额	11	140			
	应纳税额合计	12＝10－11	1 375			
	本期预缴税额	13		300	—	—
	本期应补（退）税额	14＝12－13	1 375	1 500	—	—

续表

<table>
<tr><td rowspan="4">纳税人或代理人声明：
此纳税申报表是根据国家税收法律的规定填报的，我确定它是真实的、可靠的、完整的。</td><td>如纳税人填报，由纳税人填写以下各栏：</td></tr>
<tr><td>办税人员（签章）：　　　　财务负责人（签章）：
法定代表人（签章）：　　　联系电话：</td></tr>
<tr><td>如委托代理人填报，由代理人填写以下各栏：</td></tr>
<tr><td>代理人名称：　　　　　　　经办人（签章）：
代理人（公章）：　　　　　联系电话：</td></tr>
</table>

受理人：　　　　受理日期：2019 年 7 月 5 日　　　　受理税务机关（签章）：

小结

增值税是对在我国境内销售货物，提供加工、修理修配劳务和服务，销售无形资产、不动产，以及进口货物的单位和个人，就其取得的货物、劳务或应税服务销售额，以及进口货物金额计算税款，并实行税款抵扣制的一种流转税。

为了简化增值税的计算和征收，将增值税纳税人按会计核算健全程度和经营规模分为一般纳税人和小规模纳税人，分别采取不同的增值税计税方法。

一般纳税人的基本税率为 13%、低税率为 9%和 6%，应纳税额＝当期销项税额－当期进项税额。销项税额＝销售额×适用税率；进项税额有准予抵扣的进项税额和不允许抵扣的进项税额。小规模纳税人的征收率为 3%，应纳税额＝销售额×征收率，小规模纳税人不能使用专用发票。

进口货物应征收增值税，税率同内销货物税率相同，进口货物组成计税价格＝关税完税价格＋关税＋消费税，应纳进口增值税额＝组成计税价格×税率。出口货物实行退（免）税，退税率分别为 13%、10%、9%、6%、0%五档，计算应退税额有“免、抵、退”和“先征后退”两种办法。

综合实务操作题

一、单项选择题

1. 下列支付的运费中，不允许计算抵扣增值税进项税额的是（　　）。

A. 购进农民专业合作社销售的农产品支付的运输费用

B. 外购自用的机器设备支付的运输费用

C. 外购钢材用于维修职工食堂

D. 收购免税农产品支付的运输费用

2. 某生产企业为增值税一般纳税人，2019 年 4 月 30 日外购原材料取得防伪税控机开具的增值税专用发票，注明进项税额为 137.7 万元并通过主管税务机关认证。当月内销货物取得不含税销售额 150 万元，外销货物收入折合人民币 920 万元，该企业适用增值税税率为 13%，出口退税率为 11%。该企业 4 月应退的增值税为（　　）万元。

A. 99.8　　B. 100.9　　C. 119.6　　D. 137.7

3. 下列出口货物中，可享受增值税免税并退税政策的是（　　）。

A. 属于小规模纳税人的生产性企业自营出口的自产货物

B. 对外承接修理修配业务的企业用于对外修理修配的货物

C. 加工企业来料加工复出口的货物

D. 出口的古旧图书

4. 某外贸进出口公司进口一批大客车，到岸价格折合人民币为 1 200 万元，含境外负担的税金 13 500 美元，当月的外汇中间价为 1 美元=6.8 元人民币，我国关税税额为 700 万元，则该公司应纳进口增值税为（　　）万元。

A. 247　　B. 350　　C. 395.79　　D. 340

5. 下列各项中，属于增值税混合销售行为按 13%缴纳增值税的是（　　）。

A. 建材商店向甲销售建材，同时为乙提供装饰服务

B. 宾馆为顾客提供住宿服务的同时销售高档毛巾

C. 塑钢门窗商店销售产品并负责为客户提供安装服务

D. 电信局为客户提供电话安装服务的同时又销售所安装的电话机

6. 下列属于兼营增值税 13%税率货物或应税劳务的是（　　）。

A. 某农机制造厂既生产销售农机又承担农机修理业务

B. 销售软件产品并随同销售一并收取的软件安装费

C. 零售商店销售家具并实行有偿送货上门

D. 饭店提供餐饮服务并销售香烟、酒水

7. 某企业 2019 年 10 月进口童装一批，取得海关开具的海关完税凭证，注明代征进口环节增值税 30.6 万元，支付国内运输企业的运输费用 2 万元（有税控货运发票并认证相符）。本月售出 80%，取得含税销售额 270 万元。该企业本月缴纳的增值税为（　　）万元。

A. 0.28　　B. 8.62　　C. 8.69　　D. 8.23

8. 某商业零售企业为增值税小规模纳税人，2019 年 9 月购进货物取得普通发票，支付金额共计 120 000 元；从小规模纳税人处购进农产品，取得的普通发票上注明价款为 10 000 元；经主管税务机关核准购进税控收款机一台并取得普通发票，支付金额 5 850 元；本月销售货物取得零售收入共计 158 080 元。该企业本月应缴纳的增值税为（　　）元。

A. 3 931.26　　B. 6 080　　C. 8 098　　D. 8 948

9. 某农机生产企业（一般纳税人）2019 年 6 月销售自产拖拉机，取得不含税销售额 200 万元，为农民修理拖拉机取得现金收入 15 万元。本月购入农机生产零配件，取得的防伪税控系统增值税专用发票上注明的销售额为 80 万元。该企业本月应缴纳增值税（　　）万元。

A. 14.35　　B. 9.33　　C. 14.65　　D. 22.95

10. 某金店（中国人民银行批准的金银首饰经销单位）为增值税一般纳税人，2019 年 7 月采取“以旧换新”方式销售 24K 纯金项链 10 条，每条新项链对外零售价格为 3 000 元，旧项链作价 1 000 元，从消费者手中收取新旧项链差价款 2 000 元。该项“以旧换新”业务 7 月的增值税销项税额为（　　）元。

A. 2 300.88　　B. 3 400　　C. 4 358.97　　D. 5 100

11. 下列各项中，属于视同销售行为应当计算销项税额的是（　　）。

A. 将自产的货物用于非增值税应税项目

B. 将购买的货物用于在建工程（职工托儿所）

C. 将自产货物用于换取生产资料

D. 将购买的货物奖励给内部员工

12. 某市电视机厂为增值税一般纳税人，2019 年 11 月销售电视机，向某代理商销售 2 000 台，由于量大，给予对方 5%折扣，开具增值税专用发票，注明单价 2 000 元/台，在备注栏注明了折扣额；向某商场销售 100 台，不含税售价 2 200 元/台。当月取得增值税专用发票注明的进项税额为 10 万元（已经认证），该厂当月应纳增值税（　　）万元。

A. 57.5　　B. 58　　C. 39.14　　D. 44.86

13. 某烟厂为增值税一般纳税人，11 月收购烟叶支付价款 500 万元，缴纳烟叶税 110 万元，已开具烟叶收购发票，取得的符合规定的货物运输业发票上注明运费为 6 万元，取得的相关票据均已经认证。该烟厂当月抵扣进项税额（　　）万元。

A. 65.42　　B. 78.42　　C. 86.34　　D. 112.62

14. A 洗衣机生产企业是增值税一般纳税人，2019 年 8 月向某商场销售 1 000 台 A 型洗衣机，出厂不含增值税单价为 3 500 元/台。由于商场采购量大，给予其 9%的商业折扣，并将销售额和折扣额在同一张发票的金额栏分别注明。已知增值税税率为 13%。A 洗衣机生产企业当月该笔业务增值税销项税额的下列计算列式中，正确的是（　　）。

A. 3 500×1 000×13%

B. 3 500×1 000×(1−9%)×13%

C. 3 500×1 000×(1−9%)÷(1+13%)×13%

D. 3 500×1 000÷(1+13%)×13%

15. 下列项目适用 9%税率征税的是（　　）。

A. 商场销售鲜奶

B. 花农销售自种花卉

C. 印刷厂印刷图书、报刊（委托方提供纸张）

D. 国营瓜果销售公司批发水果

16. 下列关于增值税纳税人固定资产处理的表述中，正确的是（　　）。

A. 发生固定资产视同销售行为，对已使用过的固定资产无法确定销售额的，以固定资产净值为销售额

B. 小规模纳税人销售自己使用过的固定资产，应按 3%的征收率征收增值税

C. 增值税一般纳税人销售自己使用过的 2009 年 1 月 1 日以后购进的固定资产，按照 4%征收率减半征收增值税

D. 自 2009 年 1 月 1 日起，增值税一般纳税人购进自用小汽车发生的进项税额可以从销项税额中抵扣

17. 自 2009 年 1 月 1 日起，年应税销售额超过小规模纳税人标准的其他个人按小规模纳税人纳税；非企业性单位、不经常发生应税行为的企业（　　）。

A. 不缴纳增值税　　B. 可选择按小规模纳税人纳税

C. 一律按小规模纳税人纳税　　D. 参照一般纳税人纳税

18. 甲企业（增值税一般纳税人）于2019年7月1日租入一幢房屋，租期为6个月，一次性支付租金并取得增值税专用发票，增值税专用发票注明的金额为109万元、税额为9万元。甲企业将该幢房屋的一半用作生产车间，另一半用作职工食堂。当月甲企业可以抵扣的进项税额是（　　）万元。

A. 9　　B. 5.4　　C. 4.5　　D. 3.6

二、多项选择题

1. 依据出口退（免）税政策，一般情况下，应按“免、抵、退”方法计算退税的有（　　）。

A. 生产企业自营出口货物　　B. 生产企业委托出口货物

C. 生产性外商投资企业自营出口货物　　D. 外贸企业出口收购货物

2. 下列选项中，属于混合销售行为特征的有（　　）。

A. 既涉及货物销售又涉及服务　　B. 发生在同一项销售行为中

C. 从一个购买方收取货款　　D. 从不同购买方收取货款

3. 下列属于兼营行为的有（　　）。

A. 某自来水厂另开一家单独核算的旅店

B. 某商场既批发零售商品又开办饮食服务业务

C. 某设备生产企业销售产品的同时负责运输

D. 运输企业既销售货物又负责运输

4. 某百货商场为一般纳税人，于2019年12月购进一批货物，取得增值税专用发票，含税进价为1 350万元，当月认证通过。当月将其中一部分货物分别销售给某宾馆和某个体零售户（小规模纳税人），取得含税销售收入1 250万元和250万元。个体零售户当月再将购入的货物销售给消费者，取得含税销售收入310万元。下列陈述正确的有（　　）。

A. 百货商场本月应纳增值税17.26万元

B. 百货商场可以抵扣的进项税额为155.31万元

C. 个体户本月应纳增值税9.03万元

D. 小规模纳税人适用的征收率为3%

5. 某公司（一般纳税人）2019年6月发出一批材料委托甲企业加工，6月加工完毕并验收入库，取得的增值税专用发票上注明税金为13.4万元，另委托其他企业提供运输劳务，取得的运费专用发票上注明运费为1.2万元。7月将加工收回货物制成的产品用于非应税项目，账面成本为80万元（无同类产品售价），9月支付加工费及税款（假设该公司6月至8月没有其他销售业务），该公司下列税务处理正确的有（　　）。

A. 6月委托加工业务进项税为13.4万元

B. 6月运费可以抵扣的进项税为0.108万元

C. 7月销项税为11.44万元

D. 9月进项税为13.4万元

6. 企业收取的下列款项中，应作为价外费用并入销售额计算增值税销项税额的有（　　）。

A. 商业企业向供货方收取的返还收入

B. 生产企业销售货物时收取的包装物租金
C. 供电企业收取的逾期未退的电费保证金
D. 燃油电厂从政府财政专户取得的发电补贴

7. 下列选项中，进项税额不得抵扣的有（ ）。
A. 免税货物的进项税额　　B. 正常损失货物的进项税额
C. 购进生产用固定资产的进项税额　　D. 非应税项目耗用货物的进项税额

8. 下列项目所包含的进项税额，不得从销项税额中抵扣的有（ ）。
A. 外购自用的烟、酒、茶　　B. 因自然灾害发生损失的原材料
C. 生产企业用于经营管理的办公用品　　D. 为生产有机肥购入的原材料

9. 增值税一般纳税人销售下列货物或劳务，适用13%税率征收增值税的有（ ）。
A. 销售铜矿砂及其精矿　　B. 旧机动车经营单位销售旧机动车
C. 销售报刊　　D. 修理汽车

10. 下列行为属于增值税征税范围，按13%征收增值税的有（ ）。
A. 银行销售金银的业务　　B. 邮政部门发行报刊
C. 电力公司向发电企业收取的过网费　　D. 代销货物收取的手续费

11. 应按9%交增值税的行业有（ ）。
A. 商品流通行业　　B. 建筑行业
C. 交通运输业　　D. 制造业

12. 划分一般纳税人和小规模纳税人的标准有（ ）。
A. 销售额达到规定标准　　B. 经营效益好
C. 会计核算健全　　D. 有上级主管部门

13. 增值税相关法规规定，对销售除（ ）以外的其他酒类产品而收取的包装物押金，无论是否返还、会计上如何核算，均应并入当期销售额计征增值税。
A. 啤酒　　B. 黄酒　　C. 白酒　　D. 药酒

14. 甲厂用自产锅炉换取乙厂的钢材作为生产材料，双方互开了增值税发票。下列说法正确的有（ ）。
A. 甲厂应计算销项税额　　B. 甲厂应抵扣进项税额
C. 乙厂应计算销项税额　　D. 乙厂应抵扣进项税额

三、判断题

1. 被注销增值税一般纳税人资格的企业，其存货不做进项税额转出处理，其留抵税额也不予以退税。（ ）

2. 生产企业委托外贸企业代理出口自产货物以及有出口经营权的外贸企业收购货物后委托其他外贸企业代理出口，均适用“免、抵、退”方法计算应退税额。（ ）

3. 现行有关政策规定，对商业企业向供货方收取的与商品销售数量挂钩的各种返还收入，均应按照平销返利行为的规定冲减增值税进项税额。（ ）

4. 对销售除啤酒、黄酒外的其他酒类产品而收取的包装物押金，无论是否返还以及会计上如何核算，均应并入当期销售额计征增值税。（ ）

5. 工业企业将购买的货物用于职工福利为视同销售行为，应计算销项税额。（ ）

6. 进口环节的增值税，由海关负责征收。（　　）

7. 从事成品油销售的加油站，一律按增值税一般纳税人征税。（　　）

8. 小轿车生产厂销售自产小轿车支付的运输费不能计算抵扣增值税的进项税。（　　）

9. 增值税一般纳税人通过防伪税控系统开具的专用发票，经过认证后，可在 90 天内进行抵扣。（　　）

10. 个人销售自己使用过的沙发，应按 4%征收率计算增值税再减半。（　　）

四、计算题

1. 2019 年 6 月，某厂外购一批材料用于应税货物的生产，取得增值税专用发票，价款 10 000 元，增值税 1 300 元；外购一批材料用于应税和免税货物的生产，价款 20 000 元，增值税 2 600 元，当月应税货物销售额 50 000 元，免税货物销售额 70 000 元，请计算当月不可抵扣的增值税进项税额。

2. 大利农机公司为增值税一般纳税人。2019 年 9 月向各地农机销售公司销售农机产品，开具的增值税专用发票上注明金额为 500 万元；向各地农机修配站销售农机零配件，取得含税收入 90 万元；购进钢材等材料取得的增值税专用发票上注明税额为 56 万元，取得的货物运输业增值税专用发票上注明运费为 3 万元，取得的发票均在当月通过主管税务机关认证。请计算当月应纳的增值税。

3. 某工业企业系增值税一般纳税人，2019 年 8 月同时生产免税甲产品和应税乙产品，本期外购燃料柴油 50 吨，取得的增值税专用发票上注明价款为 87 300 元，税额为 11 349 元，当月实现产品销售收入总额为 250 000 元，其中甲产品收入 100 000 元，已知乙产品适用的增值税税率为 9%。计算该企业当月应纳增值税。

4. 某卷烟厂 2019 年 8 月收购烟叶生产卷烟，收购凭证上注明价款为 50 万元，并向烟叶生产者支付了价外补贴。计算卷烟厂 8 月收购烟叶可抵扣的进项税额。

5. 视通电器商场为增值税一般纳税人。2019 年 11 月发生如下经济业务：

（1）销售特种空调取得含税销售收入 176 320 元，同时提供运输服务收取运费19 890 元（未单独核算）。

（2）销售电视机 120 台，每台含税零售单价为 2 204 元。

（3）代销一批数码相机，按含税销售总额的 5%提取代销手续费 14 391 元。

（4）购进热水器 50 台，不含税单价 800 元，货款已付；购进 iPad Mini 100 台，不含税单价 1 600 元，货款已付。两项业务均已取得增值税专用发票。

要求：计算视通电器商场本月应缴纳的增值税。

6. 恒克隆超市为小规模纳税人，2019 年 9 月取得销售收入 53 000 元，本月购进税控收款机支付 4 680 元，取得普通发票。请计算当月应纳增值税。

7. 某小规模电器修理部 2020 年 2 月取得修理收入 20 600 元，当月出售一台使用过的进口旧设备，收取价税合计数 123 600 元。计算当月应纳的增值税。

8. 某金店为增值税一般纳税人，2019 年 8 月采取“以旧换新”方式向消费者销售金项链 30 条，每条新项链的零售价格为 4 000 元，每条旧项链作价 2 500 元，每条项链取得差价款 1 500 元；取得首饰修理费 5 200 元。计算该金店应纳的增值税。

9. 某食品厂因管理不善将一批以前购入的玉米毁损，账面成本为 15 600 元（含运费

900 元）。计算不能抵扣的进项税额。

10. 某商场为增值税一般纳税人，2019 年 10 月销售三批同一规格、质量的货物，每批各 1 000 件，销售价格（不含税）分别为每件 120 元、100 元和 20 元。经税务机关认定，第三批销售价格每件 20 元明显偏低且无正当理由。计算该商场 10 月应纳的增值税。

11. 某厂为增值税一般纳税人，2019 年 6 月将自产的一批新产品 800 件作为福利发给本厂职工。已知该产品尚未投放市场，没有同类销售价格，每件成本为 400 元。计算该厂应纳的增值税。(成本利润率为 10%)

12. 某公司为增值税一般纳税人，2019 年 11 月初增值税进项税余额为零，11 月该公司发生以下经济业务：

(1) 外购用于生产家具的木材一批，全部价款已付并验收入库，取得对方开具的增值税专用发票上注明货款为 40 万元，运输单位开具的运输业增值税专用发票注明的运费金额为 1 万元。

(2) 外购建筑涂料用于装饰公司办公楼，取得的对方开具的增值税专用发票上注明的增值税税额为 9 万元，已办理验收入库手续。

(3) 销售家具一批，取得销售额（含增值税）92.8 万元。

要求：计算该公司 11 月应纳增值税。

13. 某企业为小规模纳税人，专门从事商业咨询服务。2020 年 5 月 15 日，向某一般纳税人企业提供咨询信息服务，取得含增值税销售额 3.09 万元；5 月 20 日，向某小规模纳税人企业提供注册信息服务，取得含增值税销售额 1.03 万元；5 月 25 日，购进办公用品，支付价款 2.06 万元，并取得增值税普通发票。已知增值税征收率为 3%。请计算该企业当期应纳税增值税税额。

五、综合题

1. 某增值税一般纳税人生产销售自行车，出厂不含税单价为 280 元/辆。2019 年 6 月留抵税额为 3 000 元，该厂 7 月的购销情况如下：

(1) 向当地百货大楼销售 800 辆，百货大楼当月付清货款后，厂家给予 8%的现金折扣。

(2) 向外地特约经销点销售 500 辆，并支付运输单位运费 8 000 元，收到的运输业增值税专用发票上注明运费为 7 000 元。

(3) 销售本厂自用 1 年的小轿车一辆，售价 120 000 元，发生运费 1 000 元，取得运输业增值税专用发票。

(4) 当期发出包装物收取押金 50 000 元，逾期仍未收回的包装物押金 60 000 元。

(5) 购进自行车零部件、原材料，取得的专用发票上注明金额为 140 000 元，税款为 18 200 元。

(6) 从小规模纳税人处购进自行车零件，价税合计支付 90 000 元，取得税务机关代开的专用发票。

(7) 本厂直接组织收购废旧自行车，支出收购金额 60 000 元。

假定应该认证的发票均经过了认证，要求计算：

(1) 该自行车厂当期可抵扣的进项税额。

(2) 该自行车厂销售自行车的销项税额。

（3）该自行车厂包装物押金的销项税额。

（4）该自行车厂销售使用过小轿车的应纳税额。

（5）该自行车厂当期应纳的增值税。

2. 某食品加工厂 2019 年 12 月发生下列业务：

（1）向农民收购大麦 10 吨，支付价款 20 000 元，验收后送另一加工厂加工膨化食品，支付加工费价税合计 600 元，取得增值税专用发票。

（2）从县城工具厂（小规模纳税人）购入小工具一批，取得税务机关代开的增值税专用发票，价税合计 3 605 元。

（3）生产玉米渣 10 吨，销售 9 吨取得不含税销售额 21 000 元，将 1 吨玉米渣发给职工。

（4）生产饼干销售，办妥托收手续，该厂收到货款，开具发票注明的不含税销售额为 100 000 元。

（5）上月向农民收购入库的小米因保管不善霉烂，账面成本为 4 536 元（含运费 186 元）。

（6）转让 2011 年 5 月份购入的小型设备一台，收取支票 8 000 元，发生转让运费 500 元，清理费 400 元，取得规定的发票。

要求计算：

（1）该食品厂当月采购货物发生的增值税进项税额。

（2）该食品厂当期进项税转出额。

（3）该食品厂销售产品的增值税销项税。

（4）该食品厂转让小型设备应纳的增值税。

（5）该食品厂当期应纳的增值税。

3. 某生产小电器的企业是小规模纳税人，2019 年 11 月发生下列业务：

（1）外购材料一批用于生产，取得增值税专用发票，注明价款 10 000 元，增值税 1 300 元；外购一台生产设备，取得增值税专用发票，注明价款 30 000 元，增值税 3 900 元。

（2）委托外贸企业进口一批材料，关税完税价格为 15 000 元，关税税率 6%，支付了相关税费将材料运回企业。

（3）将 50 件自产 A 型小电器销售取得货款 12 360 元。

（4）将 2 件 A 型小电器赠送客户试用。

（5）将使用过的一批旧包装物出售，取得收入（价税合计）2 472 元。

（6）将使用过的一台旧设备出售，原价 40 000 元，售价 15 450 元。

要求计算：

（1）进口材料应纳的增值税。

（2）出售旧包装物应纳的增值税。

（3）出售旧设备应纳的增值税。

（4）企业当月应纳的增值税合计数（不含进口环节税金）。

4. 某有机化肥生产企业为增值税一般纳税人，其生产的化肥一直享受增值税免税优惠。该企业生产的化肥既作为最终消费品直接销售给农业生产者，又作为原材料销售给其他化工企业（增值税一般纳税人）。假定销售给农业生产者和其他化工企业的比例为 3∶7，每吨化肥的不含税售价为 2 500 元、成本为 1 755 元（含从“进项税额转出”转入的 255 元）。该企业生产化肥的原材料均从一般纳税人处采购并取得增值税专用发票。

近日，该企业的总经理与甲会计师事务所某注册会计师会谈，讨论了是否放弃所享受的增值税免税优惠的问题。为提请董事会讨论这一问题并做出决策，该总经理发了一封电子邮件，请该注册会计师就一些问题给予回答。该总经理所提问题如下：

（1）对销售给农业生产者和化工企业的化肥，放弃免税优惠与享受免税优惠相比，增值税的计算有何区别？

（2）以销售 100 吨化肥（30 吨售给农业生产者，70 吨售给化工企业）为例，分别计算免税销售、放弃免税销售情况下的毛利润，从而得出放弃免税销售是否更为有利。（说明：因农业生产者为非增值税纳税人，放弃免税后，为不增加农民负担，销售给农业生产者的化肥含税售价仍为 2 500 元/吨，销售给化工企业的不含税售价为 2 500 元/吨。）

（3）假定销售给农业生产者的化肥含税售价仍为 2 500 元/吨，销售给化工企业的不含税售价为 2 500 元/吨，以销售总量 100 吨为例，对农业生产者的销量超过多少时，放弃免税将对企业不利？

（4）如放弃免税有利，可以随时申请放弃免税吗？

（5）如申请放弃免税，需要履行审批手续还是备案手续？

（6）如申请放弃免税获准后，将来可随时再申请免税吗？有何限定条件？

（7）如申请放弃免税获准后，可开具增值税专用发票吗？

（8）可否选择仅就销售给化工企业的化肥放弃免税？

（9）如申请放弃免税获准后，以前购进原材料时取得的增值税专用发票是否可以用于抵扣增值税进项税额？

要求：假定你为该注册会计师，请书面回答该总经理的以上问题（涉及计算的，请列明计算步骤）。

学习情境 3

消费税实务

能力目标

1. 能够了解消费税的征税范围；
2. 能够计算消费税应纳税额；
3. 能够熟练填制消费税纳税申报表并进行申报。

情境导入

某天，王小姐在广州天河城看上一款化妆品，但觉得价钱不合适，便对店员说："这款化妆品我在日本买过，你这里的价格怎么贵这么多啊?"店员跟她解释说："从日本到这里要缴很多税呢，我们这个牌子是高档化妆品，消费税就高得吓人，当然要比在日本贵了。"王小姐听了接着说："按你这样说，国内销售的衣服很多都比日本的贵，也是因为在我国销售衣服要缴很多的消费税了?"店员说："那当然啦，所以生意难做啊!"

思考：

(1) 在天河城销售化妆品真的要缴纳消费税吗?

(2) 销售服装也要缴纳消费税吗?

学习子情境 3.1　认识消费税相关条例

消费税是指对消费品和特定的消费行为按消费流转额征收的一种商品税。消费税以消费品为课税对象，在此情况下，税收随价格转嫁给消费者负担，消费者是间接的纳税人、实际的税负人。消费税属于价内税，实行单一环节征收，一般在应税消费品的生产、委托加工和进口环节缴纳，在以后的批发、零售等环节中，由于价款中已包含了消费税，因此不必再缴纳消费税。

我国消费税的特点：（1）征收范围具有选择性，我国仅选择部分消费品征收消费税，消费税目前设置 15 个税目，征税范围是有限的。（2）征税环节具有单一性，消费税的征收主要确定在生产、委托加工环节或进口环节（除个别消费品在零售环节征收外）。（3）平均税率水平比较高且税负差异大，对需要限制或控制的消费品，通常税负较重。（4）征收方法具有灵活性，既有从量定额的征收方法，又有从价定率的征收方法，还有复合征收方法。（5）税负具有转嫁性，消费者为税负的最终负担者。

【提示 3－1】自 1995 年 1 月 1 日起，金银首饰消费税由在生产环节征收改为在零售环节征收，其计税依据是不含增值税的销售额。

3.1.1　纳税义务人

消费税纳税义务人是指在中华人民共和国境内生产、委托加工和进口消费品的单位和个人。

3.1.2　征税环节

消费税的征收包括以下四个环节。

3.1.2.1　生产环节

在生产环节征税后，货物在流通环节无论再转销多少次，都不用再缴纳消费税。

工业企业以外的单位和个人的下列行为视为应税消费品的生产行为，按规定征收消费税：

（1）将外购的消费税非应税产品以消费税应税产品对外销售的。

（2）将外购的消费税低税率应税产品以高税率应税产品对外销售的。

3.1.2.2　委托加工环节

委托加工的应税消费品收回后，再继续用于生产应税消费品销售且符合现行政策规定的，其加工环节缴纳的消费税款可以扣除。

3.1.2.3　进口环节

单位和个人进口的货物属于消费税征税范围的，在进口环节也要缴纳消费税。

3.1.2.4　零售环节

对既销售金银首饰又销售非金银首饰的生产、经营单位，应将两类商品划分清楚，分别核算销售额。凡划分不清或不能分别核算的，在生产环节销售的，一律从高适用税率征收消费税；在零售环节销售的，一律按金银首饰征收消费税。金银首饰与其他产品组成成套消费品销售的，应按销售金额征收消费税。

金银首饰连同包装物销售的，无论包装物是否单独计价，也无论会计上如何核算，均应并入金银首饰的销售额，计征消费税。

自 2016 年 12 月 1 日起，对超豪华小汽车在零售环节加征 10%的消费税。

3.1.2.5 批发销售卷烟

自 2015 年 5 月 10 日起，将卷烟批发环节从价税率由 5%提高到 11%，并按 0.05 元/支加征从量税。

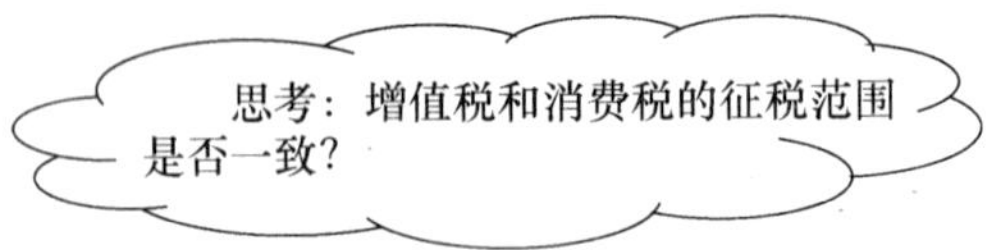

3.1.3 消费税税目

征收消费税的消费品有烟、酒、高档化妆品等 15 个税目，有的税目还进一步划分了若干子目。

3.1.3.1 烟

以烟叶为原料加工生产的产品，不论使用何种辅料，均属于本税目的征收范围。

3.1.3.2 酒

酒是酒精度在 1 度以上的各种酒类饮料。对饮食业、商业、娱乐业举办的啤酒屋（啤酒坊）利用啤酒生产设备生产的啤酒，应当征收消费税。

有问有答

问：菠萝啤酒是否征收消费税？

答：菠萝啤酒是以大麦或其他粮食为原料，加入啤酒花，经糖化、发酵，并在过滤时加入菠萝精（汁）、糖酿制的含有二氧化碳的酒。其在产品特性、使用原料和生产工艺流程上与啤酒相同，只是在过滤时加上适量的菠萝精（汁）和糖，因此，对菠萝啤酒应按啤酒税目征收消费税。

3.1.3.3 高档化妆品

征收范围包括高档美容和修饰类化妆品、高档护肤类化妆品和成套化妆品。

高档美容、修饰类化妆品和高档护肤类化妆品是指生产（进口）环节销售（完税）价格（不含增值税）在 10 元/毫升（克）或 15 元/片（张）及以上的美容、修饰类化妆品和护肤类化妆品。

舞台、戏剧、影视演员化妆用的上妆油、卸妆油、油彩，不属于本税目征收范围。

3.1.3.4 贵重首饰及珠宝玉石

贵重首饰及珠宝玉石包括以金、银、白金、宝石、珍珠、钻石、翡翠、珊瑚、玛瑙等高贵稀有物质以及其他金属、人造宝石等制作的各种纯金银首饰及镶嵌首饰，以及经采掘、打磨、加工的各种珠宝玉石。

有问有答

问：黄金金条的零售属于金银首饰消费税纳税范围吗？

答：根据《消费税征收范围注释》（国税发〔1993〕153号）第五条的规定，贵重首饰及珠宝玉石的征收范围包括各种金银珠宝首饰和经采掘、打磨、加工的各种珠宝玉石。其中金银珠宝首饰包括：以金、银、白金、宝石、珍珠、钻石、翡翠、珊瑚、玛瑙等高贵稀有物质以及其他金属、人造宝石等制作的各种纯金银首饰及镶嵌首饰（含人造金银、合成金银首饰等）。黄金金条不属于以上范围，所以其不属于金银首饰消费税征税范围。

3.1.3.5 鞭炮、焰火

该税目包括各种鞭炮、焰火。体育上用的发令纸、鞭炮药引线，不征收消费税。

3.1.3.6 成品油

该税目包括汽油、柴油、石脑油、溶剂油、航空煤油、润滑油、燃料油7个子目。

3.1.3.7 摩托车

该税目包括轻便摩托车和摩托车。对最大设计车速不超过50km/h、发动机气缸总工作容量不超过50ml的三轮摩托车不征收消费税；对发动机气缸容量在250ml（不含）以下的小排量摩托车不征收消费税。

3.1.3.8 小汽车

小汽车是由动力驱动，具有4个或4个以上车轮的非轨道承载的车辆，电动车、沙滩车、雪地车、卡丁车、高尔夫车不属于消费税征税范围，不征收消费税。

超豪华小汽车，在生产（进口）环节按现行税率征收消费税的基础上，在零售环节加征消费税，税率为10%。

3.1.3.9 高尔夫球及球具

高尔夫球及球具是指从事高尔夫球运动所需的各种专用装备，包括高尔夫球、高尔夫球杆及高尔夫球包（袋）等。

3.1.3.10 高档手表

高档手表是指销售价格（不含增值税）每只在10 000元（含）以上的各类手表。

3.1.3.11 游艇

游艇是指长度大于8米小于90米，船体由玻璃钢、钢、铝合金、塑料等多种材料制作，可以在水上移动的水上浮载体。按照动力划分，游艇分为无动力艇、帆艇和机动艇。

3.1.3.12 木制一次性筷子

木制一次性筷子，又称卫生筷子，是指以木材为原料经过锯段、浸泡、旋切、刨切、烘干、筛选、打磨、倒角、包装等环节加工而成的各类供一次性使用的筷子。未经打磨、倒角的木制一次性筷子也属于本税目征收范围。

3.1.3.13 实木地板

实木地板是指以木材为原料，经锯割、干燥、刨光、截断、开榫、涂漆等工序加工而成的块状或条状的地面装饰材料。本税目征收范围包括各类规格的实木地板、实木指接地板、实木复合地板及实木装饰板。未经涂饰的素板也属于本税目征税范围。

3.1.3.14 电池

电池，是一种将化学能、光能等直接转换为电能的装置，一般由电极、电解质、容器、极端，通常还有隔离层组成的基本功能单元，以及用一个或多个基本功能单元装配成的电池组。范围包括原电池、蓄电池、燃料电池、太阳能电池和其他电池。

自2015年2月1日起对电池征收消费税。对无汞原电池、金属氢化物镍蓄电池（又称“氢镍蓄电池”或“镍氢蓄电池”）、锂原电池、锂离子蓄电池、太阳能电池、燃料电池和全钒液流电池免征消费税。2015年12月31日前对铅蓄电池缓征消费税；自2016年1月1日起，对铅蓄电池按4%税率征收消费税。

3.1.3.15 涂料

涂料是涂于物体表面能形成具有保护、装饰或特殊性能的固态涂膜的一类液体或固体材料的总称。自2015年2月1日起对涂料征收消费税。

3.1.4 消费税税率

消费税采用比例税率和定额税率两种形式。消费税税目、税率（税额）表见表3-1。

表3-1 消费税税目、税率（税额）表

税目	税率
一、烟	
1. 卷烟	
(1) 甲类卷烟［每标准条（200支）调拨价70元（不含增值税）/条以上（含70元）］	56%加0.003元/支（生产环节）
(2) 乙类卷烟［每标准条（200支）调拨价70元（不含增值税）/条以下］	36%加0.003元/支（生产环节）
(3) 批发环节	11%加0.005元/支（批发环节）
2. 雪茄烟	36%
3. 烟丝	30%
二、酒	
1. 白酒	20%加0.5元/500克（或者500毫克）
2. 黄酒	240元/吨
3. 啤酒	
(1) 甲类啤酒	250元/吨
(2) 乙类啤酒	220元/吨
4. 其他酒	10%
三、高档化妆品	15%
四、贵重首饰及珠宝玉石	
1. 金银首饰、铂金首饰和钻石及钻石饰品	5%
2. 其他贵重首饰品和珠宝玉石	10%
五、鞭炮、焰火	15%
六、成品油	
1. 汽油	1.52元/升
2. 柴油	1.2元/升
3. 航空煤油	1.2元/升
4. 石脑油	1.52元/升
5. 溶剂油	1.52元/升
6. 润滑油	1.52元/升
7. 燃料油	1.2元/升

续表

税目	税率
七、摩托车 1. 气缸容量（排气量，下同）为250毫升的 2. 气缸容量在250毫升以上的	 3% 10%
八、小汽车 1. 乘用车 (1) 气缸容量（排气量，下同）在1.0升（含1.0升）以下的 (2) 气缸容量1.0升以上至1.5升（含1.5升）的 (3) 气缸容量在1.5升以上至2.0升（含2.0升）的 (4) 气缸容量在2.0升以上至2.5升（含2.5升）的 (5) 气缸容量在2.5升以上至3.0升（含3.0升）的 (6) 气缸容量在3.0升以上至4.0升（含4.0升）的 (7) 气缸容量在4.0升以上的 2. 中轻型商用客车 3. 超豪华小汽车（零售环节）	 1% 3% 5% 9% 12% 25% 40% 5% 10%
九、高尔夫球及球具	10%
十、高档手表	20%
十一、游艇	10%
十二、木制一次性筷子	5%
十三、实木地板	5%
十四、电池	4%
十五、涂料	4%

【提示3-2】自2015年5月10日起，卷烟批发环节从价税税率由5%提高至11%，并按0.005元/支加征从量税。

【提示3-3】自2015年1月13日起，将汽油、石脑油、溶剂油和润滑油的消费税单位税额由1.4元/升提高到1.52元/升；将柴油、航空煤油和燃料油的消费税单位税额由1.1元/升提高到1.2元/升。航空煤油继续暂缓征收。

相关知识

1994年以前，烟草业与其他行业一样统一征收60%的产品税。

1994年，烟草业实行“分税制”后将产品税改征增值税，并新增了消费税税种，烟草制品成为消费税的主要税目。1994年，各类卷烟按出厂价统一计征40%的消费税。

1998年，将烟草消费税由单一税率改为差别税率，主要为三档：一类烟50%；二、三类烟40%；四、五类烟25%。一类卷烟的税率提高了10%，四、五类卷烟的税率降低了15%。

2001年，烟草业实行从量与从价相结合的复合计税方法，即按量每5万支卷烟计征150元的定额税；从价计征从过去的三档调整为两档，即每标准条调拨价50元以上的，适用税率为45%，50元以下的，适用税率为30%。

2009年，由在香烟生产环节征收消费税调整为在香烟生产环节与批发环节征收消费税，在批发环节加征一道从价税，消费税税率为5%；甲类卷烟每标准条调拨价格在70元（不含增值税）以上（含70元）的卷烟，税率调整为56%；乙类卷烟每标准条调拨价格在70元（不含增值税）以下的卷烟，税率调整为36%；雪茄烟生产环节的消费税由30%调整为36%。卷烟的从量定额税率不变，即每标准箱150元。

自2015年5月10日起，卷烟批发环节从价税税率由5%提高至11%，并按0.005元/支加征从量税。

学习子情境 3.2 消费税应纳税额的计算

消费税应纳税额的计算主要有从价计征、从量和从价复合计征三种。

3.2.1 消费税的计税依据

3.2.1.1 从价计征

在从价计征方法下，应纳税额等于应税消费品的销售额乘以适用税率，计税依据是应税消费品的销售额。销售额和包装物的确定同计算增值税的规定一致。

销售额为纳税人销售应税消费品向购买方收取的全部价款和价外费用。价外费用是指向购买方收取的手续费、补贴、基金、集资费、返还利润、奖励费、违约金、滞纳金、延期付款利息、赔偿金、代收款项、代垫款项、包装费、包装物租金、储备费、优质费、运输装卸费以及其他性质的价外费用。

下列项目不包括在内：

（1）同时符合以下条件的代垫运输费用：

1）承运部门的运输费用发票开具给购买方的。

2）纳税人将该项发票转交给购买方的。

（2）同时符合以下条件的代为收取的政府性基金或者行政事业性收费：

1）由国务院或者财政部门批准设立的政府性基金，由国务院或者省级人民政府及其财政、价格主管部门批准设立的行政事业性收费。

2）收取时开具省级财政部门印制的财政票据。

3）所收款项全部上缴财政。

3.2.1.2 从量计征

我国消费税政策规定对黄酒、啤酒、成品油等实行定额税率，从量计征。应纳税额等于应税消费品的销售数量乘以单位税额，计税依据是应税消费品的销售数量。

1. 销售量的确定

（1）销售应税消费品的，为应税消费品的销售数量。

（2）自产自用应税消费品的，为应税消费品的移送使用数量。

（3）委托加工应税消费品的，为纳税人收回的应税消费品数量。

（4）进口应税消费品的，为海关核定的应税消费品进口数量。

2. 计量单位的换算标准

换算标准见表3-2。

表 3-2　应税消费品单位换算表

序号	名称	计量单位的换算标准
1	黄酒	1吨=962升
2	啤酒	1吨=988升
3	汽油	1吨=1 388升
4	柴油	1吨=1 176升
5	航空煤油	1吨=1 246升
6	石脑油	1吨=1 385升
7	溶剂油	1吨=1 282升
8	润滑油	1吨=1 126升
9	燃料油	1吨=1 015升

3.2.1.3　从量和从价复合计征

卷烟、白酒采用复合计征方法，应纳税额等于应税销售量乘以定额税率再加上应税销售额乘以比例税率。

3.2.1.4　计税依据的特殊规定

（1）卷烟从价定率计税办法的计税依据为调拨价格或核定价格。实际销售价格高于计税价格的卷烟，按实际销售价格征收消费税；实际销售价格低于计税价格和核定价格的卷烟，按计税价格或核定价格征收消费税。非标准条包装卷烟应当折算成标准包装卷烟的数量，依其实际销售收入计算确定其折算标准包装条包装后的实际销售价格，并确定适用的比例税率。

相关知识

调拨价格是指卷烟生产企业通过卷烟交易市场与购货方签订的卷烟交易价格。计税调拨价格由国家税务总局按照中国烟草交易中心和各省级烟草交易（订货）会各自牌号、规格卷烟的调拨价格确定。核定价格是指由税务机关按其零售价倒算一定比例的办法核定的计税价格。

$$\frac{\text{某牌号规格卷烟}}{\text{消费税计税价格}}=\frac{\text{该牌号规格卷烟}}{\text{市场零售价格}}\div(1+56\%)$$

$$\frac{\text{没有调拨价格的某牌号}}{\text{规格卷烟计税价格}}=\frac{\text{该牌号规格卷烟}}{\text{市场零售价格}}\div(1+35\%)$$

（2）纳税人通过自设非独立核算门市部销售的自产应税消费品，应当按照门市部对外销售额或者销售数量征收消费税。

（3）纳税人用于换取生产资料和消费资料、投资入股和抵偿债务等方面的应税消费品，应当以纳税人同类应税消费品的最高销售价格作为计税依据计算消费税。

（4）纳税人兼营不同税率的应税消费品，应当分别核算不同税率应税消费品的销售额、销售数量；未分别核算，或者将不同税率的应税消费品组成成套消费品的，从高适用税率。

【提示 3-4】 白酒生产企业向商业销售单位收取的“品牌使用费”，不论企业采取何种方式或以何种名义收取价款，均应并入白酒的销售额中缴纳消费税。

3.2.2 应纳税额的计算

3.2.2.1 生产销售环节应纳税额的计算

1. 直接对外销售应纳税额的计算

（1）从价定率计算。适用从价定率的应纳税额的计算公式为：

应纳税额＝应税消费品的销售额×比例税率

【实务操作 3-1】 红日化妆品生产企业为增值税一般纳税人，2019 年 9 月 5 日向某大型商场销售高档化妆品一批，开具增值税专用发票，取得不含税销售额 40 万元，增值税额 5.2 万元；9 月 12 日向某单位销售高档化妆品一批，开具普通发票，取得含增值税销售额 4.52 万元。计算该企业 9 月应纳消费税税额。

解析：

高档化妆品的应税销售额＝40＋4.52÷(1＋13%)＝44(万元)

应缴纳的消费税税额＝44×15%＝6.6(万元)

【实务操作 3-2】 某鞭炮厂 2019 年 6 月 16 日销售烟花 4 000 箱，每箱不含税售价为 400 元，随货物出租包装物收取租金 600 元，押金 1 000 元单独计价，租期 2 个月。2018 年 2 月 20 日出租的包装物至今未还，押金 900 元，计算应纳消费税税额。

解析：

应纳消费税税额＝4 000×400×15%＋(600＋900)÷(1＋13%)×15%

＝240 199.12(元)

（2）从量定额计算。适用从量定额的应纳税额的计算公式为：

应纳税额＝应税消费品的销售数量×定额税率

【实务操作 3-3】 大力炼油厂销售汽油 40 吨，溶剂油 10 吨，计算该厂应纳消费税税额。

解析：

应纳税额＝40×1 388×1.52＋10×1 282×1.52＝103 876.8(元)

【实务操作 3-4】 某啤酒厂 8 月销售啤酒 500 吨，每吨出厂价 3 100 元，计算该厂 11 月份应纳消费税税额。

解析： 每吨售价在 3 000 元以上的，适用单位税额 250 元/吨。

应纳税额＝销售数量×定额税率＝500×250＝125 000(元)

（3）从价定率和从量定额复合计算。适用从价定率和从量定额复合计算应纳税额的公式为：

应纳税额＝应税销售数量×定额税率＋应税销售额×比例税率

【实务操作 3-5】 某白酒生产企业为增值税一般纳税人，2019 年 12 月销售粮食白酒

100 吨，取得不含增值税的销售额为 3 000 000 元，计算该企业 12 月应缴纳的消费税。

解析： 白酒适用比例税率 20%，定额税率每 500 克 0.5 元。

应纳税额＝100×2 000×0.5＋3 000 000×20%＝700 000(元)

【实务操作 3－6】 某市烟草集团公司系增值税一般纳税人，持有烟草批发许可证，2015 年 3 月将自产烟丝 800 万元委托 M 企业加工甲类卷烟 500 箱（250 条/箱，200 支/条），M 企业每箱收取加工费 0.1 万元（不含税）。当月 M 企业按正常进度投料加工生产卷烟 200 箱交由集团公司收回，集团公司将其中 20 箱销售给烟草批发商 N 企业，取得含税销售收入 86.58 万元；将 80 箱销售给烟草零售商 Y 专卖店，取得不含税销售收入 320 万元；将 100 箱作为股本与 F 企业合资成立一家烟草零售经销商 Z 公司。

（说明：烟丝消费税税率为 30%，甲类卷烟生产环节消费税税率为 56%加 0.003 元/支，批发环节消费税税率为 11%加 0.005 元/支。）

要求：根据资料，按顺序回答下列问题，每问均需计算出合计数。

（1）计算 M 企业当月应当代收代缴的消费税。

（2）计算集团公司向 N 企业销售卷烟应缴纳的消费税。

（3）计算集团公司向 Y 专卖店销售卷烟应缴纳的消费税。

（4）计算集团公司向 Z 公司投资应缴纳的消费税。

解析：

（1）纳税人委托加工应税消费品，以实际收回的数量作为课税数量。

代收代缴的消费税＝(800÷500×200＋0.1×200＋200×250×200×0.003÷10 000)÷(1－56%)×56%＋200×250×200×0.003÷10 000
＝439.55(万元)

（2）应纳消费税为零。

（3）卷烟批发环节适用的消费税税率为 11%加 0.005 元/支。

应纳消费税＝320×11%＋80×250×200×0.005÷10 000＝37.2(万元)

（4）以 100 箱烟丝投资 Z 公司适用的消费税税率为 11%加 0.005 元/支。

应纳消费税＝100×320÷80×11%＋100×250×200×0.005÷10 000＝46.5(万元)

2. 自产自用应纳税额的计算

自产自用就是纳税人生产应税消费品后，不是用于直接对外销售，而是用于自己连续生产应税消费品或用于其他方面。

（1）用于连续生产应税消费品。

用于连续生产应税消费品的不纳税。这是指作为生产最终应税消费品的直接材料并构成最终产品实体的应税消费品。例如，卷烟厂生产出烟丝，烟丝已是应税消费品，卷烟厂再用生产出的烟丝连续生产卷烟，这样用于连续生产卷烟的烟丝就不缴纳消费税，只对生产的卷烟征收消费税。

（2）用于其他方面。

用于其他方面的应税消费品于移送使用时纳税。这是指纳税人用于生产非应税消费品、在建工程、非生产机构、提供劳务，以及用于馈赠、赞助、集资、广告、样品、职工福利、奖励等方面。

（3）计税依据。

自产的应税消费品，凡是用于其他方面应当纳税的，按照纳税人生产的同类消费品的销售价格计算纳税。如当月同类消费品各期销售价格高低不同，按销售数量加权平均计算，但销售价格明显偏低又无正当理由或无销售价格的，不得列入加权平均计算；没有同类消费品销售价格的，按组成计税价格计算纳税。

1）从价定率计算办法计算的组成计税价格公式：

组成计税价格＝(成本＋利润)÷(1－比例税率)

应纳税额＝组成计税价格×比例税率

2）复合计税办法计算的组成计税价格公式：

组成计税价格＝(成本＋利润＋自产自用数量×定额税率)÷(1－比例税率)

应纳税额＝组成计税价格×比例税率＋自产自用数量×定额税率

应税消费品全国平均成本利润率如表 3－3 所示。

表 3－3　平均成本利润率　　单位：%

消费品名称	利润率	消费品名称	利润率
1. 甲类卷烟	10	11. 摩托车	6
2. 乙类卷烟	5	12. 高尔夫球及球具	10
3. 雪茄烟	5	13. 高档手表	20
4. 烟丝	5	14. 游艇	10
5. 粮食白酒	10	15. 木制一次性筷子	5
6. 薯类白酒	5	16. 实木地板	5
7. 其他酒	5	17. 乘用车	8
8. 化妆品	5	18. 中轻型商用客车	5
9. 鞭炮、焰火	5	19. 电池	4
10. 贵重首饰及珠宝玉石	6	20. 涂料	7

（4）应纳税额的计算。

1）从价定率征税的计算公式为：

应纳税额＝自产自用同类应税消费品销售额或组成计税价格×适用税率

2）从量定额征税的计算公式为：

应纳税额＝应税消费品移送使用数量×单位税额

3）复合计税方法征税的计算公式为：

$$\text{应纳税额}=\frac{\text{自产自用同类应税消费品销售额}}{\text{或组成计税价格}}\times\text{适用税率}+\text{应税消费品移送数量}\times\text{单位税额}$$

【实务操作3-7】某化妆品厂进行厂庆，将100支口红赠送给消费者，本月同类口红零售价为45.2元/支；还将新试制的高档化妆品分给本厂职工，没有同类产品销售价格，其生产成本总额为20 000元。计算该厂应纳消费税税额。

解析：

口红应纳消费税税额＝45.2×100÷(1＋13%)×15%＝600(元)

高档化妆品组成计税价格＝20 000×(1＋5%)÷(1－15%)＝24 705.88(元)

高档化妆品应纳消费税税额＝24 705.88×15%＝3 705.88(元)

本月应纳消费税税额＝600＋3 705.88＝4 305.88(元)

3. 外购应税消费品已纳税额的扣除

如果应税消费品是用外购已缴纳消费税的消费品生产出来的，税法规定应按当期生产领用数量计算准予扣除外购的应税消费品已纳的消费税税款。扣除范围包括：

(1) 外购已税烟丝原料生产的卷烟。

(2) 外购已税高档化妆品原料生产的高档化妆品。

(3) 外购已税珠宝、玉石原料生产的贵重首饰及珠宝、玉石。

(4) 外购已税鞭炮、焰火原料生产的鞭炮、焰火。

(5) 外购已税摩托车生产的摩托车（如用外购两轮摩托车改装三轮摩托车）。

(6) 外购已税杆头、杆身和握把为原料生产的高尔夫球杆。

(7) 外购已税木制一次性筷子为原料生产的木制一次性筷子。

(8) 外购已税实木地板为原料生产的实木地板。

(9) 外购已税汽油、柴油、石脑油、燃料油、润滑油为原料生产的成品油。

计算公式为：

$$\text{当期准予扣除的外购应税消费品已纳税款}=\text{当期准予扣除的外购应税消费品买价}\times\text{适用税率}$$

$$\text{当期准予扣除的外购应税消费品买价}=\text{期初库存的外购应税消费品的买价}+\text{当期购进的应税消费品的买价}-\text{期末库存的外购应税消费品的买价}$$

【实务操作3-8】某鞭炮厂2019年10月购进鞭炮20万元，取得增值税专用发票，当月已认证。用其加工成焰火，当月销售焰火取得不含税收入70万元。已知月初库存外购鞭炮8万元，期末库存外购鞭炮3万元。计算该厂10月应纳消费税和增值税税额。

解析：

销售焰火应纳税额＝70×15%＝10.5(万元)

外购已税鞭炮允许扣除额＝(8＋20－3)×15%＝3.75(万元)

本月实际应纳消费税税额＝10.5－3.75＝6.75(万元)

进项税额＝20×13%＝2.6(万元)

销项税额＝70×13%＝9.1(万元)

应纳增值税税额＝9.1－2.6＝6.5(万元)

纳税人以外购的已税珠宝、玉石为原料生产的改在零售环节征收消费税的金银首饰(镶嵌首饰)，在计税时一律不得扣除珠宝、玉石的已纳税款。

【提示 3-5】允许扣除已纳税款的应税消费品只限于从工业企业购进的应税消费品和进口环节已缴纳消费税的应税消费品，从境内商业企业购进应税消费品的已纳税款一律不得扣除。

【实务操作 3-9】某酒业制造公司生产各种白酒，2019 年 12 月领用上月外购的其他酒继续加工成高档白酒，销售给某外贸企业 5 000 斤，开具的增值税专用发票上注明的销售额为 500 万元；已知上月外购的酒精不含税价为 185 万元，取得专用发票，本月生产领用外购 80%酒精。计算该公司应纳消费税税额（其他酒适用的消费税税率为 10%）。

解析：外购已税酒精生产白酒，不得抵扣领用部分已纳消费税。

应纳消费税税额＝500×20%＋5 000×0.5÷10 000＝100.25(万元)

相关知识

《国家税务总局关于白酒消费税最低计税价格核定问题的公告》（国家税务总局公告 2015 年第 37 号）中规定，纳税人将委托加工收回的白酒销售给销售单位，消费税计税价格低于销售单位对外销售价格（不含增值税）70%以下的，应该按规定核定消费税最低计税价格。

销售单位，是指销售公司、购销公司以及委托境内其他单位或个人包销本企业生产白酒的商业机构。销售公司、购销公司，是指专门购进并销售白酒生产企业生产的白酒，并与该白酒生产企业存在关联性质。包销，是指销售单位依据协定价格从白酒生产企业购进白酒，同时承担大部分包装材料等成本费用，并负责销售白酒。

以上规定自 2015 年 6 月 1 日起施行。此前已发生但尚未处理的事项，按照以上规定执行。

3.2.2.2 进口环节应纳消费税的计算

进口的应税消费品，于报关进口时缴纳消费税，由海关代征；进口人或者其代理人向报关地海关申报纳税；纳税人于海关填发海关进口消费税专用缴款书之日起 15 日内缴纳税款。

1. 从价定率计征应纳税额的计算

计算公式为：

组成计税价格＝(关税完税价格＋关税)÷(1－消费税比例税率)

应纳税额＝组成计税价格×消费税比例税率

【实务操作 3-10】某外资企业进口一批葡萄酒，海关核定关税完税价格为 600 万元，关税税率为 60%，消费税税率为 10%。计算该企业应缴纳的消费税。

解析：

关税＝关税完税价格×关税税率＝600×60%＝360(万元)

组成计税价格＝(关税完税价格＋关税)÷(1－消费税比例税率)

＝(600＋360)÷(1－10%)＝1 066.67(万元)

应纳消费税＝1 066.67×10%＝106.67(万元)

2. 从量定额计征应纳税额的计算

计算公式为：

应纳税额=应税消费品数量×定额税率

【实务操作3-11】 石化公司从国外进口柴油80吨，每吨关税完税价格为2 400元，关税每吨240元。计算该公司应纳消费税税额。

解析：

应纳税额=80×1 176×1.2=112 896(元)

3. 从价定率和从量定额复合计征应纳税额的计算

计算公式为：

组成计税价格=(关税完税价格+关税+进口数量×定额税率)÷(1-比例税率)

应纳税额=组成计税价格×比例税率+进口数量×定额税率

【实务操作3-12】 2019年11月，某烟草公司从境外组织进口香烟40箱，每箱50标准条，每箱关税完税价格为6 000元，进口粮食白酒10吨，每吨关税完税价格为90 000元，烟、酒的关税税率为40%、30%。计算该公司应纳消费税税额及应税消费品各自的增值税税额。

解析：

香烟组成计税价格=[6 000×40×(1+40%)+(40×50)÷250×150]÷(1-56%)
=(336 000+1 200)÷(1-56%)=766 363.64(元)

香烟应纳消费税税额=766 363.64×56%+(40×50)÷250×150
=430 363.64(元)

香烟应纳增值税税额=766 363.64×13%=99 627.27(元)

白酒组成计税价格=[90 000×10×(1+30%)+10×2 000×0.5]÷(1-20%)
=1 475 000(元)

白酒应纳消费税税额=1 475 000×20%+10×2 000×0.5=305 000(元)

白酒应纳增值税税额=1 475 000×13%=191 750(元)

【实务操作3-13】 国内某大型商业企业，2019年10月进口高档化妆品一批，关税完税价格为60万元，该批高档化妆品进口后，当月全部加工成新的成套化妆品出售，开具增值税专用发票，取得销售额190万元（不含税）。已知：关税税率为40%；增值税税率为13%；高档化妆品消费税税率为15%；已经取得了海关进口增值税专用缴款书。

要求：

(1) 计算该商业企业本月应缴纳的进口关税、进口增值税、进口消费税。

(2) 计算进口后加工成新化妆品销售时应缴纳的增值税、消费税。

解析：

(1)应纳进口关税=60×40%=24(万元)。

(2)进口消费税组成价格=(60+24)÷(1-15%)=98.82(万元)。

(3)应纳进口消费税=98.82×15%=14.82(万元)。

(4)应纳进口增值税=(60+24+14.82)×13%=12.85(万元)。

(5)加工成新化妆品销售时应纳增值税=190×13%-12.85=11.85(万元)。

(6)加工成新化妆品销售时应纳消费税＝190×15%－14.82＝13.68(万元)。

3.2.2.3 委托加工环节应税消费品应纳税额的计算

1. 委托加工应税消费品的确定

委托加工应税消费品是指由委托方提供原料和主要材料，受托方只收取加工费和代垫部分辅助材料加工应税消费品。凡不符合规定的，应当按照销售自制应税消费品缴纳消费税。

2. 代收代缴税款的规定

对于委托加工收回的应税消费品，由受托方在向委托方交货时代收代缴消费税，对委托个体经营者加工应税消费品的，一律于委托方收回后在委托方所在地缴纳消费税。

委托加工的应税消费品，受托方在交货时已代收代缴消费税，委托方将收回的应税消费品以不高于受托方的计税价格出售的，为直接出售，不再缴纳消费税；委托方以高于受托方的计税价格出售的，不属于直接出售，需按照规定申报缴纳消费税，在计税时准予扣除受托方已代收代缴的消费税。

【提示3-6】对于受托方没有代收代缴的，委托方要补缴税款，对受托方处以应代收代缴税款50%以上3倍以下的罚款。要求委托方补缴税款的计税依据是：如果收回的应税消费品已经直接销售的，按销售额计税；收回的应税消费品尚未销售或不能直接销售的(如收回后用于连续生产等)，按组成计税价格计税。

3. 组成计税价格

委托加工的应税消费品，按照受托方的同类消费品的销售价格计算纳税，没有同类消费品销售价格的，按照组成计税价格计算纳税。组成计税价格的确定，与自产应税消费品用于其他方面基本一致，但组成计税价格的公式不同。

实行从价定率办法计算纳税的组成计税价格公式为：

组成计税价格＝(材料成本＋加工费)÷(1－比例税率)

应纳税额＝组成计税价格×适用税率

实行复合计税办法计算纳税的组成计税价格公式为：

组成计税价格＝(材料成本＋加工费＋委托加工数量×定额税率)÷(1－比例税率)

应纳税额＝组成计税价格×比例税率＋委托加工数量×定额税率

“材料成本”是指委托方所提供加工材料的实际成本，并在委托加工合同上如实注明；如未提供，税务机关予以核定。“加工费”是指受托方加工应税消费品向委托方所收取的全部费用，包括代垫辅助材料的实际成本，不包括增值税。

4. 应纳税额的计算

(1) 从价定率计税的计算公式为：

应纳税额＝委托加工同类应税消费品销售额或组成计税价格×适用税率

(2) 从量定额计税的计算公式为：

应纳税额＝纳税人收回的应税消费品数量×单位税额

(3) 复合计税的计算公式为：

$$\text{应纳税额}=\frac{\text{委托加工同类应税消费品销售额}}{\text{或组成计税价格}}\times\text{适用税率}+\frac{\text{纳税人收回的}}{\text{应税消费品数量}}\times\text{单位税额}$$

【实务操作3-14】 大兴酒厂提供原材料委托东方酒厂加工成红酒，该批原料成本为90 000元，东方酒厂收取加工费5 000元，且受托方无同类产品销售价格。当大兴酒厂提货时，东方酒厂应代收代缴多少消费税税额？

解析：

组成计税价格＝(90 000＋5 000)÷(1－10％)＝105 555.56(元)

应纳税额＝105 555.56×10％＝10 555.56(元)

5. 委托加工应税消费品收回后的处理

委托加工的应税消费品，受托方在交货时已代收代缴消费税，委托方收回后直接销售的，不再征收消费税。

委托方收回货物后用于连续生产应税消费品的，其已纳税款准予按当期生产领用数量计算扣除委托加工收回的应税消费品已纳消费税税款。具体包括：

(1) 以委托加工收回的已税烟丝为原料生产的卷烟。

(2) 以委托加工收回的已税高档化妆品为原料生产的高档化妆品。

(3) 以委托加工收回的已税珠宝、玉石为原料生产的贵重首饰及珠宝、玉石。

(4) 以委托加工收回的已税鞭炮、焰火为原料生产的鞭炮、焰火。

(5) 以委托加工收回的已税摩托车生产的摩托车。

(6) 以委托加工收回的已税杆头、杆身和握把为原料生产的高尔夫球杆。

(7) 以委托加工收回的已税木制一次性筷子为原料生产的木制一次性筷子。

(8) 以委托加工收回的已税实木地板为原料生产的实木地板。

(9) 以委托加工收回的已税汽油、柴油、石脑油、燃料油、润滑油为原料生产的应税成品油。

计算公式为：

$$\frac{\text{当期准予扣除委托加工}}{\text{应税消费品已纳税款}}=\frac{\text{期初库存的委托加工}}{\text{应税消费品已纳税款}}+\frac{\text{当期收回的委托加工}}{\text{应税消费品已纳税款}}-\frac{\text{期末库存的委托加工}}{\text{应税消费品已纳税款}}$$

【实务操作3-15】 某卷烟厂委托某烟丝加工厂（小规模纳税人）加工一批烟丝，卷烟厂提供的烟叶在委托合同上注明的成本为8万元。烟丝加工完，卷烟厂提货时，加工厂收取加工费，开具的普通发票上注明的金额为1.236万元，并代收代缴了烟丝的消费税。卷烟厂将这批加工收回的烟丝的50％直接对外销售，收入6.5万元，另外50％当月全部用于生产卷烟。本月销售卷烟40标准箱，取得不含税收入60万元。烟丝、卷烟消费税税率分别为30％和56％，固定税额为每标准箱150元。

要求：计算该卷烟厂应纳的消费税税额及受托方应纳的增值税税额。

解析：(1) 相关计算为：

受托方收取的不含增值税的加工费＝1.236÷(1＋3％)＝1.2(万元)

委托加工烟丝的组成计税价格＝(8＋1.2)÷(1－30％)＝13.14(万元)

受托方代收代缴烟丝的消费税＝13.14×30％＝3.94(万元)

委托方加工收回的上述烟丝直接对外销售，不再缴纳消费税。

卷烟厂销售卷烟应纳消费税为：

从量定额征收的消费税＝40×150÷10 000＝0.6(万元)

从价定率征收的消费税＝60×56％＝33.6(万元)

应纳消费税税额＝0.6＋33.6－3.94×50％＝32.23(万元)

(2) 受托方应纳增值税：

受托方应纳增值税＝1.236÷(1＋3％)×3％＝0.036(万元)

纳税人用委托加工收回的已税珠宝、玉石为原料生产的改在零售环节征收消费税的金银首饰，在计税时一律不得扣除委托加工收回的珠宝、玉石已纳的消费税税额。

思考：在计算应纳税额方面，增值税和消费税有什么相同和不同的地方？

3.2.2.4　消费税出口退税的计算

对纳税人出口应税消费品，免征消费税；国务院另有规定的除外。

1. 出口免税并退税

有出口经营权的外贸企业购进应税消费品直接出口，以及外贸企业受其他外贸企业委托代理出口应税消费品免税并退税。外贸企业只有受其他外贸企业委托，代理出口应税消费品才可办理退税，外贸企业受其他企业（主要是非生产性的商贸企业）委托，代理出口应税消费品是不予退（免）税的。这一政策与退（免）增值税的政策规定是一致的。

属于从价定率计征消费税的，应退税额为已征且未在内销应税消费品应纳税额中抵扣的购进出口货物金额；属于从量定额计征消费税的，退税依据为已征且未在内销应税消费品应纳税额中抵扣的购进出口货物数量；属于复合计征消费税的，按从价定率和从量定额的计税依据分别确定应退税额。

$$\text{消费税应退税额}=\text{从价定率计征消费税的退税计税依据}\times\text{比例税率}+\text{从量定额计征消费税的退税计税依据}\times\text{定额税率}$$

【实务操作 3-16】 某化妆品公司 10 月从生产企业购入高档化妆品一批，取得的增值税专用发票注明的价款为 25 万元，增值税为 3.25 万元；支付运费 3 万元；当月该批高档化妆品全部出口，取得销售收入 35 万元。计算该公司该批高档化妆品应退的消费税税额。

解析：

应退消费税税额＝出口货物工厂销售额×税率＝25×15％＝3.75(万元)

2. 出口免税但不退税

有出口经营权的生产性企业自营出口或生产企业委托外贸企业代理出口自产的应税消

费品，依据其实际出口数量免征消费税，不予办理退还消费税。免征消费税是指对生产性企业按其实际出口数量免征生产环节的消费税。之所以不予办理退还消费税，是因为已免征生产环节的消费税，该应税消费品出口时，已不含有消费税。

3. 出口不免税也不退税

除生产企业、外贸企业外的其他企业（指一般商贸企业）委托外贸企业代理出口应税消费品，一律不予退（免）税。出口货物的消费税应退税额的计税依据，按购进出口货物的消费税专用缴款书和海关进口消费品专用缴款书确定。

学习子情境 3.3　纳税申报

3.3.1　纳税义务发生时间

纳税人生产的应税消费品于销售时纳税，进口消费品应于应税消费品报关进口环节纳税，但金银首饰、钻石及钻石饰品在零售环节纳税。消费税纳税义务发生的时间，以货款结算方式或行为发生时间分别确定。

（1）采取赊销、分期收款、预收货款、托收承付、委托收款方式销售的，其纳税义务发生时间的规定与增值税相同。

（2）自产自用的应税消费品，为移送使用的当天。

（3）委托加工的应税消费品，为纳税人提货的当天。

（4）进口应税消费品，为报关进口的当天。

（5）采取其他结算方式的，为收讫销售款或取得索取销售款凭据的当天。

3.3.2　纳税期限

消费税的纳税期限与增值税完全相同。

3.3.3　纳税地点

（1）销售及自产自用应税消费品，向纳税人核算地申报纳税。

（2）委托加工应税消费品，由受托方向所在地主管税务机关代收代缴消费税（委托个人加工应税消费品，由委托方向其机构所在地或居住地申报纳税）。

（3）进口应税消费品，由进口人或者其代理人向报关地海关申报纳税。

（4）到外县（市）销售或者委托外县（市）代销自产应税消费品的，应税消费品销售后，向机构所在地或者居住地主管税务机关申报纳税。

总机构与分支机构不在同一县（市）的，分别向各自机构所在地的主管税务机关申报纳税；经批准可由总机构汇总向总机构所在地的主管税务机关申报纳税。

（5）销售的应税消费品，如因质量问题等原因由购买者退回时，经所在地主管税务机关批准后，可退还已征收的消费税税款，但不能自行直接抵减应纳税款。

模拟申报

大运市卷烟厂为增值税一般纳税人，纳税人识别号为220321447899451，主要生产红塔牌卷烟，该品牌卷烟平均不含税售价为每标准条55元，最高不含税售价为每标准条58元。2019年10月发生如下几笔业务：

(1) 从甲卷烟厂购入一批已税烟丝，取得防伪税控系统开具的增值税专用发票，注明价款30万元、增值税税额3.9万元；从某供销社购进烟丝，取得普通发票，价税合计金额11.7万元。上述货物均已验收入库。

(2) 进口一批烟丝，关税完税价格为100万元，关税税额为5万元。海关征收进口环节相关税金后放行。

(3) 将国内采购和进口的烟丝均领用了40%，用于生产红塔牌卷烟。

(4) 与某商场签订赊销合同，按照平均不含税售价将本厂生产的20标准箱红塔牌卷烟销售给该商场，合同约定当月结款50%，但是商场因资金周转问题，实际只支付了40%的款项。

(5) 当月对某批发站按照平均价销售100标准箱红塔牌卷烟，取得不含税销售额137.5万元。

(6) 按最高出厂价向某事业单位销售红塔牌卷烟10标准箱。

(7) 以10标准箱红塔牌卷烟抵偿欠外单位的货款。

已知：1标准箱=250标准条，1标准条=200支，烟丝消费税税率为30%。红塔牌卷烟消费税税率为36%加0.03元/支。

要求：根据上述资料，回答下列问题（单位：万元）。

(1) 该卷烟厂本月应纳进口环节消费税税额。

(2) 该卷烟厂当期应向税务机关缴纳的消费税税额。

解析：

(1) 该卷烟厂本月应纳进口环节消费税税额=(100+5)÷(1-30%)×30%=45（万元）。

(2) 该卷烟厂与商场赊销业务应纳的消费税税额=55×20×250×50%×36%+20×50%×200×250×0.003=49 500+1 500=51 000（元）=5.1（万元）。

该卷烟厂对批发站销售卷烟应纳的消费税税额=137.5×36%+100×250×200×0.003÷10 000=51（万元）。

该卷烟厂向某事业单位销售卷烟应纳消费税税额=58×10×250×36%+10×250×200×0.003=52 200+1 500=53 700（元）=5.37（万元）。

该卷烟厂抵债卷烟应纳消费税税额=58×10×250×36%+10×250×200×0.003=52 200+1 500=53 700（元）=5.37（万元）。

该卷烟厂当期应向税务机关缴纳的消费税=5.1+51+5.37+5.37-(30×30%+45)×40%=45.24（万元）。

从工业企业购入和进口的烟丝可以按生产领用数量抵扣已纳的消费税。从供销社购进的烟丝，由题目无法知道烟丝以前环节缴纳过多少消费税，不符合抵扣条件，所以不能抵扣购进烟丝已纳消费税。当月应纳消费税的申报见表3-4～表3-6。

表 3-4　烟类应税消费品消费税纳税申报表

税款所属期：2019 年 10 月 1 日至 2019 年 10 月 31 日
纳税人名称（公章）：大运市卷烟厂
纳税人识别号：| 2 | 2 | 0 | 3 | 2 | 1 | 4 | 4 | 7 | 8 | 9 | 9 | 4 | 5 | 1 |
填表日期：2019 年 11 月 8 日　　单位：卷烟万支、雪茄烟支、烟丝千克；金额单位：元（列至角分）

应税消费品名称	适用税率		销售数量	销售额	应纳税额
	定额税率	比例税率			
卷烟	30 元/万支	56%			
卷烟	30 元/万支	36%	700	1 802 500	668 400
雪茄烟	—	36%			
烟丝	—	30%			
合计	—	—	—	1 802 500	668 400

本期准予扣除税额：216 000 本期减（免）税额： 期初未缴税额：	**声明** 此纳税申报表是根据国家税收法律的规定填报的，我确定它是真实的、可靠的、完整的。 经办人（签章）： 财务负责人（签章）： 联系电话：
本期缴纳前期应纳税额： 本期预缴税额： 本期应补（退）税额：452 400 期末未缴税额：	（如果你已委托代理人申报，请填写） **授权声明** 为代理一切税务事宜，现授权________（地址）__________为本纳税人的代理申报人，任何与本申报表有关的往来文件，都可寄予此人。 授权人签章：
以下由税务机关填写 受理人（签章）：　受理日期：　年　月　日　受理税务机关（章）：	

表 3-5　本期准予扣除税额计算表

税款所属期：2019 年 10 月 1 日至 2019 年 10 月 31 日
纳税人名称（公章）：大运市卷烟厂
纳税人识别号：| 2 | 2 | 0 | 3 | 2 | 1 | 4 | 4 | 7 | 8 | 9 | 9 | 4 | 5 | 1 |
填表日期：2019 年 11 月 8 日　　金额单位：元（列至角分）

一、当期准予扣除的委托加工烟丝已纳税款计算
1. 期初库存委托加工烟丝已纳税款：
2. 当期收回委托加工烟丝已纳税款：
3. 期末库存委托加工烟丝已纳税款：
4. 当期准予扣除的委托加工烟丝已纳税款：
二、当期准予扣除的外购烟丝已纳税款计算
1. 期初库存外购烟丝买价：
2. 当期购进烟丝买价：

续表

3. 期末库存外购烟丝买价：
4. 当期准予扣除的外购烟丝已纳税款：216 000
三、本期准予扣除税款合计：216 000

表 3-6 卷烟销售明细表

所属期：2019 年 10 月 31 日至 2019 年 10 月 31 日

纳税人名称（公章）：大运市卷烟厂

纳税人识别号：220321447899451

填表日期：2019 年 11 月 8 日　　　　单位：万支、元、元/条（200 支）

卷烟牌号	烟支包装规格	产量	销量	消费税计税价格	销售额	备注	备注
红塔	250×200		700		1 802 500		
合计	—			—	1 802 500		—

小结

消费税是指对消费品和特定的消费行为按消费流转额征收的一种商品税。我国现行消费税是指在我国境内从事生产、委托加工和进口应税消费品的单位和个人就其应税消费品征收的一种税。消费税的特点：征收范围具有选择性、征收环节具有单一性、平均税率水平比较高且税负差异大、征收方法具有灵活性、税负具有转嫁性等。

消费税税目共有 15 个，税率有比例税率、定额税率和复合税率三种。应纳税额有从价定率、从量定额和从价定率与从量定额复合计征三种计算方法。

消费税的纳税环节为：纳税人生产的应税消费品于销售时纳税；纳税人自产自用的应税消费品用于连续生产应税消费品的，不纳税，用于其他方面的，于移送使用时纳税；委托加工的应税消费品，由受托方在向委托方交货时代缴税款；进口消费品于应税消费品报关进口环节纳税；金银首饰、钻石及钻石饰品、超豪华小汽车在零售环节纳税。

综合实务操作题

一、单项选择题

1. 根据消费税的有关规定，下列纳税人自产自用应税消费品不缴纳消费税的是（　　）。

A. 炼油厂用于本企业基建部门车辆的自产汽油

B. 汽车厂用于管理部门的自产汽车

C. 日化厂用于交易会样品的自产高档化妆品

D. 卷烟厂用于生产卷烟的自制烟丝

2. 2019年3月，某酒厂研发生产一种新型粮食白酒，第一批1 000千克，成本为17万元，作为礼品赠送，没有同类商品售价。已知粮食白酒的成本利润率为10%，则该批白酒应纳消费税为（　　）万元。

A. 4.775　　B. 4.8　　C. 7.91　　D. 8.20

3. 下列各项中，符合消费税纳税义务发生时间规定的是（　　）。

A. 进口的应税消费品，为取得进口货物的当天

B. 自产自用的应税消费品，为移送使用的当天

C. 委托加工的应税消费品，为支付加工费的当天

D. 采取预收货款结算方式的，为收到预收款的当天

4. 下列各项中，符合消费税纳税义务发生时间规定的是（　　）。

A. 进口的应税消费品，为取得进口货物的当天

B. 采取分期收款结算方式的，为销售合同规定的收款日期的当天

C. 采取委托银行收款方式的，为银行收到款项的当天

D. 采取预收货款结算方式的，为收到预收款的当天

5. 某商贸公司，2019年1月从国外进口一批粮食白酒（合计6 000千克），已知该批白酒关税完税价格为1 200 000元，按规定应缴纳关税180 000元，粮食白酒的消费税税率为20%，定额消费税为0.5元/500克。该批白酒进口环节应缴纳的消费税税额为（　　）元。

A. 312 500　　B. 322 500　　C. 332 500　　D. 352 500

6. 某企业委托酒厂加工药酒10箱，该药酒无同类产品销售价格，已知委托方提供的原料成本为2万元，受托方垫付辅料成本为0.15万元，另收取不含增值税的加工费0.4万元，则该酒厂代收代缴的消费税（消费税税率为10%）为（　　）元。

A. 2 550　　B. 2 833.33　　C. 3 833.33　　D. 2 388.88

7. 2019年8月，某酒厂将自产的一种新型薯类白酒5吨用于赠送客户，薯类白酒的成本共计10 000元，该薯类白酒无同类产品市场销售价格，但已知其成本利润率为10%，该批粮食白酒应缴纳的消费税税额为（　　）元。

A. 7 200　　B. 4 290　　C. 9 000　　D. 3 450

8. 某木制品公司2019年11月销售给经销商甲实木地板（消费税税率为5%）100箱，销售价为1 000元/箱，销售给经销商乙同类实木地板80箱，销售价为1 100元/箱；当月，还将30箱同类实木地板发给其原材料供应商以抵偿上月的应付货款。该木制品公司11月应该缴纳消费税税额为（　　）元。

A. 11 050　　B. 12 700　　C. 12 667　　D. 12 400

9. 下列各项中，不符合应税消费品销售数量规定的是（　　）。

A. 生产销售应税消费品的，为应税消费品的销售数量

B. 自产自用应税消费品的，为应税消费品的生产数量

C. 委托加工应税消费品的，为纳税人收回的应税消费品数量

D. 进口应税消费品的，为海关核定的应税消费品进口征税数量

10. 下列关于消费税税率的表述中，错误的是（　　）。

A. 消费税采用比例税率和定额税率两种形式，以适应不同应税消费品的实际情况

B. 卷烟在批发环节加征一道从价税，税率为10%

C. 对饮食业、商业、娱乐业举办的啤酒屋利用啤酒生产设备生产的啤酒，按照250元/吨的税额计算消费税

D. 比例税率中，最高的税率为56%，最低的税率为1%

二、多项选择题

1. 纳税人自产自用的下列应税消费品中，需缴纳消费税的有（　　）。

A. 生产企业将石脑油用于本企业连续生产汽油

B. 日化厂将自产高档化妆品用于促销赠送

C. 汽车制造厂自产小汽车用于后勤服务

D. 木筷厂将自产高档木筷用于本企业职工食堂

2. 下列关于消费税纳税环节的说法，正确的有（　　）。

A. 金店销售金银饰品在销售环节纳税

B. 啤酒屋自制的啤酒在销售时纳税

C. 白酒在生产环节和批发环节纳税

D. 销售珍珠饰品在零售环节纳税

3. 下列各项中，符合消费税纳税地点规定的有（　　）。

A. 进口应税消费品的，由进口人或其代理人向报关地海关申报纳税

B. 纳税人的总机构与分支机构不在同一县（市）的，应分别向各自机构所在地缴纳消费税

C. 委托加工应税消费品的，一律由委托方向受托方所在地主管税务机关申报纳税

D. 纳税人到外县销售自产应税消费品的，应向机构所在地或者居住地主管税务机关申报纳税

4. 依据消费税的规定，下列应税消费品中，准予扣除已纳消费税的有（　　）。

A. 以委托加工收回已税烟丝为原料生产的卷烟

B. 以已税珠宝、玉石为原料生产的贵重珠宝首饰

C. 以委托加工收回已税汽车轮胎为原料连续生产的小汽车

D. 以已税润滑油为原料生产的润滑油

5. 纳税人收回委托加工的应税消费品后，下列情况中，不需再缴纳消费税的有（　　）。

A. 用于直接销售　　B. 用于抵偿债务

C. 用于对外投资或无偿赠送他人　　D. 用于职工福利品发放

6. 按消费税的规定，下列情形的应税消费品，以纳税人同类应税消费品的最高销售价格作为计税依据计算消费税的有（　　）。

A. 用于抵债的应税消费品　　B. 用于赠送他人的应税消费品

C. 用于发放职工福利的应税消费品　　D. 用于换取生产资料的应税消费品

7. 某化妆品生产企业，销售高档化妆品的同时，向购买方收取的以下款项中属于价

外费用性质的收入有（　　）。

A. 手续费

B. 返还利润

C. 承运部门的运输费用发票开具给购买方由销售方转交的运费

D. 违约金

8. 下列关于消费税税目的政策中，正确的有（　　）。

A. 电动汽车属于“小汽车”税目的征收范围

B. “高尔夫球及球具”税目的征收范围包括高尔夫球、高尔夫球杆、高尔夫球包（袋）

C. 未经涂饰的素板不属于“实木地板”税目的征收范围

D. 未经打磨的木制一次性筷子属于“木制一次性筷子”税目的征收范围

9. 下列关于消费税税率运用的说法中，正确的有（　　）。

A. 每标准条卷烟对外调拨价在 70 元以下的，从价定率，税率为 36%

B. 娱乐业、饮食业自制啤酒适用的消费税单位税额为 250 元/吨

C. 甲类卷烟适用的税率为 56%

D. 纳税人之间批发销售的卷烟按 5%缴纳消费税

10. 下列各项中，应当征收消费税的有（　　）。

A. 化妆品厂作为样品赠送给客户的香水

B. 用于产品质量检验耗费的高尔夫球杆

C. 白酒生产企业向百货公司销售的试制药酒

D. 用于本企业生产性基建工程的应税消费品

三、判断题

1. 纳税人委托私营企业、个体经营者加工应税消费品，一律于委托方收回后在委托方所在地缴纳消费税。（　　）

2. 企业应将不同消费税税率的出口应税消费品分开核算和申报退税，凡划分不清适用税率的，一律从低适用税率计算应退消费税税额。（　　）

3. 消费税出口退税额的计算，不受增值税出口退税率调整的影响。（　　）

4. 受托加工应税消费品的个体经营者不承担代收代缴消费税的义务。（　　）

5. 我国现行消费税是同增值税相互配合而设置的。这种办法在对某些需要特殊调节的消费品征收增值税的同时，再征一道消费税，从而形成了一种交叉调节的间接体系。（　　）

6. 生产销售摩托车、委托加工摩托车、进口摩托车都应缴纳消费税。（　　）

7. 用于交换生产资料的卷烟，应将同类商品的平均售价作为计税依据，计算征收消费税。（　　）

8. 对销售果酒收取的押金，无论到期与否，均应并入销售额计征消费税。（　　）

9. 纳税人自产自用的应税消费品用于连续生产应税消费品的，不纳税；用于生产非应税消费品的，于移送使用时纳税。（　　）

四、计算题

1. 某酒厂销售科销售黄酒120吨，每吨1 000元，收取增值税130元；该酒厂门市部直接向外零售40吨，每吨1 600元（含税）；此外，该酒厂发给职工每人25千克黄酒，全厂职工共200人。计算该酒厂本月应纳消费税税额。

2. 某啤酒厂生产甲、乙两种啤酒销售，甲啤酒每吨不含增值税价格为2 800元，乙啤酒每吨不含增值税价格为2 600元，两种啤酒均另收取包装物押金300元/吨。当月销售甲啤酒200吨、乙啤酒300吨。计算该厂应缴纳的消费税。

3. 某摩托车厂将1辆自产摩托车作为奖励发给优秀员工，其成本为5 000元/辆，成本利润率为6%，适用的消费税税率为10%。计算该厂应缴纳的消费税和增值税。

4. 某酒厂2019年3月生产一种新型粮食白酒，广告样品使用0.8吨，已知该种白酒无同类产品出厂价格，生产成本为每吨4 000元，成本利润率为10%，粮食白酒定额税率为0.5元/500克，比例税率为20%。计算该厂当月应缴纳的消费税。

5. 某化妆品公司（一般纳税人）2019年9月销售给甲经销商高档化妆品（消费税税率15%）100箱，销售价格为1 000元/箱，销售给乙经销商同类高档化妆品80箱，销售价格为1 100元/箱；当月，还将20箱同类的高档化妆品发给其原材料供应商以抵偿上月的应付账款。计算该化妆品公司1月应缴纳的消费税。

6. 某企业委托加工应税消费品，其提供的材料成本为210万元，支付的加工费为90万元，该应税消费品适用13%的增值税税率、25%的消费税税率，受托方没有同类应税消费品的销售价格。计算委托加工消费品应缴纳的消费税。

7. 甲白酒生产企业（以下简称甲企业）为一般纳税人，2019年7月发生以下业务：

（1）向某烟酒专卖店销售粮食白酒20吨，开具普通发票，取得含税收入200万元，另收取品牌使用费50万元、包装物租金20万元。

（2）提供10万元的原材料委托乙企业加工散装药酒1 000千克，收回时向乙企业支付不含增值税的加工费1万元，乙企业已代收代缴消费税。

（3）委托加工收回药酒后，将其中900千克散装药酒继续加工成瓶装药酒1 800瓶，以每瓶不含税售价100元通过非独立核算门市部销售完毕。将剩余100千克散装药酒作为福利发给职工，同类药酒的不含税销售价为每千克150元。

药酒的消费税税率为10%，白酒的消费税税率为20%加0.5元/500克。

要求：（1）计算本月甲企业向专卖店销售白酒应缴纳的消费税。

（2）计算乙企业已代收代缴的消费税。

（3）计算本月甲企业销售瓶装药酒应缴纳的消费税。

（4）计算本月甲企业分给职工散装药酒应缴纳的消费税。

8. 某首饰商城为增值税一般纳税人，2019年5月发生以下业务：

（1）零售金银首饰与镀金首饰组成的套装礼盒，取得收入29.25万元，其中金银首饰收入20万元，镀金首饰收入9.25万元。

（2）采取“以旧换新”方式向消费者销售金项链2 000条，新项链每条零售价0.25万元，旧项链每条作价0.22万元，每条项链取得差价款0.03万元。

（3）为个人定制加工金银首饰，商城提供的原料含税金额为30.16万元，取得个人支付的含税加工费收入4.64万元（商城无同类首饰价格）。

(4) 用 300 条银基项链抵偿债务，该批项链账面成本为 39 万元，零售价 70.2 万元。

(5) 外购金银首饰一批，取得的普通发票上注明的价款为 400 万元；外购镀金首饰一批，取得经税务机关认可的增值税专用发票，注明价款 50 万元、增值税 6.5 万元。

其他相关资料：金银首饰在零售环节适用的消费税税率为 5%。

要求：(1) 计算销售成套礼盒应缴纳的消费税。

(2) 计算“以旧换新”销售金项链应缴纳的消费税。

(3) 计算定制加工金银首饰应缴纳的消费税。

(4) 计算用银基项链抵偿债务应缴纳的消费税。

(5) 计算该商城 5 月应缴纳的增值税。

9. 甲厂为增值税一般纳税人，2019 年 5 月的生产经营情况如下：

(1) 从油漆厂购进钢琴漆 200 吨，每吨不含税单价为 1 万元，取得油漆厂开具的增值税专用发票，注明货款 200 万元、增值税 26 万元。

(2) 向农业生产者收购木材 30 吨，收购凭证上注明支付收购货款 42 万元，另支付运输费用 3 万元，取得运输公司开具的货物运输业增值税专用发票；木材验收入库后，又将其运往乙地板厂加工成未上漆的实木地板，取得乙厂开具的增值税专用发票，注明支付加工费 8 万元、增值税 1.04 万元，甲厂收回实木地板时乙厂代收代缴了甲厂的消费税。

(3) 甲厂领用了一半委托加工收回的实木地板，并继续加工上漆，当月生产实木地板 2 000 箱，销售实木地板 1 500 箱，取得不含税销售额 450 万元。

(4) 当月将自产实木地板 100 箱用于本企业会议室装修。

实木地板适用的消费税税率为 5%；实木地板成本利润率为 5%；所有应认证的发票均经过了认证。

要求：(1) 计算甲厂当月应缴纳的增值税。

(2) 计算甲厂被代收代缴的消费税。

(3) 计算甲厂当月销售应缴纳的消费税。

10. 2019 年 5 月，某卷烟厂从甲工业企业购进烟丝，取得增值税专用发票，注明价款为 50 万元；使用其 60%用于生产 A 牌卷烟（甲类卷烟）；本月销售 A 牌卷烟 80 箱（标准箱），取得不含税销售额 400 万元。已知：甲类卷烟适用的消费税税率为 56%加 150 元/标准箱、烟丝适用的消费税税率为 30%。计算该卷烟厂当月应缴纳的消费税。

五、综合题

1. 某酒厂可以生产粮食、薯类酒精为原料的白酒，同时也生产啤酒。2019 年 7 月，该厂的生产销售情况如下：

(1) 外购薯类酒精 10 吨，增值税专用发票上注明的单价为每吨 1 500 元；外购粮食酒精 20 吨，增值税专用发票上注明的单价为每吨 2 100 元。

(2) 外购生产白酒的各种辅料，增值税专用发票上注明的价款共计 12 000 元。

(3) 外购生产啤酒的各种原料，增值税专用发票上注明的价款共计 250 000 元。

(4) 当月用 8 吨薯类酒精及辅料生产薯类白酒 22 吨，销售了 20 吨，每吨不含税单价为 12 000 元；用 15 吨粮食酒精及辅料生产粮食白酒 32 吨，销售了 30 吨，每吨不含税单价为 18 000 元。

（5）当月用剩余的酒精和辅料生产白酒10吨，每吨的实际生产成本为8 500元，这部分白酒用于抵偿债务，已知该白酒的每吨销售价格（不含增值税）分别为9 000元、10 000元、11 000元。

（6）当月销售生啤酒100吨，增值税专用发票上注明的出厂价为每吨2 800元，另按照惯例开具收据收取每吨200元的包装物押金，限期3个月。

（7）当月销售果啤140吨，增值税专用发票上注明的出厂价为每吨2 900元，另按照惯例开具收据收取每吨200元的包装物押金，限期3个月。

（8）当月有以往发出到期包装物押金5 000元（生啤）和3 000元（果啤）未退。

根据以上资料计算：

（1）用于抵偿债务的白酒应纳的消费税。

（2）用于抵偿债务的白酒的增值税销项税额。

（3）当月应缴纳的消费税合计数。

（4）当月应缴纳的增值税合计数。

2. 某卷烟厂既生产对国内销售的卷烟，又生产计划内出口卷烟，2019年8月发生如下业务：

（1）向农业生产者收购烟叶，支付收购价款50 000元，并支付价外补贴5 000元，卷烟厂委托一家运输公司将该批烟叶送往烟丝厂加工成烟丝，专用于内销卷烟的生产，支付运输公司运输费500元，取得运输业增值税专用发票，支付烟丝厂含税加工费和辅料费6 960元，取得增值税专用发票。

（2）外购免税烟丝一批，用于计划内出口卷烟的生产，取得普通发票，金额80 000元。

（3）外购一批卷烟用纸，用于内销和计划内出口卷烟的生产，取得增值税专用发票，价款70 000元，增值税9 100元，当期全部投入生产。

（4）将账面成本200 000元的库存烟丝及委托加工收回烟丝的2/3用于内销卷烟生产，生产出的A牌卷烟200标准箱内销，取得不含税销售额2 600 000元。

（5）将外购用于出口的烟丝全部投入生产，生产计划内出口卷烟300标准箱出口，出口FOR价折合人民币3 825 000元。

（6）将A牌卷烟2标准箱发放给职工作为福利。

上述需要认证的发票均经过认证，要求计算：

（1）该厂当期可抵扣的增值税进项税合计数。

（2）该厂当期应纳的增值税。

（3）该厂当期被代收代缴的消费税。

（4）该厂当期实际应缴纳的消费税。

学习情境 

企业所得税实务

能力目标

1. 能根据业务资料计算企业所得税税款；
2. 能填制企业所得税纳税申报表及各种附表；
3. 能进行企业所得税的涉税会计处理。

情境导入

现行《企业所得税法》的特点

《中华人民共和国企业所得税法》（以下简称《企业所得税法》）由第十届全国人民代表大会第五次会议于2007年3月16日通过并颁布，自2008年1月1日起施行。1991年4月9日第七届全国人民代表大会第四次会议通过的《中华人民共和国外商投资企业和外国企业所得税法》和1993年12月13日国务院发布的《企业所得税暂行条例》同时废止。2018年12月19日，第十三届全国人民代表大会常务委员会第七次会议对《企业所得税法》进行了修正。

现行《企业所得税法》最大的特点和创新之处在于对内外资企业均采取公平税负，降低了所得税税率。现行《企业所得税法》体现了“四个统一”：(1) 内资、外资企业适用统一的企业所得税法；(2) 统一企业所得税税率；(3) 统一和规范税前扣除办法和标准；(4) 统一税收优惠政策，实行“产业优惠为主、区域优惠为辅”的新税收优惠体系。特别是税前扣除项目的统一比降低税率更能够体现“两税合并”的特点。

另一特点和创新之处在于针对内外资关联企业之间的各种反避税行为，借鉴国际惯例，增加了“特别纳税调整”条款。

学习子情境 4.1

熟知企业所得税

企业所得税是对我国境内的企业和其他取得收入的组织的生产经营所得和其他所得征收的一种税。

4.1.1 纳税义务人及征税范围

4.1.1.1 纳税义务人

企业所得税的纳税义务人，是指在中华人民共和国境内的企业和其他取得收入的组织。

缴纳企业所得税的企业分为居民企业和非居民企业，分别承担不同的纳税义务。

居民企业，是指依法在中国境内成立，或者依照外国（地区）法律成立但实际管理机构在中国境内的企业。包括公司、企业、事业单位、社会团体、民办非企业单位、基金会、外国商会、农民专业合作社及取得收入的其他组织。

非居民企业，是指依照外国（地区）法律成立且实际管理机构不在中国境内，但在中国境内设立机构、场所的，或者在中国境内未设立机构、场所，但有来源于中国境内所得的企业。

【提示 4-1】个人独资企业、合伙企业不是企业所得税的纳税义务人。

4.1.1.2 扣缴义务人

（1）对非居民企业在中国境内未设立机构、场所的，或者虽设立机构、场所但取得的所得与其机构、场所没有实际联系的所得应缴纳的所得税，实行源泉扣缴，以支付人为扣缴义务人。税款由扣缴人在每次支付或者到期应支付的税款中扣缴。

（2）对非居民企业在中国境内取得工程作业和劳务所得应缴纳的所得税，税务机关可以指定工程价款或者劳务费的支付人为扣缴义务人。

4.1.1.3 征税范围

企业所得税的征税范围，是指企业的生产经营所得、其他所得和清算所得。

1. 居民企业的征税对象

居民企业就来源于中国境内、境外的所得缴纳企业所得税。

2. 非居民企业的征税对象

非居民企业在中国境内设立机构、场所的，应当就其所设机构、场所取得的来源于中国境内的所得，以及发生在中国境外但与其所设机构、场所有实际联系的所得，缴纳企业所得税；非居民企业在中国境内未设立机构、场所的，或者虽设立机构、场所但取得的所得与其所设机构、场所没有实际联系的，应当就其来源于中国境内的所得缴纳企业所得税。

3. 所得来源地的确定

（1）销售货物所得，按照交易活动发生地确定。

（2）提供劳务所得，按照劳务发生地确定。

（3）转让财产所得：

1）不动产转让所得按照不动产所在地确定；

2）动产转让所得按照转让动产的企业或者机构、场所所在地确定；

3）权益性投资资产转让所得按照被投资企业所在地确定。

（4）股息、红利等权益性投资所得，按照分配所得的企业所在地确定。

（5）利息所得、租金所得、特许权使用费所得，按照负担、支付所得的企业或者机构、场所所在地确定，或者按照负担、支付所得的个人的住所所在地确定。

（6）其他所得的来源地由国务院主管部门确定。

4.1.2　资产的税务处理

4.1.2.1　固定资产的税务处理

企业按照规定计算的固定资产折旧，准予扣除。固定资产折旧的年限分别为：

（1）房屋、建筑物为 20 年。

（2）飞机、火车、轮船、机器、机械和其他生产设备为 10 年。

（3）与生产经营活动有关的器具、工具、家具等为 5 年。

（4）飞机、火车、轮船以外的运输工具、家具等为 4 年。

（5）电子设备为 3 年。

4.1.2.2　无形资产的税务处理

企业按照规定计算的无形资产摊销费用，准予扣除，下列无形资产不得计算摊销费用扣除：

（1）自行开发的支出已在计算应纳税所得额时扣除的无形资产。

（2）自创商誉。

（3）与经营活动无关的无形资产。

（4）其他不得计算摊销费用扣除的无形资产。

4.1.2.3　长期待摊费用的税务处理

企业发生的下列支出作为长期待摊费用，按照规定摊销的，准予扣除：

（1）已足额提取折旧的固定资产的改建支出。

（2）租入固定资产的改建支出。

（3）固定资产的大修理支出。

（4）其他应当作为长期待摊费用的支出。

4.1.2.4　存货的税务处理

存货的成本计算方法不能使用后进先出法。

4.1.2.5　投资资产的税务处理

投资资产是指企业对外进行权益性投资和债权性投资而形成的资产。

1. 投资资产的成本

（1）通过支付现金方式取得的投资资产，以购买价款为成本。

（2）通过支付现金以外的方式取得的投资资产，以该资产的公允价值和支付的相关税费为成本。

2. 投资资产成本的扣除方法

企业对外投资期间，投资资产的成本在计算应纳税所得额时不得扣除，企业在转让或者处置投资资产时，投资资产的成本准予扣除。

4.1.2.6 生物资产的税务处理

生物资产是指有生命的动物和植物。生物资产分为消耗性生物资产、生产性生物资产和公益性生物资产。

生产性生物资产计算折旧的最低年限为：

（1）林木类生产性生物资产为10年。

（2）畜类生产性生物资产为3年。

4.1.3 特别纳税调整

特别纳税调整是指企业与其关联方之间的业务往来，不符合独立交易原则而减少企业或者其关联方应纳税收入或者所得额的，税务机关有权按照合理方法进行调整。企业与其关联方共同开发、受让无形资产，或者共同提供、接受劳务发生成本，在计算应纳税所得额时应当按照独立交易原则进行分摊。

关联方是指与企业有下列关系之一的企业、其他组织或者个人：

（1）在资金、经营、购销等方面存在直接或者间接的控制关系。

（2）直接或者间接地同为第三者控制。

（3）在利益上具有相关联的其他关系。

4.1.3.1 转让定价方法管理

转让定价方法管理，是指税务机关按照《企业所得税法》的有关规定，对企业与其关联方之间的业务往来（简称关联关系）是否符合交易原则进行审核评估和调整等工作的总称。

企业发生关联交易以及税务机关审核、评估关联交易均应遵循独立交易原则，选用合理的转让定价方法。转让定价方法包括：

（1）可比非受控价格法，即以非关联方之间进行的与关联交易相同或类似业务活动所收取的价格作为关联交易的公平成交价格。

（2）再销售价格法，即以关联方购进商品再销售给非关联方的价格减去可比非关联交易毛利后的金额作为关联方购进商品的公平成交价格。

（3）成本加成法，即以关联交易额发生的合理成本加上可比非关联交易毛利作为关联交易的公平成交价格。

（4）交易净利润法，即以可比非关联交易的利润率指标确定关联交易的净利润。利润率包括资产收益率、销售利润率、完全成本加成率、贝里比率等。

（5）利润分割法，即根据企业与其关联交易合并利润的贡献计算各自应该分配的利润额。

4.1.3.2 预约定价安排管理

预约定价安排管理，是指税务机关按照《企业所得税法》的规定，对企业提出的未来年度关联交易的定价和计算方法进行审核评估，并与企业协商达成预约定价安排等工作的总称。

预约定价安排，是指企业就其未来年度关联交易的定价原则和计算方法，向税务机关提出申请，与税务机关按照独立交易原则协商、确认后达成的协议。

预约定价安排管理通常经过预备会谈、正式申请、审核评估、磋商、签订安排和监控执行六个阶段。预约定价安排包括单边、双边和多边三种类型。

4.1.3.3 成本分摊协议管理

成本分摊协议管理，是税务机关按照《企业所得税法》的规定，对企业与其关联方签署的成本分摊协议是否符合独立交易原则进行审核评估和调查调整等工作的总称。

企业与其关联方签署成本分摊协议，共同开发、受让无形资产，或者共同提供、接受劳务，应符合相关规定。成本分摊协议的参与方对开发、受让的无形资产或参与的劳务活动享有受益权，并承担相应的活动成本。关联方承担的成本应与非关联方在可比条件下获得上述受益权而支付的成本相一致。

4.1.3.4 受控外国企业管理

受控外国企业，是指根据《企业所得税法》的规定，由居民企业或者由居民企业和居民个人控制的设立在实际税负低于所得税法规定税率水平 50%的国家（地区），并非出于合理经营需要对利润不做分配或减少分配的外国企业。

4.1.3.5 资本弱化管理

资本弱化管理，是税务机关按照《企业所得税法》的规定，对企业接受关联方债权性投资与企业接受的权益性投资是否符合规定比例或独立交易原则进行审核评估和调查调整等工作的总称。

企业从其关联方接受的债权性投资与权益性投资的比例超过规定标准而发生的利息支出，不得在计算应纳税所得额时扣除。

4.1.3.6 一般反避税管理

一般反避税管理，是指税务机关按照《企业所得税法》的规定，对企业实施其他不具备商业目的的安排而减少其应纳税收入或所得额进行审核评估和调查调整等工作的总称。

4.1.4 税收优惠

企业所得税的税收优惠方式包括免税、减税、加计扣除、加速折旧、减计收入、税额抵免等。

4.1.4.1 小型微利企业的税收优惠

小型微利企业减按 20%的税率征收企业所得税。具体条件如下：

（1）工业企业，年度应纳税所得额不超过 30 万元，从业人数不超过 100 人，资产总额不超过 3 000 万元。

（2）其他企业，年度应纳税所得额不超过 30 万元，从业人数不超过 80 人，资产总额不超过 1 000 万元。

自 2018 年 1 月 1 日至 2020 年 12 月 31 日，年应纳税所得额不超过 100 万元的部分，减按 25%计入应纳税所得额，按 20%的税率缴纳企业所得税；对年应纳税所得额超过 100 万元但不超过 300 万元的部分，减按 50%计入应纳税所得额，按 20%的税率缴纳企业所得税。

小型微利企业是指从事国家非限制和禁止行业，且同时符合年度应纳税所得额不超过 300 万元、从业人数不超过 300 人、资产总额不超过 5 000 万元三个条件的企业。

从业人数，包括与企业建立劳动关系的职工人数和企业接受的劳务派遣用工人数。所称从业人数和资产总额指标，应按企业全年的季度平均值确定。具体计算公式如下：

季度平均值=(季初值+季末值)÷2

全年季度平均值=全年各季度平均值之和÷4

年度中间开业或者终止经营活动的，以其实际经营期作为一个纳税年度确定上述相关指标。

4.1.4.2 高新技术企业的税收优惠

国家需要重点扶持的高新技术企业减按15%的税率征收企业所得税。

国家需要重点扶持的高新技术企业是指拥有核心自主知识产权，并同时符合规定条件的企业。

4.1.4.3 加计扣除优惠

1. 研究开发费用

研究开发费用，是指企业为开发新技术、新产品、新工艺发生的研究开发费用。未形成无形资产计入当期损益，在按照规定据实扣除的基础上，按照研究开发费用的50%加计扣除；形成无形资产的，按照无形资产成本的150%摊销。

制造业企业、科技型中小企业开展研发活动中实际发生的研发费用，未形成无形资产计入当期损益的，在按规定据实扣除的基础上，自2021年1月1日起，再按照实际发生额的100%在税前加计扣除；形成无形资产的，自2021年1月1日起，按照无形资产成本的200%在税前摊销。

科技型中小企业的条件和管理办法由科技部、财政部和国家税务总局另行发布。

【实务操作4-1】2019年某石油公司新产品研究开发费用发生额为200万元，2019年度利润总额为400万元。请计算该公司的应纳税所得额。

解析：

允许加计的新产品开发费用=200×75%=150(万元)

应纳税所得额=400-150=250(万元)

2. 安置残疾人员所支付的工资

企业安置残疾人员所支付的工资加计扣除是指在原来工资据实扣除的基础上，按照支付给残疾人职工工资的100%加计扣除。

企业享受安置残疾职工工资100%加计扣除的优惠必须符合规定的条件。

4.1.4.4 加速折旧优惠

企业的固定资产由于技术进步等原因，确需加速折旧的，可以缩短折旧年限或者采取加速折旧的方法。具体是指下列固定资产：

(1) 由于技术进步，产品更新换代快的固定资产。

(2) 常年处于强震动、高腐蚀状态的固定资产。

采取缩短折旧年限方法的，最低折旧年限不得低于规定折旧年限的60%；采取加速折旧方法的，可以采取双倍余额递减法或者年数总和法。

4.1.4.5 减计收入优惠

企业综合利用资源，生产符合国家产业政策规定的产品所取得的收入，可以在计算应纳税所得额时，减按90%计入收入总额。

综合利用资源是指企业以《资源综合利用企业所得税优惠目录》规定的资源作为原材

料，生产符合相关标准的产品取得的收入。

4.1.4.6　税额抵免优惠

企业购置并实际使用规定的环境保护、节能节水、安全生产等专用设备的，该专用设备投资额的10%可以从企业当年的应纳税额中抵免；当年不足抵免的，可以在以后5个纳税年度结转抵免。

企业购置上述专用设备在5年内转让、出租的，应当停止享受的优惠政策并补缴已抵免的税款。

4.1.4.7　创投企业优惠

创投企业优惠，是指创业投资企业采取股权投资方式投资于未上市的中小高新技术企业2年以上的，可以按照其投资额的70%在股权持有满2年的当年抵扣该创业投资企业的应纳税所得额；当年不足抵扣的，可以在以后纳税年度结转抵扣。

【提示4-2】中小高新技术企业，是指职工人数不超过500人，年销售（营业）额不超过2亿元，资产总额不超过2亿元的高新技术企业。

例如，A企业2018年1月1日向B企业（未上市的中小高新技术企业）投资300万元，股权持有到期至2019年12月31日。A企业2019年度可抵扣的应纳税所得额为210万元。

4.1.4.8　民族自治地方优惠

民族自治地方的自治机关对本民族自治地方的企业应缴纳的企业所得税中属于地方分享的部分，可以决定减征或者免征。自治州、自治县决定减征或者免征的，须报省、自治区、直辖市人民政府批准。

4.1.4.9　非居民企业优惠

在中国境内未设立机构、场所的，或者虽设立机构、场所但取得的所得与其所设机构、场所没有实际联系的非居民企业的所得，减按10%的税率征收企业所得税。下列所得可以免征企业所得税：

（1）外国政府向中国政府提供贷款取得的利息所得。

（2）国际金融组织向中国政府和居民企业提供优惠贷款取得的利息所得。

（3）经国务院批准的其他所得。

4.1.4.10　免征与减征优惠

1. 从事农、林、牧、渔业项目的所得

（1）免税项目。企业从事下列项目的所得，免征企业所得税：

1）蔬菜、谷物、薯类、油料、豆类、棉花、麻类、糖料、水果、坚果的种植。

2）农作物新品种的选育。

3）中药材的种植。

4）林木的培育和种植。

5）牲畜、家禽的饲养。

6）林产品的采集。

7）灌溉、农产品初加工、兽医、农技推广、农机作业和维修等农、林、牧、渔服务业项目。

8）远洋捕捞。

（2）减半征收。企业从事下列项目的所得，减半征收企业所得税：

1）花卉、茶以及其他饮料作物和香料作物的种植。

2）海水养殖、内陆养殖。

2. 从事国家重点扶持的公共基础设施项目投资经营的所得

企业从事国家重点扶持的公共基础设施项目的投资经营所得，自项目取得第一笔生产经营收入所属年度起，第 1 年至第 3 年免征企业所得税，第 4 年至第 6 年减半征收企业所得税。

国家重点扶持的公共基础设施项目是指《公共基础设施项目企业所得税优惠目录》规定的码头、机场、铁路、公路、电力、水利等项目。

企业承包经营、承包建设和内部自建自用上述规定的项目，不得享受此优惠。

3. 从事符合条件的环境保护、节能节水项目的所得

环境保护、节能节水项目的所得，自项目取得第一笔生产经营收入所属年度起，第 1 年至第 3 年免征企业所得税，第 4 年至第 6 年减半征收企业所得税。

环境保护、节能节水项目是指公共污水处理、公共垃圾处理、沼气综合开发利用、节能减排技术、海水淡化等。

以上享受减免税优惠的项目，在减免期限内转让的，受让方自受让之日起，可以在剩余期限内享受规定的减免税优惠；减免税期限届满后转让的，受让方不得就该项目重复享受减免税优惠。

【实务操作 4－2】 红星公司于 2014 年 5 月成立，是专门从事污水处理的企业，6 月取得经营收入，年末应纳税所得额为 90 万元。若 2015 年至 2019 年应纳税所得额分别是 50 万元、60 万元、90 万元、160 万元、210 万元。请计算该公司 6 年的应纳税额。

解析： 2014 年至 2016 年免税；2017 年至 2019 年减半缴纳企业所得税。

应纳税额＝(90＋160＋210)×25％×50％＝57.5(万元)

4. 符合条件的技术转让所得

符合条件的技术转让所得免征、减征企业所得税，是指一个纳税年度内，居民企业转让技术所有权所得不超过 500 万元的部分，免征企业所得税；超过 500 万元的部分，减半征收企业所得税。

技术转让的范围，包括居民企业转让专利技术、计算机软件著作权、集成电路布图设计权、植物新品种、生物医药新品种，以及财政部和国家税务总局确定的其他技术。

技术转让所得的计算方法如下：

技术转让所得＝技术转让收入－技术转让成本－相关税费

（1）技术转让收入是指当事人履行技术转让合同后获得的价款，不包括销售或转让设备、仪器、原材料等非技术性收入。不属于与技术转让项目密不可分的技术咨询、技术服务、技术培训等收入，不得计入技术转让收入。

可以计入技术转让收入的技术咨询、技术服务、技术培训收入，是指转让方为使受让方掌握所转让的技术投入使用、实现产业化而提供的必要的技术咨询、技术服务、技术培训所产生的收入，并应同时符合以下条件：

1）在技术转让合同中约定的与该技术转让相关的技术咨询、技术服务、技术培训。

2）技术咨询、技术服务、技术培训收入与该技术转让项目收入一并收取价款。

（2）技术转让成本是指转让的无形资产的净值，即该无形资产的计税基础减除在资产使用期间按照规定计算的摊销扣除额后的余额。

（3）相关税费是指技术转让过程中实际发生的有关税费，包括除企业所得税和允许抵扣的增值税以外的各项税金及其附加、签订费用、律师费等相关费用及其他支出。

享受减免企业所得税优惠的技术转让应符合以下条件：

（1）享受优惠的技术转让主体是《企业所得税法》规定的居民企业。

（2）技术转让属于财政部、国家税务总局规定的范围。

（3）境内技术转让经省级以上科技主管部门认定。

（4）向境外转让技术经省级以上商务主管部门认定。

（5）国务院税务主管部门规定的其他条件。

技术转让应签订技术转让合同。其中，境内的技术转让须经省级以上（含省级）认定登记，跨境的技术转让须经省级以上（含省级）商务主管部门认定登记，涉及财政经费支持的技术转让，须经省级以上（含省级）科技主管部门审批。

【提示 4-3】享受技术转让所得减免企业所得税优惠的企业，应单独计算技术转让所得，并合理分摊企业的期间费用；没有单独计算的，不得享受技术转让所得企业所得税优惠。

学习子情境 4.2　企业应纳税所得额和应纳税额的计算

4.2.1　企业应纳税所得额的计算

应纳税所得额为企业每一个纳税年度的收入总额，减除不征税收入、免税收入、各项扣除以及允许弥补的以前年度亏损后的余额。企业应纳税所得额的计算以权责发生制为原则，它是企业所得税的计税依据。应纳税所得额的计算公式为：

应纳税所得额＝收入总额－不征税收入－免税收入－各项扣除－以前年度亏损

4.2.1.1　收入总额

收入总额是指企业以货币形式和非货币形式从各种来源取得的收入。收入总额的具体内容如下所述。

1. 销售货物收入

销售货物收入是指企业销售商品、产品、原材料、包装物、低值易耗品以及其他存货取得的收入。

2. 提供劳务收入

提供劳务收入是指企业从事建筑安装、修理修配、交通运输、仓储租赁、金融保险、邮电通信、咨询经纪、文化体育、科学研究、技术服务、教育培训、餐饮住宿、中介代理、旅游、娱乐、法律、会计和其他劳务服务取得的收入。

3．转让财产收入

转让财产收入是指企业转让固定资产、生物资产、无形资产、股权、债权等财产取得的收入。

4．权益性投资收益

权益性投资收益是指企业因权益性投资从被投资方取得的收入，包括股息、红利等权益性投资收益。

5．利息收入

利息收入是指企业将资金提供他人使用但不构成权益性投资，或者因他人占用企业资金取得的收入，包括存款利息、贷款利息、债券利息等。

6．租金收入

租金收入是指企业提供固定资产、包装物或者其他有形资产的使用权取得的收入。

7．特许权使用费收入

特许权使用费收入是指企业提供专利权、非专利技术、商标权、著作权以及其他特许权的使用权取得的收入。

8．接受捐赠收入

接受捐赠收入是指企业接受的来自其他企业、组织或者个人无偿给予的货币性资产、非货币性资产。

9．其他收入

其他收入包括企业资产溢余收入、逾期未退包装物押金收入、确实无法偿付的应付款项、已做坏账损失处理后又收回的应收款项、债务重组收入、补贴收入、违约金收入、汇兑收益等。

4.2.1.2 不征税收入

不征税收入是指国家对企业收入总额中一些法定的收入不作为应纳税所得额组成部分的收入。不征税收入包括：

（1）财政拨款。

（2）纳入财政管理的行政事业性收费、政府基金。

（3）国务院规定的其他不征税收入。

【提示4-4】企业的不征税收入用于支出所形成的费用，不得在计算应纳税所得额时扣除；企业的不征税收入用于支出所形成的资产，其计算的折旧、摊销不得在计算应纳税所得额时扣除。

有问有答

问：不征税收入和免税收入所对应的各项成本费用能否在计算企业应纳税所得额时扣除？

答：根据《中华人民共和国企业所得税法实施条例》第二十八条的规定，企业的不征税收入和免税收入用于支出所形成的费用或者财产，不得扣除或者计算对应的折旧、摊销扣除。

根据国家税务总局《关于贯彻落实企业所得税法若干税收问题的通知》的规定，企业取得的各项免税收入对应的各项成本费用，除另有规定外，可以在计算企业应纳税所得额时扣除。

4.2.1.3　免税收入

（1）国债利息收入。

（2）符合条件的居民企业之间的股息、红利等权益性收益。

（3）在中国境内设立机构、场所的非居民企业从居民企业取得的与该机构、场所有实际联系的股息、红利等权益性投资收益。

（4）符合条件的非营利组织的收入，包括：

1）接受其他单位或者个人捐赠的收入。

2）除财政拨款以外的其他政府补助收入，但不包括因政府购买服务取得的收入。

3）按照省级以上民政、财政部门规定收取的会费。

4）不征税收入和免税收入孳生的银行存款利息收入。

有问有答

问：某企业在计算缴纳企业所得税时认为，企业债券利息收入 30 万元、国债利息收入 10 万元和国库券转让利息收入 8 万元属于免税项目，不用计算缴纳企业所得税，该企业的处理正确吗？

答：该企业的处理不正确。

我国税法规定，国债利息收入免征所得税，其他债券利息收入应照章纳税，因此，该企业实现的收入总额中只有国债利息收入 10 万元属于免税项目，不用计算缴纳企业所得税。

4.2.1.4　扣除项目

1. 扣除项目的范围

企业实际发生的与取得收入有关的、合理的支出，准予在计算应纳税所得额时扣除。具体包括：

（1）成本，是指企业在生产经营活动中发生的销售成本、销货成本、业务支出及其他耗费。

（2）费用，是指企业每一个纳税年度为生产、经营商品和提供劳务等所发生的销售费用、管理费用和财务费用。

（3）税金，是指企业缴纳的除企业所得税和允许抵扣的增值税以外的各项税金及其附加。包括消费税、城市维护建设税、关税、资源税、土地增值税、房产税、车船税、土地使用税、印花税、教育费附加等。

（4）损失，是指企业在生产经营活动中发生的固定资产和存货的盘亏、毁损、报废损失，转让财产损失，呆账损失，坏账损失，自然灾害等不可抗力因素造成的损失及其他损失。

企业发生的损失，减除责任人赔偿和保险赔款后的余额，依照规定扣除。

企业已经作为损失处理的资产，在以后纳税年度又全部收回或者部分收回时，应当计入当期收入。

2. 扣除项目及其标准

下列项目在计算应纳税所得额时，按照规定的标准扣除。

（1）工资、薪金支出。

企业发生的合理的工资、薪金支出准予据实扣除。“合理的工资、薪金”是指企业按照股东大会、董事会、薪酬委员会或相关管理机构制定的工资、薪金制度规定实际发放给员工的工资、薪金。

【提示 4-5】 属于国有性质的企业，其工资、薪金不得超过政府有关部门规定的限定数额；超过部分，不得计入企业工资、薪金总额，也不得在计算企业应纳税所得额时扣除。

（2）职工福利费、工会经费、职工教育经费。

企业发生的职工福利费、工会经费、职工教育经费按标准扣除，未超过标准的按实际数额扣除，超过标准的按标准扣除。

1）企业发生的职工福利费支出，不超过工资、薪金总额 14%的部分准予扣除。

2）企业拨缴的工会经费、不超过工资、薪金总额 2%的部分准予扣除。

3）企业发生的职工教育经费支出，不超过工资、薪金总额 8%的部分准予扣除，超过部分准予结转以后纳税年度扣除。

【提示 4-6】 集成电路设计企业和符合条件的软件企业的职工培训费用，应单独进行核算并按实际发生额在计算应纳税所得额时扣除。

【实务操作 4-3】 某企业实际发放的年度工资总额为 200 万元，其可以扣除的职工工会经费（符合扣除要求）、职工福利费、职工教育经费各是多少？

解析：

可以扣除的职工工会经费＝200×2%＝4(万元)
可以扣除的职工福利费＝200×14%＝28(万元)
可以扣除的职工教育经费＝200×8%＝16(万元)

【实务操作 4-4】 2019 年某石油公司发生合理的职工工资 120 万元、职工福利费 20 万元、工会经费 5 万元、职工教育经费 16 万元，本年利润总额为 300 万元，请计算该石油公司当年应纳税所得额。

解析：

超标准支出的职工福利费＝20－120×14%＝3.2(万元)
超标准支出的职工工会经费＝5－120×2%＝2.6(万元)
超标准支出的职工教育经费＝16－120×8%＝6.4(万元)
应纳税所得额＝300＋3.2＋2.6＋6.4＝312.2(万元)

有问有答

问： 我公司接受了劳务派遣用工，现需要判断我公司从业人数是否符合小型微利企业标准。计算从业人数的时候，是否包括我公司接受的劳务派遣用工？

答： 从业人数，是指与企业建立劳动关系的职工人数和企业接受的劳务派遣用工人数之和。因此，企业的人数应该包括接受的劳务派遣用工人数。

（3）社会保险费。

1）企业依照有关规定的范围和标准为职工缴纳的“五险一金”等基本社会保险费和住房公积金，准予扣除。

“五险一金”包括基本养老保险费、基本医疗保险费、失业保险费、工伤保险费、生育保险费和住房公积金。

2）企业为投资者或者职工支付的补充养老保险费、补充医疗保险费，在规定的范围和标准内准予扣除。企业依照规定为特殊工种支付的人身安全保险费和符合规定的商业保险费准予扣除。

3）企业参加财产保险，按规定缴纳的保险费准予扣除，企业为投资者或者职工支付的商业保险费不得扣除。

（4）利息费用。

1）非金融企业向金融企业借款的利息支出、金融企业的各项存款利息支出和同业拆借利息支出、企业经批准发行债券的利息支出可据实扣除。

2）非金融企业向非金融企业借款的利息支出，不超过按金融企业同期同类贷款利率计算的数额部分可据实扣除，超过部分不许扣除。

3）关联企业利息费用的扣除。企业从其关联方接受的债权性投资与权益性投资的比例超过规定标准而发生的利息支出，不得在计算应纳税所得额时扣除。

4）企业向自然人借款的利息支出，在不超过按金融企业同期同类贷款利率计算的数额部分准予扣除。

【实务操作 4－5】某企业于 2019 年 3 月 1 日向另一企业借款 200 万元用于生产经营，借款期限为 6 个月，年利率为 4%（同期银行贷款利率为 3%）。该企业 2019 年计算应纳税所得额时可扣除多少利息费用？

解析：

2019 年可在税前扣除的利息费用＝200×3%÷2＝3(万元)

【实务操作 4－6】2019 年，某石油公司从银行贷款 500 万元，年利率为 8%；从某企业借入资金 400 万元，年利率为 10%。该公司本年度利润总额为 200 万元，计算本年的应纳税所得额。

解析：从银行借入资金支付的利息可全额在税前扣除。

不得扣除的利息支出＝400×(10%－8%)＝8(万元)
应纳税所得额＝200＋8＝208(万元)

（5）借款费用。

1）企业在生产经营活动中发生的不需要资本化的借款费用，准予扣除。

2）企业为购置、建造固定资产、无形资产和经过 12 个月以上的建造才能达到预定可销售状态的存货发生的借款，在有关资产购置、建造期间发生的合理的借款费用，应予以资本化，作为资本性支出计入有关资产的成本；有关资产交付使用后发生的借款利息，可在发生当期扣除。

3）企业通过发行债券、取得贷款、吸收保户保储金等方式融资而发生的合理的费用支出，符合资本化条件的，应计入相关资产成本；不符合资本化条件的，应作为财务费用在所得税前扣除。

（6）汇兑损失。

企业在货币交易中，以及纳税年度终了时将人民币以外的货币性资产、负债按照期末即期人民币汇率中间价折算为人民币时产生的汇兑损失，除已经计入有关资产成本以及与向所有者进行利润分配相关的部分外，准予扣除。

（7）环境保护专项资金。

企业依照规定提取的用于环境保护、生态恢复等方面的专项资金，准予扣除。

（8）业务招待费。

企业发生的与生产经营活动有关的业务招待费支出，按发生额的60%扣除，但最高不得超过当年销售（营业）收入的5‰。当年销售（营业）收入还包括视同销售（营业）收入额。

【实务操作4-7】某汽车厂年度销售收入额为5 000万元，发生的与生产经营活动有关的业务招待费支出额为80万元，计算税前可扣除的业务招待费。

解析：

可扣除的业务招待费＝80×60%＝48(万元)

可扣除的最高限额＝5 000×5‰＝25(万元)

两数比较后择其小者：当年可在税前扣除的业务招待费是25万元。

【实务操作4-8】某企业2019年取得销售货物收入2 000万元，转让专利使用权收入200万元，包装物出租收入60万元，视同销售货物收入40万元，接受捐赠30万元，当年实际发生业务招待费30万元。计算该企业当年可在所得税前列支的业务招待费。

解析：捐赠收入属于营业外收入，不能作为计算业务招待费的基数。

确定计算招待费的基数：2 000＋200＋60＋40＝2 300（万元）；

第一标准为发生额的60%：30×60%＝18（万元）；

第二标准为限额计算：2 300×5‰＝11.5（万元）。

两数比较后择其小者：当年可在所得税前扣除的业务招待费金额是11.5万元。

（9）广告费和业务宣传费。

企业发生的符合条件的广告费和业务宣传费支出，除另有规定外，不超过当年销售（营业）收入15%的部分，准予扣除；超过部分，准予结转以后纳税年度扣除。

对化妆品制造、医药制造和饮料制造（不含酒类制造）企业发生的税前广告费和业务宣传费支出，不超过当年销售（营业）收入30%的部分，准予扣除；超过部分，准予在以后纳税年度结转扣除。

企业申报扣除的广告费支出应与赞助支出严格区分。赞助支出不得扣除。

广告费支出必须符合下列条件：1）广告是通过市场监督管理部门批准的专门机构制作的；2）已实际支付费用，并已取得相应发票；3）通过一定媒体传播。

烟草企业的广告费和业务宣传费支出，一律不得在计算应纳税所得额时扣除。

【实务操作4-9】某汽车厂2019年度取得销售收入5 000万元，发生销售费用1 200万元（其中广告费用800万元，业务宣传费10万元）。请计算该年度可以税前扣除的广告费和业务宣传费。

解析：广告费和业务宣传费的扣除标准：5 000×15%＝750（万元）。

超出标准的部分：800＋10－750＝60（万元）。

在税前可扣除750万元的广告费和业务宣传费，超出标准的60万元可以在以后年度结转扣除。

【实务操作 4-10】2019 年某居民企业实现销售收入 2 000 万元，接受捐赠收入 100 万元，转让无形资产所有权收入 20 万元，该企业当年实际发生业务招待费 30 万元，广告费 240 万元，业务宣传费 80 万元。计算本年可税前扣除的业务招待费、广告费、业务宣传费合计数。

解析：业务招待费的扣除：2 000×5‰=10（万元）<30×60%=18（万元）。

广告费和业务宣传费的扣除：2 000×15%=300（万元）。

合计可扣除数为：10+300=310（万元）。

（10）保险费。

企业参加财产保险，按照规定缴纳的保险费，准予扣除。

（11）劳动保护费。

企业发生的合理的劳动保护支出，准予扣除。

（12）租赁费。

以经营租赁方式租入固定资产发生的租赁费支出，按照租赁期限均匀扣除；以融资租赁方式租入固定资产发生的租赁费支出，按规定构成融资租入固定资产价值的部分应当提取折旧费用，分期扣除。

（13）公益性捐赠支出。

按企业年度利润总额的 12%扣除。超过年度利润总额 12%的部分，准予结转以后三年内在计算应纳税所得额时扣除。年度利润总额是指企业计算的会计利润。

公益性捐赠是指企业通过公益性社会团体、公益性群众团体或县级以上人民政府及其部门，用于《中华人民共和国公益事业捐赠法》规定的公益事业的捐赠。具体包括：1）救助灾害、救济贫困、扶助残疾人等困难的社会群体和个人的活动；2）教育、科学、文化、卫生、体育事业；3）环境保护、社会公共设施建设；4）促进社会发展和进步的其他社会公共和福利事业。

【实务操作 4-11】某企业年度会计利润为 300 万元，当年直接给受灾灾民发放慰问金 10 万元，通过政府机关对受灾地区捐赠 30 万元。计算当年公益性捐赠的调整金额。

解析：可在税前列支的捐赠限额为：300×12%=36（万元）。

企业当年捐赠超支额为 10 万元，所以应调增应纳税所得额 10 万元。

【实务操作 4-12】2019 年某居民企业取得主营业务收入 5 000 万元、营业外收入 80 万元，与收入配比的成本为 4 100 万元，全年发生管理费用、销售费用和财务费用共计 700 万元，营业外支出 60 万元（其中符合规定的公益性捐赠支出 50 万元），2018 年度经核定结转的亏损额为 30 万元。计算 2019 年度该企业应缴纳的企业所得税税额。

解析：企业发生的公益性捐赠支出，不超过年度利润总额的 12%部分，准予扣除。

扣除限额=(5 000+80−4 100−700−60)×12%=26.4(万元)

当年应纳税所得额=(5 000+80−4 100−700−60)+(50−26.4)−30=213.6(万元)

当年应纳所得税税额=213.6×25%=53.4(万元)

（14）有关资产的费用。

企业转让各类固定资产发生的费用，允许扣除。按规定计算的固定资产折旧费、无形资产和递延资产的摊销费，准予扣除。

（15）总机构分摊的费用。

非居民企业在中国境内设立的机构、场所，就其中国境外总机构发生的与该机构、场所生产经营有关的费用，能够提供总机构出具的费用汇集范围、定额、分配依据和方法等证明文件并合理分摊的，准予扣除。

（16）资产损失。

企业当年发生的固定资产和流动资产盘亏、毁损净损失，由其提供清查盘存资料经主管税务机关审核后，准予扣除。

（17）手续费及佣金支出。

企业发生的与生产经营有关的手续费及佣金支出，不超过规定计算限额内的部分，准予扣除；超过部分，不得扣除。

（18）电信企业的手续费及佣金支出。

电信企业在发展客户、拓展业务等过程中因委托销售电话入网卡、电话充值卡所发生的手续费及佣金支出，不超过企业当年收入总额5%的部分，准予在企业所得税前据实扣除。

（19）企业维简费支出。

企业实际发生的维简费支出，属于收益性支出的，可作为当期费用税前扣除；属于资本性支出的，应计入有关资产成本，按规定计提折旧或摊销费用税前扣除。

（20）保险公司缴纳的保险保障基金。

保险保障基金，是指按照《中华人民共和国保险法》和《保险保障基金管理办法》规定缴纳形成的，在规定情形下用于救助保单持有人、保单受让公司或者处置保险业风险的非政府性行业风险救助基金。

4.2.1.5 不得扣除项目

（1）向投资者支付的股息、红利等权益性投资收益款项。

（2）企业所得税税款。

（3）税收滞纳金，是指税务机关对未按规定期限缴纳税款的纳税人按比例附加征收的滞纳金。

（4）罚金、罚款和被没收财物的损失，是指纳税人违反国家有关法律、法规规定，被有关部门处以的罚款，以及被司法机关处以的罚金和被没收财物。

（5）超过规定标准的捐赠支出。

（6）赞助支出，是指企业发生的与生产经营活动无关的各种非广告性质的支出。

（7）未经核定的准备金支出，是指不符合规定的各种资产减值准备、风险准备等准备金支出。

（8）企业之间支付的管理费、企业内营业机构之间支付的租金和特许权使用费，以及非银行企业内营业机构之间支付的利息，不得扣除。

（9）与取得收入无关的其他支出。

有问有答

问：罚金、罚款和被没收财务的损失哪些可以在税前扣除？

答：行政罚款不得扣除；纳税人逾期归还银行贷款，银行按规定加收的罚息，不属于行政性罚款，允许在税前扣除。

4.2.1.6 亏损弥补

税法规定，企业某一纳税年度发生的亏损可以用下一年度的所得弥补，下一年度的所得不足以弥补的，可以逐年延续弥补，但最长不得超过 5 年。而且，企业在汇总计算缴纳企业所得税时，其境外营业机构的亏损不得抵减境内营业机构的盈利。

根据《财政部 税务总局关于延长高新技术企业和科技型中小企业亏损结转年限的通知》（财税〔2018〕76 号），自 2018 年 1 月 1 日起，当年具备高新技术资格或科技型中小企业资格的企业，其具备资格年度之前 5 个年度发生的尚未弥补完的亏损，准予结转以后年度弥补，最长结转年限由 5 年延长至 10 年。2018 年具备资格的企业，无论 2013 年至 2017 年是否具备资格，其 2013 年至 2017 年发生的尚未弥补完的亏损，均准予结转以后年度弥补，最长结转年限为 10 年。2018 年以后年度具备资格的企业，依此类推，进行亏损结转弥补税务处理。

自 2020 年 1 月 1 日起至疫情结束，受疫情影响较大的困难行业企业 2020 年度发生的亏损，最长结转年限由 5 年延长至 8 年。

困难行业企业，包括交通运输、餐饮、住宿、旅游（指旅行社及相关服务、游览景区管理两类）四大类，具体判断标准按照现行《国民经济行业分类》执行。

4.2.1.7 非居民企业应纳税所得额的确定

在中国境内未设立机构、场所的，或者虽设立机构、场所但取得的所得与其所设机构、场所没有实际联系的非居民企业，对来源于中国境内的应纳税所得额的规定：

（1）股息、红利等权益性投资收益和利息、租金、特许权使用费所得，以收入全额为应纳税所得额。

（2）转让财产所得，以收入全额减除财产净值后的余额为应纳税所得额。

（3）其他所得，参照前两项规定的方法计算应纳税所得额。

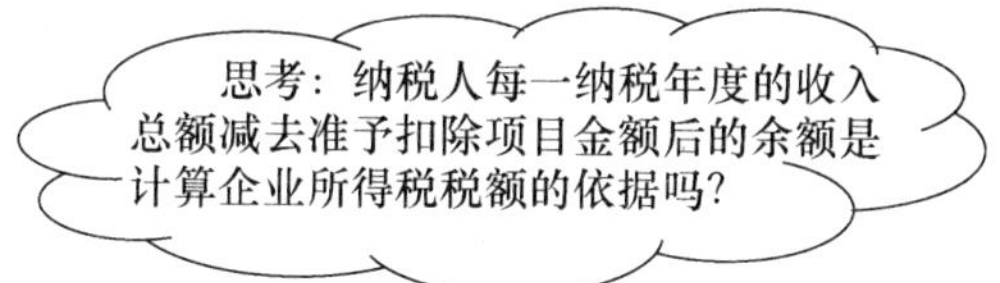

4.2.2 企业应纳税额的计算

4.2.2.1 税率

企业所得税实行比例税率。具体规定如下所述。

1. 基本税率

基本税率为 25%。适用于居民企业和在中国境内设立机构、场所且所得与机构、场所有关联的非居民企业。

2. 低税率

低税率为 20%。适用于在中国境内未设立机构、场所的，或者虽设立机构、场所但取得的所得与其机构、场所没有实际联系的非居民企业，但实际征税时适用 10%的税率。

4.2.2.2 居民企业应纳税额的计算

应纳税额等于应纳税所得额乘以适用税率，再减去减免税额和抵免税额，计算公式为：

应纳税额＝应纳税所得额×适用税率－减免税额－抵免税额

1. 直接计算法

直接计算法计算应纳税所得额的公式为：

应纳税所得额＝收入总额－不征税收入－免税收入－各项扣除金额－弥补亏损

2. 间接计算法

间接计算法计算应纳税所得额的公式为：

应纳税所得额＝会计利润总额±纳税调整项目金额

纳税调整项目金额包括两方面的内容：一是企业的财务会计处理和税收规定不一致的应予以调整的金额；二是企业按税法规定准予扣除的税收金额。

【实务操作 4-13】某企业 2019 年发生如下业务：

（1）销售产品取得收入 2 000 万元。

（2）接受捐赠材料一批，取得赠出方开具的增值税发票，注明价款 10 万元，增值税 1.3 万元；企业找一家运输公司将该批材料运回企业，支付运杂费 0.3 万元。

（3）转让一项商标所有权，取得营业外收入 60 万元。

（4）收取当年转让专利使用权的专利许可费，取得其他业务收入 10 万元。

（5）取得国债利息收入 2 万元。

（6）全年销售成本为 1 000 万元，销售税金及附加为 100 万元。

（7）全年销售费用为 500 万元，含广告费 400 万元；全年管理费用为 200 万元，含业务招待费 80 万元；全年财务费用为 50 万元。

（8）全年营业外支出 40 万元，含通过政府部门对灾区的捐款 20 万元；直接向私立小学捐款 10 万元；违反政府规定被有关部门罚款 2 万元。

要求：计算该企业的应纳税所得额和应纳所得税额。

解析：

（1）利润总额＝2 000＋10＋1.3＋60＋10＋2－1 000－100－500－200－50－40＝193.3（万元）。

（2）对收入的调整。

2 万元国债利息收入属于免税收入，应调减应纳税所得额 2 万元。

（3）对广告费用的调整。

以销售收入（2 000＋10）万元为基数，不包括营业外收入。

广告费限额：(2 000＋10)×15%＝301.5（万元）；广告费超支：400－301.5＝98.5（万元）。

调增应纳税所得额 98.5 万元。

（4）对业务招待费的调整。

业务招待费限额：80×60%＝48（万元）；(2 000＋10)×5‰＝10.05（万元）。

业务招待费超支 69.95 万元，应调增应纳税所得额。

（5）对营业外支出的调整。

捐赠限额：193.3×12%＝23.2（万元）。

20 万元公益性捐赠可以扣除；直接对私立小学的捐赠 10 万元不得扣除；行政罚款 2 万元不得扣除。

调增应纳税所得额 12 万元。

（6）相关计算如下：

应纳税所得额＝193.3－2＋98.5＋69.95＋12＝371.75(万元)

应纳税额＝371.75×25％＝92.94(万元)

【实务操作 4－14】某企业年度会计资料如下：产品销售收入 1 000 万元，取得财政拨款 20 万元，转让财产收入 80 万元，产品销售成本 700 万元，其他业务支出 20 万元，固定资产盘盈收入 4 万元，各项费用共计 120 万元，国库券利息收入 6 万元，营业外支出 60 万元（其中公益救济性捐赠 50 万元，支付税收罚款和滞纳金 3 万元，赞助性支出 7 万元），尚未弥补的前一年的亏损 6 万元。计算该企业应纳的所得税。

解析：

会计利润＝1 000＋20＋80＋4＋6－700－20－120－60＝210(万元)

调整会计利润：

（1）财政拨款 20 万元，属于不征税收入；国库券利息收入 6 万元，属于免税收入。

（2）支付税收罚款和滞纳金 3 万元，赞助性支出 7 万元，不允许在税前扣除。

（3）公益救济性捐赠 50 万元，在年度利润总额 12％以内的部分，准予在计算应纳税所得额时扣除。

（4）公益救济性捐赠可以扣除的限额：210×12％＝25.2（万元），调增应纳税所得额：50－25.2＝24.8（万元）。

（5）调整后的应纳税所得额为：210－20－6＋3＋7－6＋24.8＝212.8（万元）。

（6）应纳所得税＝212.8×25％＝53.2（万元）。

4.2.2.3 居民企业核定征收应纳税额的计算

核定征收办法，仅适用于账簿不全、核算不清、责令申报逾期仍不报、申报不正常的居民纳税人，具体分为定率（核定应税所得率）和定额（核定应纳所得税额）两种方法。

（1）税务机关核定征收企业所得税。

（2）采用应税所得率方式核定征收企业所得税的，应纳所得税的计算公式如下：

应纳所得税＝应纳税所得额×适用税率

应纳税所得额＝应税收入额×应税所得率

或：　应纳税所得额＝成本(费用)支出额÷(1－应税所得率)×应税所得率

【提示 4－7】实行应税所得率方式核定征收企业所得税的纳税人，经营多业的，无论其经营项目是否单独核算，均由税务机关根据其主营项目确定适用的应税所得率。

【实务操作 4－15】某批发兼零售的居民企业，2019 年度自行申报营业收入总额 350 万元、成本费用总额 370 万元，当年亏损 20 万元。经税务机关审核，该企业申报的收入总额无法核实，成本费用核算正确。假定对该企业采取核定征收企业所得税，应税所得率为 8％，计算该居民企业 2019 年度应缴纳的企业所得税。

解析：

应纳所得税＝370÷(1－8％)×8％×25％＝8.04(万元)

【实务操作 4－16】某私营企业 2019 年 2 月向其主管税务机关申报 2018 年度取得收入

总额186万元，发生直接成本150万元、其他费用30万元，全年应纳企业所得税1.62万元，税款已入库。后经查，其成本、费用核算无误，但收入总额核算不准确。假定应税所得率为20%，按照核定征收企业所得税的办法，计算该企业应补缴的企业所得税。

解析：

按成本费用推算税额＝(150＋30)÷(1－20%)×20%×25%＝11.25(万元)

应补缴所得税＝11.25－1.62＝9.63(万元)

4.2.2.4 境外所得抵扣税额的计算

我国税法规定，对境外已纳税款实行限额扣除。境外缴纳的所得税额，是指企业来源于中国境外的所得依照中国境外税收法律以及相关规定应当缴纳并已经实际缴纳的企业所得税性质的税款。抵免限额分国不分项，适用下述情况。

1. 对境外经营所得已纳税款的抵扣——（总分机构之间）直接抵免

（1）居民企业来源于中国境外的应税所得。

（2）非居民企业在中国境内设立机构、场所，取得发生在中国境外但与该机构、场所有实际联系的应税所得。

2. 对境外投资所得已纳税款的抵扣——（母子或母子孙机构之间）间接抵免

居民企业从其直接或者间接控制的外国企业分得的来源于中国境外的股息、红利等权益性投资收益，外国企业在境外实际缴纳的所得税额中属于该项所得税税额，在我国税法规定的抵免限额内抵免。

境外所得税抵免限额的计算公式为：

$$\text{抵免限额}=\frac{\text{境内、境外所得按税法}}{\text{计算的应纳税总额}}\times\frac{\text{来源于某国(地区)的}}{\text{应纳税所得额}}\div\frac{\text{境内、境外}}{\text{应纳税所得额}}$$

【提示4-8】如果纳税人来源于境外的所得在境外实际缴纳的税款低于扣除限额，可从应纳税额中据实扣除；如果超过扣除限额，其超过部分不得从本年度应纳税额中扣除，也不得列为本年度费用支出，但可以用以后年度抵免限额抵免当年应抵免税额后的余额进行抵补，抵补期限最长不能超过5年。

【实务操作4-17】某企业适用的所得税税率为25%，2019年取得境内应纳税所得额160万元，境外应纳税所得额50万元，在境外已缴纳企业所得税10万元。计算2019年度该企业汇总纳税时实际应缴纳的企业所得税。

解析：

境外缴纳所得税的扣除限额＝50×25%＝12.5(万元)

应补缴税额＝12.5－10＝2.5(万元)

汇总纳税时实际应缴纳的所得税＝160×25%＋2.5＝42.5(万元)

【实务操作4-18】某企业2019年境内所得为100万元人民币，取得来自甲国经营所得折合人民币14万元（税后）、特许权所得折合人民币5万元（税前）。甲国政府对其经营所得征税折合人民币6万元，对其特许权征税折合人民币1万元。

该企业2019年取得境内所得80万元，来自甲国特许权所得折合人民币16万元（税后），2019年甲国政府对其适用20%税率征税。

要求计算：

(1) 2018 年境内外所得总额。

(2) 2018 年境外所得税款扣除限额。

(3) 2018 年在我国汇总缴纳的所得税。

(4) 2019 年境内外所得总额。

(5) 2019 年所得税款扣除限额。

(6) 2019 年在我国汇总缴纳的所得税。

解析：

(1) 2018 年境内外所得总额＝100＋14＋6＋5＝125（万元）。

(2) 2018 年境外已纳税款扣除限额＝125×25％×[(14＋6＋5)/125]＝6.25（万元）。

实际已缴 7 万元，在我国汇总纳税时扣除 6.25 万元，超限额 0.75 万元结转下年。

(3) 2018 年在我国汇总缴纳所得税＝125×25％－6.25＝25（万元）。

(4) 2019 年境内外所得总额＝80＋16÷(1－20％)＝100（万元）。

(5) 2019 年境外已纳税款扣除限额＝100×25％×16÷(1－20％)/100＝5（万元）。

实际已缴：16÷(1－20％)×20％＝4（万元）。

应扣除 4 万元，并在余额内扣除上年超限额 0.75 万元，合计扣除 4.75 万元。

(6) 2019 年在我国汇总缴纳所得税＝100×25％－4.75＝20.25（万元）。

4.2.2.5　非居民企业应纳税额的计算

非居民企业的应纳税所得额，按下列方法计算：

(1) 股息、红利等权益性投资收益和利息、租金、特许权使用费所得，以收入全额为应纳税所得额。

(2) 转让财产所得，以收入全额减除财产净值后的余额为应纳税所得额。

(3) 其他所得，参照前两项规定的计算方法计算应纳税所得额。

【实务操作 4-19】境外甲企业在我国境内未设立机构、场所。2019 年 8 月，甲企业向我国居民纳税人乙公司转让了一项配方，取得转让费 1 000 万元，请计算甲企业就该项转让费所得应向我国缴纳的企业所得税。

解析：在中国境内未设立机构、场所的非居民企业，其取得的来源于中国境内的特许权使用费所得，以收入全额为应纳税所得额，减按 10％的税率征收企业所得税。

应纳企业所得税＝1 000×10％＝100(万元)

学习子情境 4.3　纳税申报

4.3.1　纳税期限

企业所得税按年计征，分月或者分季预缴，年终汇算清缴，多退少补。

按月或按季预缴的，应当自月份或者季度终了之日起 15 日内，向税务机关报送预缴企业所得税纳税申报表，预缴税款。自年度终了之日起 5 个月内，向税务机关报送年度企业所得税纳税申报表。少缴的所得税税款，应在下一年度内补缴；多预缴的所得税税款，可在下一年度抵缴。

企业在报送企业所得税纳税申报表时，应当按照规定附送财务会计报告和其他有关资料。

企业所得税以人民币计算。企业所得以人民币以外的货币计算的，应当折合成人民币计算并缴纳税款。

4.3.2 纳税地点

4.3.2.1 居民企业纳税地点

居民企业以企业登记注册地为纳税地点；登记注册地在境外的，以实际管理机构所在地为纳税地点。

居民企业汇总计算并缴纳企业所得税时，应当统一核算应纳税所得额，具体办法由国务院财政、税务主管部门另行制定。

4.3.2.2 非居民企业纳税地点

（1）非居民企业在中国境内设立机构、场所，取得来源于中国境内的所得，以及发生在中国境外但与其在中国境内所设机构、场所有实际联系的所得，其纳税地点为所设的境内机构、场所所在地。

非居民企业在中国境内有两个或者两个以上机构、场所的，经税务机关审核批准，可以选择由其主要机构、场所汇总缴纳企业所得税。

“主要机构、场所”须具备下列条件：对其他各营业机构的经营业务负有监督管理责任；设有完整的账簿、凭证，能够正确反映各营业机构收入、成本、费用和盈亏情况。

（2）非居民企业在中国境内未设立机构、场所，或者虽设立机构、场所但所得与其所设机构、场所没有实际联系的来源于中国境内的所得，以扣缴义务人所在地为纳税地点。

4.3.3 纳税申报

企业按月或按季预缴的，应当自月份或者季度终了之日起 15 日内，向税务机关报送预缴企业所得税纳税申报表，预缴税款。

思考：某公司是一家境外企业，为中国境内一家汽车集团提供设备安装劳务。由于该汽车集团其中一个分厂位于中国境外，因此该公司提供的安装劳务只有部分发生在中国境内。该公司应该如何申报缴纳企业所得税？企业所得税征税对象包括哪些？

模拟申报

某县塑料制品厂 2019 年经营情况如下：

全年销售（营业）收入 2 500 万元；销售（营业）成本 1 600 万元；税金及附加 15 万元；销售费用 400 万元（含广告费 380 万元）；管理费用 280 万元（含业务招待费 25 万元）；财务费用 20 万元（含向关联企业借款 200 万元 9 个月的利息 15 万元，金融企业同类贷款年利率 6%）；投资收益 11 万元（含国债利息 1 万元和对境内居民企业 2 年的投资分红 10 万元）；营业外支出 7 万元（含购销合同违约金 3 万元；诉讼费 1 万元；涉税违章罚款 2 万元，税收滞纳金 1 万元）。

年终聘请会计师事务所进行所得税汇算时发现：

（1）该厂于 9 月将一批自产塑料制品用于职工福利，该塑料制品成本 6 万元，同类产品不含增值税价格 10 万元，该厂账务处理为：

借：应付职工薪酬　　60 000

　贷：产成品　　60 000

（2）该厂于 5 月购买一台生产用机械设备，取得普通发票，金额 20 万元，发生运杂费及安装费 4 万元，该设备于 5 月投入使用，预计使用 10 年，该厂会计根据会计准则和职业判断计提折旧 8 万元。

（3）该厂招聘的员工中有 3 名残疾人员，该厂实际支付其工资共计 5.4 万元，该项支出已据实记录。

假定该厂会计制度规定所有固定资产均不留残值，根据上述资料，要求计算下列项目（单位为万元，保留 2 位小数）：

（1）该厂应补缴的增值税。

（2）该厂应补缴的城建税、教育费附加和地方教育费附加。

（3）填写该厂所得税计算表并列出以下计算过程：

1）该厂广告费的调整金额。

2）该厂业务招待费的调整金额。

3）该厂财务费用的调整金额。

4）该厂固定资产折旧的调整金额。

5）该厂应纳税所得额。

6）该厂应纳的企业所得税。

解析：（1）该厂把自产产品用于职工福利应视同销售。

应补缴的增值税＝10×13％＝1.3(万元)

（2）该厂应补缴的城建税和教育费附加＝1.3×(5％＋3％)＝0.1（万元）。

（3）该厂所得税计算表：

该厂的利润总额＝2 500＋10－(1 600＋6)－(15＋0.1)－400－280－20＋11－7
＝192.9(万元)

1）该厂广告费的扣除限额＝2 510×15％＝376.5（万元）；
广告费的调整金额＝380－376.5＝3.5（万元）。

2）该厂业务招待费的扣除限额：25×60％＝15（万元）＞2 510×5‰＝12.55（万元）；
业务招待费的调整金额＝25－12.55＝12.45（万元）。

3）该厂财务费用的调整金额＝15－200×6％×9÷12＝6（万元）。

4）每月应提折旧＝24÷10÷12＝0.2（万元）；
当年固定资产应提折旧＝0.2×7＝1.4（万元）；
该厂固定资产折旧的调整金额＝8－1.4＝6.6（万元）。

5）该厂应纳税所得额＝192.9＋3.5＋12.45＋6＋6.6＋3－11－5.4＝208.05（万元）。

6）该厂应纳的企业所得税＝208.05×25%＝52.01（万元）。

纳税申报见表4-1～表4-4。

表4-1 企业所得税纳税申报表 单位：元

行次	类别	项目	金额
1	利润总额计算	一、营业收入（填写A101010\101020\103000）	25 100 000
2		减：营业成本（填写A102010\102020\103000）	16 060 000
3		税金及附加	151 000
4		销售费用（填写A104000）	4 000 000
5		管理费用（填写A104000）	2 800 000
6		财务费用（填写A104000）	200 000
7		资产减值损失	
8		加：公允价值变动收益	
9		投资收益	110 000
10		二、营业利润（1－2－3－4－5－6－7＋8＋9）	1 999 000
11		加：营业外收入（填写A101010\101020\103000）	
12		减：营业外支出（填写A102010\102020\103000）	70 000
13		三、利润总额（10＋11－12）	1 929 000
14	应纳税所得额计算	减：境外所得（填写A108010）	
15		加：纳税调整增加额（填写A105000）	315 500
16		减：纳税调整减少额（填写A105000）	
17		减：免税、减计收入及加计扣除（填写A107010）	164 000
18		加：境外应税所得抵减境内亏损（填写A108000）	
19		四、纳税调整后所得（13－14＋15－16－17＋18）	2 080 500
20		减：所得减免（填写A107020）	
21		减：抵扣应纳税所得额（填写A107030）	
22		减：弥补以前年度亏损（填写A106000）	
23		五、应纳税所得额（19－20－21－22）	2 080 500
24	应纳税额计算	税率（25%）	25%
25		六、应纳所得税额（23×24）	520 125
26		减：减免所得税额（填写A107040）	
27		减：抵免所得税额（填写A107050）	
28		七、应纳税额（25－26－27）	520 125
29		加：境外所得应纳所得税额（填写A108000）	
30		减：境外所得抵免所得税额（填写A108000）	
31		八、实际应纳所得税额（28＋29－30）	520 125
32		减：本年累计实际已预缴的所得税额	
33		九、本年应补（退）所得税额（31－32）	
34		其中：总机构分摊本年应补（退）所得税额（填写A109000）	
35		财政集中分配本年应补（退）所得税额（填写A109000）	
36		总机构主体生产经营部门分摊本年应补（退）所得税额（填写A109000）	
37	附列资料	以前年度多缴的所得税额在本年抵减额	
38		以前年度应缴未缴在本年入库所得税额	

表4-2　一般企业收入明细表

单位：元

行次	项目	金额
1	一、营业收入（2+9）	
2	（一）主营业务收入（3+5+6+7+8）	25 100 000
3	1. 销售商品收入	25 100 000
4	其中：非货币性资产交换收入	
5	2. 提供劳务收入	
6	3. 建造合同收入	
7	4. 让渡资产使用权收入	
8	5. 其他	
9	（二）其他业务收入（10+12+13+14+15）	100 000
10	1. 销售材料收入	
11	其中：非货币性资产交换收入	
12	2. 出租固定资产收入	
13	3. 出租无形资产收入	
14	4. 出租包装物和商品收入	
15	5. 其他	100 000
16	二、营业外收入（17+18+19+20+21+22+23+24+25+26）	
17	（一）非流动资产处置利得	
18	（二）非货币性资产交换利得	
19	（三）债务重组利得	
20	（四）政府补助利得	
21	（五）盘盈利得	
22	（六）捐赠利得	
23	（七）罚没利得	
24	（八）确实无法偿付的应付款项	
25	（九）汇兑收益	
26	（十）其他	

表4-3　一般企业成本支出明细表

单位：元

行次	项目	金额
1	一、营业成本（2+9）	
2	（一）主营业务成本（3+5+6+7+8）	16 060 000
3	1. 销售商品成本	
4	其中：非货币性资产交换成本	
5	2. 提供劳务成本	
6	3. 建造合同成本	
7	4. 让渡资产使用权成本	
8	5. 其他	

续表

行次	项目	金额
9	（二）其他业务成本（10+12+13+14+15）	
10	1. 材料销售成本	
11	其中：非货币性资产交换成本	
12	2. 出租固定资产成本	
13	3. 出租无形资产成本	
14	4. 包装物出租成本	
15	5. 其他	
16	二、营业外支出（17+18+19+20+21+22+23+24+25+26）	70 000
17	（一）非流动资产处置损失	
18	（二）非货币性资产交换损失	
19	（三）债务重组损失	
20	（四）非常损失	
21	（五）捐赠支出	
22	（六）赞助支出	
23	（七）罚没支出	30 000
24	（八）坏账损失	
25	（九）无法收回的债券股权投资损失	
26	（十）其他	40 000

表 4-4 纳税调整项目明细表

单位：元

行次	项目	账载金额	税收金额	调增金额	调减金额
		1	2	3	4
1	一、收入类调整项目（2+3+4+5+6+7+8+10+11）	110 000	100 000	100 000	110 000
2	（一）视同销售收入（填写 A105010）	*	100 000	100 000	*
3	（二）未按权责发生制原则确认的收入（填写 A105020）				
4	（三）投资收益（填写 A105030）	100 000			100 000
5	（四）按权益法核算长期股权投资对初始投资成本调整确认收益	*	*	*	
6	（五）交易性金融资产初始投资调整	*	*		*
7	（六）公允价值变动净损益		*		
8	（七）不征税收入	10 000	*		10 000
9	其中：专项用途财政性资金（填写 A105040）	*	*		
10	（八）销售折扣、折让和退回				
11	（九）其他				
12	二、扣除类调整项目（13+14+15+16+17+18+19+20+21+22+23+24+26+27+28+29）	864 000	4 088 500	174 000	309 500

续表

行次	项目	账载金额	税收金额	调增金额	调减金额
		1	2	3	4
13	（一）视同销售成本（填写 A105010）	*		60 000	60 000
14	（二）职工薪酬（填写 A105050）				
15	（三）业务招待费支出	250 000	125 500		124 500
16	（四）广告费和业务宣传费支出（填写 A105060）	380 000	3 765 000		35 000
17	（五）捐赠支出（填写 A105070）				*
18	（六）利息支出	150 000	90 000	60 000	60 000
19	（七）罚金、罚款和被没收财物的损失	20 000			20 000
20	（八）税收滞纳金、加收利息	10 000			10 000
21	（九）赞助支出		*		*
22	（十）与未实现融资收益相关在当期确认的财务费用				
23	（十一）佣金和手续费支出				*
24	（十二）不征税收入用于支出所形成的费用	*	*		*
25	其中：专项用途财政性资金用于支出所形成的费用（填写 A105040）	*	*		*
26	（十三）跨期扣除项目				
27	（十四）与取得收入无关的支出		*		*
28	（十五）境外所得分摊的共同支出	*	*		*
29	（十六）其他	54 000	108 000	54 000	
30	三、资产类调整项目（31＋32＋33＋34）	80 000	14 000		66 000
31	（一）资产折旧、摊销（填写 A105080）	80 000	14 000		66 000
32	（二）资产减值准备金		*		
33	（三）资产损失（填写 A105090）				
34	（四）其他				
35	四、特殊事项调整项目（36＋37＋38＋39＋40）	*	*		
36	（一）企业重组（填写 A105100）				
37	（二）政策性搬迁（填写 A105110）	*	*		
38	（三）特殊行业准备金（填写 A105120）				
39	（四）房地产开发企业特定业务计算的纳税调整额（填写 A105010）	*			
40	（五）其他	*	*		
41	五、特别纳税调整应税所得	*	*		
42	六、其他	*	*		
43	合计（1＋12＋30＋35＋41＋42）	1 054 000	4 202 500	274 000	485 500

有问有答

问：若当年企业所得税申报有误，应如何处理？

答：纳税人在汇算清缴期内发现当年企业所得税申报有误的，可在汇算清缴期内重新办理企业所得税年度申报。此时，必须重新填报企业所得税年度申报表，到主管税务机关征收前台进行更正申报。在原申报表上涂改进行更正申报的，税务机关不予受理。更正后的申报表（整套、一式两份）由征收前台交纳税人和数据处理中心。

小结

本情境从企业所得税的基本知识和基础理论入手，通过讲解使学生了解企业所得税的基本规定；熟悉企业所得税的征税范围、税率；理解各种收入的确定；掌握企业所得税的计税依据和应纳税额的计算。

企业所得税是对一国境内的企业和其他经济组织在一定期间内的生产经营所得和其他所得等税法上规定的收入，在进行法定的生产成本、费用和损失等扣除后的余额所征收的一种税；企业所得税具有以纳税人的所得额为征税对象的特点；企业所得税是直接税，其纳税人与负税人是一致的，它是企业的一项费用支出；企业所得税税率实行比例税率；企业所得税以纳税人的应纳税所得额为计税依据。

综合实务操作题

一、单项选择题

1. 2019 年度，某企业财务资料显示，2019 年取得开具增值税专用发票的收入 2 000 万元，另外从事运输服务取得收入 220 万元。收入对应的销售成本和运输成本合计 1 550 万元，期间费用、税金及附加 200 万元，营业外支出 100 万元（其中 90 万元为公益性捐赠支出），上年度企业自行计算亏损 50 万元，经税务机关核定的亏损为 30 万元。企业在所得税前可以扣除的捐赠支出为（　　）万元。

A. 90　　B. 40.8　　C. 44.4　　D. 23.4

2. 某商贸企业 2019 年销售收入情况如下：开具增值税专用发票的收入 2 000 万元，开具普通发票的收入 904 万元。企业发生管理费用 110 万元（其中业务招待费 20 万元）、销售费用 600 万元（其中广告费 300 万元、业务宣传费 180 万元）、财务费用 200 万元，准予在企业所得税前扣除的期间费用为（　　）万元。

A. 850　　B. 842　　C. 844　　D. 902

3. 某企业 2019 年 3 月 1 日向其控股公司借入经营性资金 400 万元，借款期 1 年，当年支付利息费用 28 万元。假定当年银行同期同类贷款年利率为 6%，不考虑其他纳税调整事项，该企业在计算 2019 年应纳税所得额时，应调整的利息费用为（　　）万元。

A. 30　　B. 28　　C. 20　　D. 8

4. 某工业企业 2019 年度全年销售收入为 1 000 万元，转让无形资产收入 100 万元，提供加工劳务收入 150 万元，变卖固定资产收入 30 万元，视同销售收入 100 万元，当年发生业务招待费 10 万元。该企业 2019 年度所得税税前可以扣除的业务招待费用为

（　　）万元。

A. 6　　B. 6.25　　C. 4.75　　D. 3.75

5. 下列关于企业手续费及佣金支出税前扣除的规定，表述不正确的是（　　）。

A. 财产保险企业按当年全部保费收入扣除退保金等后余额的 15%（含本数）计算限额；人身保险企业按当年全部保费收入扣除退保金等后余额的 10%计算限额

B. 其他非保险企业，按与具有合法经营资格中介服务机构或个人（不含交易双方及其雇员、代理人和代表人等）所签订服务协议或合同确认的收入金额的 5%计算限额

C. 企业计入固定资产、无形资产等相关资产的手续费及佣金支出，在发生当期直接扣除

D. 企业支付的手续费及佣金不得直接冲减服务协议或合同金额，并如实入账

6. 某居民企业，2019 年计入成本、费用的实发工资总额为 300 万元（其中临时工工资 20 万元），拨缴职工工会经费 5 万元，支出职工福利费 45 万元、职工教育经费 15 万元，该企业 2019 年计算应纳税所得额时准予在税前扣除的工资和三项经费合计为（　　）万元。

A. 310　　B. 349.84　　C. 394.84　　D. 362

7. 根据《企业所得税法》的规定，企业的下列各项支出在计算应纳税所得额时，准予从收入总额中直接扣除的是（　　）。

A. 手续费支出

B. 烟草企业的广告费

C. 软件生产企业的职工培训费用

D. 向投资者支付的股息、红利等权益性投资收益款项

8. 某居民企业 2019 年度产品销售收入 5 100 万元，车队对外提供运输服务时取得运费收入 190 万元，仓库对外出租的收入是 550 万元，转让无形资产收入 200 万元，国债利息收入 60 万元，将自产产品用于利润分配确认收入 50 万元。当年发生管理费用 450 万元，其中，业务招待费 70 万元；销售费用 900 万元，全部为广告和业务宣传费；财务费用 260 万元，其中向非金融企业借款 1 000 万元，利息费用 80 万元（金融机构同类、同期贷款利率为 7%）。该企业 2019 年度所得税税前可以扣除的期间费用合计为（　　）万元。

A. 1 520.6　　B. 1 572.55　　C. 1 542.95　　D. 1 548.6

9. 下列关于收入确认时间的说法中，正确的是（　　）。

A. 接受非货币形式捐赠，在计算缴纳企业所得税时应分期确认收入

B. 取得的国债利息收入，应以国债发行时约定应付利息的日期，确认利息收入的实现

C. 股息等权益性投资收益以投资方收到所得的日期确认收入的实现

D. 特许权使用费收入以实际取得收入的日期确认收入的实现

10. 下列属于企业所得税的视同销售收入的是（　　）。

A. 房地产企业将开发的房产转作办公用途

B. 房地产企业将开发的房产用于经营酒店

C. 某酒厂将产品用于捐赠

D. 某工业企业将产品用于管理部门使用

11. 我国某企业 2018 年度境内生产经营亏损 10 万元，2019 年主营业务收入 980 万元，主营业务成本 680 万元，转让专利技术取得收入 500 万元，成本 248 万元，税金及附加 50 万元，从境内居民企业分回投资收益 50 万元；取得国库券转让收益 25 万元；境外投资企业亏损 40 万元。该企业 2019 年应纳所得税为（　　）万元。

A. 65　　B. 61.55　　C. 60　　D. 66.25

12. 某企业 2019 年度实现利润总额 20 万元。经审核，在“财务费用”账户中扣除了两次利息费用：一次向银行借入流动资金 200 万元，借款期限 6 个月，支付利息费用 4.5 万元；另一次经批准向职工借入流动资金 50 万元，借款期限 6 个月，支付利息费用 2 万元。在“营业外支出”账户中扣除了直接向贫困地区的捐款 5 万元。假定不存在其他纳税调整事项，该企业 2019 年度应缴纳企业所得税（　　）万元。

A. 5　　B. 6.6　　C. 6.47　　D. 8.44

13. 某企业 2019 年通过政府部门向灾区捐赠自产货物一批，成本 80 万元，同类产品售价 100 万元，增值税税率 13%，企业当年按照会计准则计算的会计利润为 500 万元，无其他纳税调整事项，所得税税率 25%，企业当年应缴纳的所得税税额为（　　）万元。

A. 125　　B. 134.25　　C. 138.25　　D. 145

14. 假定某企业 2019 年度取得主营业务收入 3 000 万元，转让国债取得净收益 520 万元，取得其他业务收入 120 万元，与收入配比的成本为 2 150 万元，全年发生销售费用 410 万元（其中广告费支出 120 万元）、管理费用 230 万元（其中业务招待费支出 24 万元）、利息费用 170 万元，发生营业外支出 70 万元（其中公益捐款支出 40 万元），假设不存在其他纳税事项，该企业 2019 年应缴纳企业所得税（　　）万元。

A. 152.5　　B. 154.9　　C. 124.9　　D. 134.9

15. 依据《企业所得税法》的规定，下列各项中，按负担所得的所在地确定所得来源地的是（　　）。

A. 提供劳务所得　　B. 不动产转让所得

C. 其他所得　　D. 租金所得

16. 根据《企业所得税》的规定，以下适用 15%企业所得税税率的是（　　）。

A. 高新技术生产企业

B. 在中国境内设有机构、场所且所得与所设机构、场所有关联的非居民企业

C. 在中国境内未设立机构、场所但有来源于中国境内所得的非居民企业

D. 在中国境内虽设立机构、场所但取得所得与境内机构、场所没有实际联系的非居民企业

17. 根据《企业所得税法》的规定，下列纳税人属于企业所得税纳税人的是（　　）。

A. 个人独资企业　　B. 合伙企业

C. 中外合资企业　　D. 个体工商户

18. 某居民企业，2019 年实际发生合理的工资支出 100 万元，其中临时工、实习生工资支出 10 万元，职工福利费支出 18 万元，2019 年该企业计算应纳税所得额时，应调增应纳税所得额（　　）万元。

A. 4　　B. 2.5　　C. 6　　D. 3.5

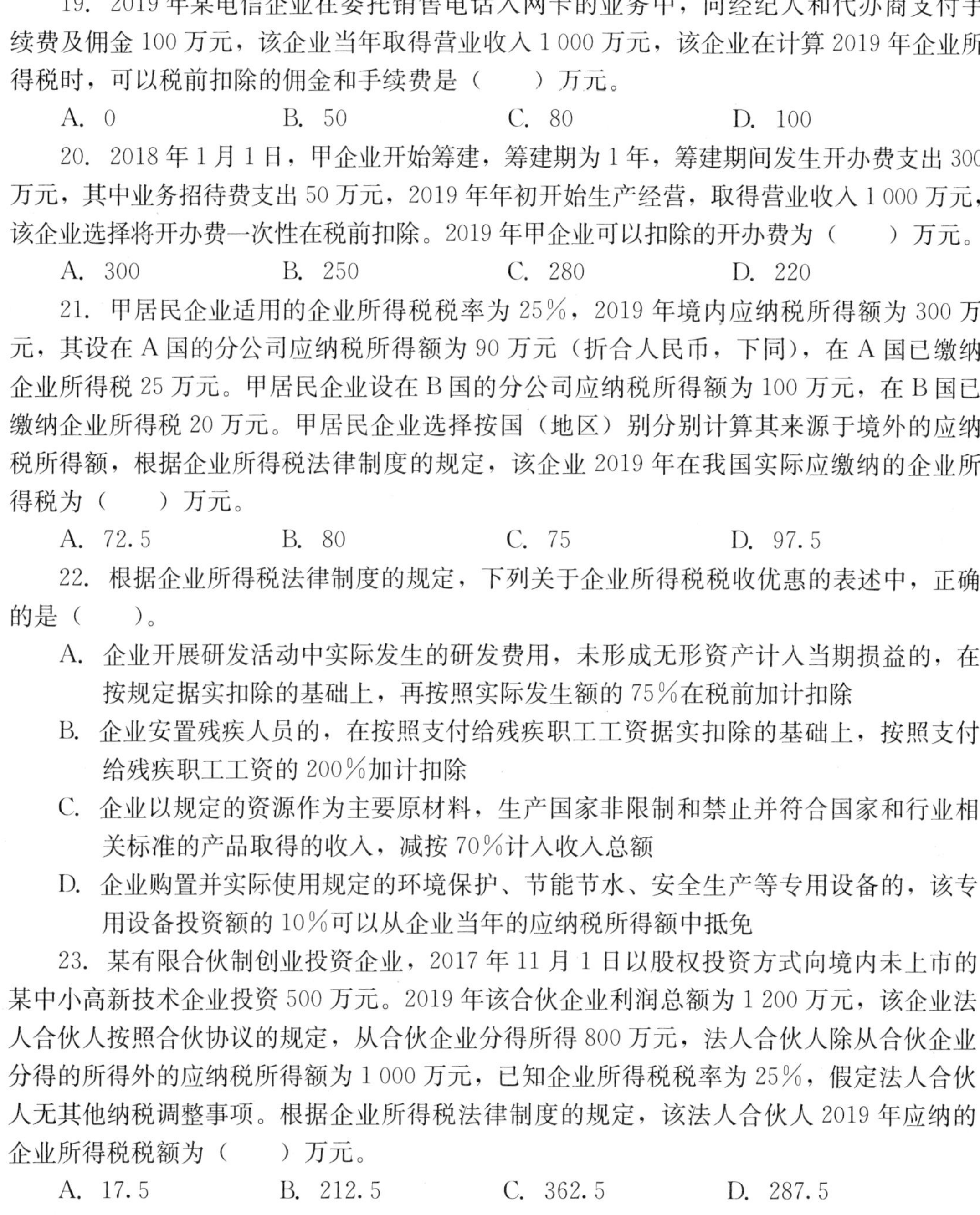

19. 2019年某电信企业在委托销售电话入网卡的业务中，向经纪人和代办商支付手续费及佣金100万元，该企业当年取得营业收入1 000万元，该企业在计算2019年企业所得税时，可以税前扣除的佣金和手续费是（　　）万元。

A. 0　　B. 50　　C. 80　　D. 100

20. 2018年1月1日，甲企业开始筹建，筹建期为1年，筹建期间发生开办费支出300万元，其中业务招待费支出50万元，2019年年初开始生产经营，取得营业收入1 000万元，该企业选择将开办费一次性在税前扣除。2019年甲企业可以扣除的开办费为（　　）万元。

A. 300　　B. 250　　C. 280　　D. 220

21. 甲居民企业适用的企业所得税税率为25%，2019年境内应纳税所得额为300万元，其设在A国的分公司应纳税所得额为90万元（折合人民币，下同），在A国已缴纳企业所得税25万元。甲居民企业设在B国的分公司应纳税所得额为100万元，在B国已缴纳企业所得税20万元。甲居民企业选择按国（地区）别分别计算其来源于境外的应纳税所得额，根据企业所得税法律制度的规定，该企业2019年在我国实际应缴纳的企业所得税为（　　）万元。

A. 72.5　　B. 80　　C. 75　　D. 97.5

22. 根据企业所得税法律制度的规定，下列关于企业所得税税收优惠的表述中，正确的是（　　）。

A. 企业开展研发活动中实际发生的研发费用，未形成无形资产计入当期损益的，在按规定据实扣除的基础上，再按照实际发生额的75%在税前加计扣除

B. 企业安置残疾人员的，在按照支付给残疾职工工资据实扣除的基础上，按照支付给残疾职工工资的200%加计扣除

C. 企业以规定的资源作为主要原材料，生产国家非限制和禁止并符合国家和行业相关标准的产品取得的收入，减按70%计入收入总额

D. 企业购置并实际使用规定的环境保护、节能节水、安全生产等专用设备的，该专用设备投资额的10%可以从企业当年的应纳税所得额中抵免

23. 某有限合伙制创业投资企业，2017年11月1日以股权投资方式向境内未上市的某中小高新技术企业投资500万元。2019年该合伙企业利润总额为1 200万元，该企业法人合伙人按照合伙协议的规定，从合伙企业分得所得800万元，法人合伙人除从合伙企业分得的所得外的应纳税所得额为1 000万元，已知企业所得税税率为25%，假定法人合伙人无其他纳税调整事项。根据企业所得税法律制度的规定，该法人合伙人2019年应纳的企业所得税税额为（　　）万元。

A. 17.5　　B. 212.5　　C. 362.5　　D. 287.5

24. 根据企业所得税法律制度的规定，下列关于广告费和业务宣传费的表述中，说法正确的是（　　）。

A. 对化妆品制造或销售、医药制造和饮料制造（不含酒类制造）企业发生的广告费和业务宣传费支出，不超过当年销售（营业）收入15%的部分，准予扣除

B. 对于汽车生产企业的广告费和业务宣传费支出，不超过当年销售（营业）收入30%的部分，准予扣除

C. 企业的广告费和业务宣传费支出，超过扣除限额部分，不得在以后纳税年度结转扣除

D. 烟草企业的烟草广告费和业务宣传费支出，一律不得在计算应纳税所得额时扣除

二、多项选择题

1. 根据企业所得税法律制度的规定，下列各项中，属于企业所得税纳税人的有（　　）。

A. 个人独资企业　　B. 合伙企业

C. 民办非企业单位　　D. 事业单位

2. 下列选项中，属于企业所得税税前扣除项目的原则的有（　　）。

A. 收付实现制原则　　B. 配比原则

C. 相关性原则　　D. 合理性原则

3. 可以在计算企业所得税应纳税所得额前扣除的税金有（　　）。

A. 印花税　　B. 增值税　　C. 消费税　　D. 房产税

4. 根据《企业所得税法》的规定，下列关于收入确认的说法中，正确的有（　　）。

A. 销售商品采用托收承付方式的，在办妥托收手续时确认收入

B. 销售商品采取预收款方式的，在收到款项时确认收入

C. 销售商品采用支付手续费方式委托代销的，在收到代销货款时确认收入

D. 为特定客户开发软件的收费，应根据开发的完工进度确认收入

5. 纳税人提供的下列劳务中，按照完工进度确认收入实现的有（　　）。

A. 广告制作费　　B. 安装费

C. 服务费　　D. 软件费

6. 根据《企业所得税法》的规定，下列关于收入确认的说法中，正确的有（　　）。

A. 销售商品采用托收承付方式的，在办妥托收手续时确认收入

B. 销售商品采取预收款方式的，在收到款项时确认收入

C. 销售商品采用支付手续费方式委托代销的，在收到代销货款时确认收入

D. 为特定客户开发软件的收费，应根据开发的完工进度确认收入

7. 根据《企业所得税法》的规定，判定居民企业的标准有（　　）。

A. 登记注册地标准　　B. 所得来源地标准

C. 经营行为实际发生地标准　　D. 实际管理机构所在地标准

8. 以下属于企业所得税中不征税收入的有（　　）。

A. 企业根据法律、行政法规等有关规定，代政府收取的具有专项用途的财政资金

B. 符合条件的非营利组织的收入

C. 企业取得的，经国务院批准的财政、税务主管部门规定专项用途的财政性资金

D. 国债利息收入

9. 依据《企业所得税法》的规定，下列说法正确的有（　　）。

A. 国债利息收入应以国债发行时约定应付利息的日期确认利息收入的实现

B. 企业转让国债，应在国债转让收入确认时确认利息收入的实现

C. 企业将国债持有至到期，企业取得的国债利息收入全额免征企业所得税

D. 企业将转让国债的价款全额作为企业转让国债收益计税

10. 下列关于集成电路和软件企业的所得税政策，理解正确的有（　　）。

A. 国家规划布局内的重点软件企业和集成电路设计企业，如当年未享受免税优惠的，可减按 10%的税率征收企业所得税
B. 符合条件的软件企业按照规定取得的即征即退增值税款，由企业专项用于软件产品研发和扩大再生产并单独进行核算的，可以作为不征税收入
C. 集成电路设计企业和符合条件的软件企业职工培训费用，应单独进行核算并按实际发生额在计算应纳税所得额时扣除
D. 集成电路生产企业的生产设备，其折旧年限可以适当缩短，最短可为 3 年（含）

三、判断题

1. 企业确实无法支付的应付款项，应纳入收入总额计算缴纳企业所得税。（　　）

2. 企业向金融机构借款的利息支出均可以按照实际发生数在所得税税前扣除。（　　）

3. 非金融企业向非金融企业借款的利息支出，一律不得在计算应纳税所得额时扣除。（　　）

4. 依据《企业所得税》的规定，企业已经作为损失处理的资产，当以后纳税年度又全部收回或部分收回时，应当计入当期收入。（　　）

5. 出口退回的增值税税额不计入应纳税所得额，但出口退回的消费税税额计入应纳税所得额。（　　）

6. 企业发生的存货盘亏、毁损、报废等相关的增值税进项税额，应视为企业的财产损失，在计算企业所得税应纳税所得额时准许扣除。（　　）

7. 符合条件的技术转让所得，500 万元以内的部分免征企业所得税，500 万元以上的部分减半征收企业所得税。（　　）

8. 企业所得税实行按年计征、分期预缴、年终汇算清缴、多退少补的办法。（　　）

9. 非居民企业在中国境内有两个或者两个以上机构、场所的，经税务机关审核批准，可以选择由其主要机构、场所汇总缴纳企业所得税。（　　）

10. 企业某一年度发生的亏损可以用下一年度所得弥补；下一年度的所得不足以弥补的，可以逐年无限期地延续弥补。（　　）

11. 企业每一纳税年度实际发生的符合条件的广告费和业务宣传费支出，不超过当年销售（营业）收入 15%（含）的部分，准予扣除，超过部分准予在以后年度无限期结转扣除。（　　）

12. 企业在汇总计算缴纳企业所得税时，其境外营业机构的亏损可以抵减境内营业机构的盈利。（　　）

四、计算题

1. 某企业当期货物实际缴纳增值税 20 万元、消费税 15 万元、城建税 2.45 万元、教育费附加 1.05 万元，还缴纳了房产税 1 万元、城镇土地使用税 0.5 万元、印花税 0.6 万元，计算该企业当期所得税前可以扣除的税金。

2. 某软件生产企业为居民企业，2019 年实际发生工资支出 500 万元、职工福利费支出 90 万元、职工教育经费 60 万元（其中职工培训费支出 40 万元），请计算 2019 年该企

业应调增的应纳税所得额。

3. 某企业 2019 年毁损一批库存材料，账面成本 10 139.5 元（含运费 139.5 元），保险公司受理后同意赔付 8 000 元，该企业的损失得到税务机关的审核和确认，请计算在所得税前可扣除的损失金额。

4. 表 4-5 为经税务机关审定的某国有企业近 7 年的应纳税所得额情况，假设该企业一直执行 5 年亏损弥补规定，请计算该企业 7 年间需缴纳多少所得税。

表 4-5　某企业 2013—2019 年应纳税所得额情况表　　单位：万元

年度	2013	2014	2015	2016	2017	2018	2019
应纳税所得额	−100	10	−20	30	20	30	60

5. 某居民企业 2019 年实现产品销售收入 1 200 万元，视同销售收入 400 万元，债务重组收益 100 万元，发生的成本费用总额为 1 600 万元，其中业务招待费支出 20 万元。请计算 2019 年度应缴纳的企业所得税。

6. 某公司 2019 年度取得境内应纳税所得额 160 万元，境外应纳税所得额 50 万元，在境外已缴纳企业所得税 10 万元。计算 2019 年该公司汇总纳税时应缴纳的企业所得税。

7. 甲企业 2018 年 1 月 1 日向乙企业（未上市的中小高新技术企业）投资 200 万元，股权持有到 2019 年 12 月 31 日。甲企业 2019 年度经营所得为 500 万元，请计算其应纳所得税额。

8. 蓝天机械厂 2019 年度取得境内所得 800 万元，同期从境外某国分支机构取得税后收益 140 万元，在境外已按 30%的税率缴纳了所得税，该厂适用的所得税税率为 25%。计算该厂本年度应缴纳的所得税。

9. 某机械制造企业 2019 年取得产品销售收入 3 000 万元，发生销售成本 1 500 万元、税金及附加 12 万元、销售费用 200 万元（含广告费 100 万元）、管理费用 500 万元（含业务招待费 20 万元、办公室房租 36 万元、存货跌价准备 2 万元），取得投资收益 25 万元（含国债利息 6 万元，从深圳联营企业分回的税后利润 34 万元，按权益法计算投资某公司的损失 15 万元），发生营业外支出 10.5 万元，系违反购销合同被供货方处以的违约罚款。

其他资料：（1）当年 9 月 1 日起租用办公室，租期 2 年，支付房租 36 万元；（2）企业已预缴企业所得税款 190 万元。

要求：

（1）计算该企业所得税税前可扣除的销售费用。

（2）计算该企业所得税税前可扣除的管理费用。

（3）计算该企业计入计税所得的投资收益。

（4）计算该企业应纳税所得额。

（5）计算该企业应纳的所得税。

（6）计算该企业 2019 年度应补（退）的所得税。

10. 某私营企业，2019 年 2 月向其主管税务机关申报 2018 年度企业所得税，取得收入总额 186 万元，发生直接成本 150 万元、其他费用 30 万元，全年应纳企业所得税 1.62 万元，税款已入库。后经查，其成本、费用核算无误，但收入总额核算不准确。假定应税所得率为 20%，按照核定征收企业所得税的办法，该企业应补缴多少企业所得税？

五、综合题

1. 某工业企业，2019 年度的生产经营情况如下：

（1）销售收入 4 500 万元，销售成本 2 000 万元，增值税 700 万元，税金及附加 80 万元。

（2）其他业务收入 300 万元。

（3）销售费用 1 500 万元，其中广告费 800 万元、业务宣传费 20 万元。

（4）管理费用 500 万元，含业务招待费 50 万元、研究新产品费用 40 万元。

（5）财务费用 80 万元，含向非金融机构借款 1 年的利息 50 万元，年利率为 10%（银行同期同类贷款利率为 6%）。

（6）营业外支出 30 万元，含向供货商支付违约金 5 万元，接受市场监督管理局罚款 1 万元，通过政府部门向灾区捐赠 20 万元。

（7）投资收益 18 万元，系从直接投资外地居民公司而分回的税后利润 17 万元（该居民公司适用的所得税税率为 15%）和国债利息 1 万元。

（8）该企业账面会计利润为 628 万元，已预缴企业所得税 157 万元。

要求计算该企业：

（1）2019 年度的应税收入总额。

（2）2019 年度的应税成本、税金、费用、营业外支出扣除额（考虑优惠因素）。

（3）2019 年度的应纳税所得额。

（4）2019 年度的应纳企业所得税。

（5）2019 年度应退补的所得税。

2. 某镇一家 2017 年注册成立的运输公司（增值税一般纳税人），从业人员 20 人，主营运输业务，兼营货物销售。原注册资金 650 万元人民币，2018 年注册资金增加到 700 万元，资产总额 900 万元。2019 年经营情况如下：

（1）拥有 5 人座小轿车 3 辆、自重吨位 10 吨的载货汽车 20 辆、自重吨位 8 吨的挂车 10 辆、5 人座且自重吨位 3 吨和客货两用车 4 辆。

（2）当年启用新账共 11 本。

（3）签订货运合同 500 份，合同注明运费金额共 1 200 000 元（全部合同兑现）；签订销售并送货合同 1 份，注明销售货物款项 200 000 元，同时送货上门收取运费 6 000 元。

（4）当年公司发生运输营运成本 400 000 元、已销货物的成本 150 000 元、销售费用 300 000 元（其中含广告费 50 000 元）、管理费用 300 000 元（不含有关税金，其中招待费 40 000 元）。

假定小轿车年税额 300 元，载货汽车每吨年税额 60 元。

要求：

（1）计算该公司 2019 年缴纳的车船税。

（2）计算该公司 2019 年缴纳的印花税。

（3）计算该公司 2019 年缴纳的增值税。

（4）计算该公司 2019 年缴纳的城建税和教育费附加。

（5）计算该公司的应纳税所得额。

（6）计算该公司应纳的所得税。

3. 某市煤矿联合企业为增值税一般纳税人，具有专业培训资质，主要生产、开采原煤销售，假定2019年度有关经营业务如下：

（1）销售开采原煤13 000吨，不含税收入15 000万元，销售成本6 580万元。

（2）转让开采技术所有权取得收入650万元，直接与技术所有权转让有关的成本和费用为300万元。

（3）提供矿山开采技术培训取得收入300万元，本期为培训业务耗用上年库存材料成本18万元；取得国债利息收入130万元。

（4）购进原材料共计3 000万元，取得增值税专用发票注明进项税额为510万元；支付购料运输费用共计230万元，取得运输业增值税专用发票。

（5）发生销售费用1 650万元，其中广告费1 400万元。

（6）发生管理费用1 232万元，其中业务招待费120万元，技术研发费用280万元。

（7）发生财务费用280万元，含向非金融企业借款1 000万元所支付的年利息120万元，向金融企业贷款800万元支付的年利息46.40万元。

（8）计入成本、费用中的实发合理工资820万元；发生工会经费16.4万元（取得工会专用收据）、职工福利费98万元、职工教育经费25万元。

（9）发生营业外支出500万元，其中含通过红十字会向灾区捐款300万元；因消防设施不合格，被处罚50万元。

其他相关资料：上述销售费用、管理费用和财务费用不涉及转让费用；取得的相关票据均通过主管税务机关认证；煤矿资源税5元/吨；上年广告费用税前扣除余额为380万元。

要求：根据上述资料，按下列序号计算回答问题，每问均需计算出合计数：

（1）计算该企业2019年应缴纳的资源税。

（2）计算该企业2019年应缴纳的增值税。

（3）计算该企业2019年应缴纳的城市维护建设税和教育费附加。

（4）计算该企业2019年实现的会计利润。

（5）计算该企业2019年广告费用应调整的应纳税所得额。

（6）计算该企业2019年业务招待费应调整的应纳税所得额。

（7）计算该企业2019年财务费用应调整的应纳税所得额。

（8）计算该企业2019年职工工会经费、职工福利费、职工教育经费应调整的应纳税所得额。

（9）计算该企业2019年营业外支出应调整的应纳税所得额。

（10）计算该企业2019年度企业所得税的应纳税所得额。

（11）计算该企业2019年度应缴纳的企业所得税。

4. 某市一家内资服装生产企业于2018年10月成立，年底职工共计30人，企业的资产总额为300万元，企业2019年取得销售收入720万元、投资收益33万元，发生销售成本和税金523万元，财务费用、管理费用、销售费用共计210万元，企业自行计算的应纳税所得额为20万元。当年新增职员35人，资产总额增加到800万元。企业已经按规定到税务机关备案，取得所得税优惠的审批。在汇算清缴时经会计师事务所审核，发现以下事项未进行纳税调整：

（1）企业的“主营业务收入”科目隐瞒销售自产服装含税收入 11.7 万元。

（2）已计入成本费用中实际支付的合理工资 72 万元，并计提但未上缴工会经费 1.44 万元，实际发生职工福利费 15.16 万元、职工教育经费 1.08 万元。

（3）管理费用中列支业务招待费 15 万元。

（4）管理费用中列支企业的财产保险费用 2.8 万元，为股东支付的商业保险费 5 万元。

（5）销售费用中列支业务宣传费 20 万元，广告费 10 万元。

（6）投资收益 33 万元为直接投资于其他居民企业取得的投资收益。

（7）2018 年经税务机关审核认定的亏损额为 10 万元。

已知会计师事务所审核该企业核算的进项税额准确。

要求：根据上述资料，按下列序号计算回答问题，每问需计算出合计数：

（1）计算该企业 2019 年度应补缴的流转税、城市维护建设税和教育费附加。

（2）计算该企业工资及期间费用纳税调整金额。

（3）计算该企业管理费用纳税调整金额。

（4）计算该企业销售费用纳税调整金额。

（5）计算该企业应缴纳的企业所得税。

学习情境 5

个人所得税实务

能力目标

1. 会判断居民纳税人、非居民纳税人；
2. 能根据业务资料计算个人所得税应纳税额；
3. 能根据个人所得税资料填制个人所得税申报表；
4. 能办理个人所得税代扣代缴业务。

情境导入

1950 年，政务院发布了新中国税制建设的纲领性文件《全国税政实施要则》，其中涉及对个人所得征税的主要是薪给报酬所得税和存款利息所得税，但由于种种原因，一直没有开征。

1980 年 9 月，《中华人民共和国个人所得税法》正式颁布，该法的征税对象包括中国公民和中国境内的外籍人员，但由于规定的免征额较高（每月或每次 800 元），而当时国内居民工资收入普遍很低，因此绝大多数国内居民不在征税范围之内。为了有效调节社会成员收入水平的差距，1986 年 1 月，国务院发布了《城乡个体工商业户所得税暂行条例》，同年 9 月颁布了《个人收入调节税暂行条例》，上述规定仅适用于我国居民。

1994 年我国颁布实施了修订的《中华人民共和国个人所得税法》，初步建立起内外统一的个人所得税制度。其后，随着经济社会形势的发展变化，国家对个人所得税制进行了几次重大调整：1999 年恢复征收储蓄存款利息所得个人所得税；2006 年和 2008 年两度提高工资、薪金所得项目减除费用标准；2007 年将储蓄存款利息所得个人所得税税率由 20%调减为 5%；自 2008 年起暂免征收储蓄存款利息所得个人所得税；自 2010 年起对个人转让上市公司限售股取得的所得征收个人所得税。第十三届全国人大常委会第五次会议表决通过了关于修改《中华人民共和国个人所得税法》的决定，修订后的《个人所得税法》自2019年1月1日起施行，但“免征额”提高至每月5000元等部分减税政策，从2018年10月1日起先行实施。

学习子情境5.1　熟知个人所得税

个人所得税是以个人（自然人）取得的各项应税所得为对象征收的一种税。此外，个人所得税的征税对象还包括具有自然人性质的企业。

5.1.1　纳税义务人

个人所得税的纳税义务人，包括中国公民、个体工商业户，在中国有所得的外籍人员（包括无国籍人员，下同），以及中国香港、澳门、台湾地区同胞。依据住所和居住时间两个标准，区分为居民纳税义务人和非居民纳税义务人。

5.1.1.1　居民纳税义务人

居民纳税义务人是指在中国境内有住所，或者无住所而在一个纳税年度（公历1月1日起至12月31日止，下同）内在中国境内居住满183天的个人。居民纳税义务人负有无限纳税义务，其取得的应纳税所得，无论是来源于中国境内还是中国境外任何地方，都要在中国缴纳个人所得税。

在中国境内有住所的个人，是指因户籍、家庭、经济利益关系而在中国境内习惯性居住的个人。

5.1.1.2　非居民纳税义务人

非居民纳税义务人是指在中国境内无住所又不居住或者无住所而在境内居住不满183天的个人。非居民纳税义务人承担有限的纳税义务，即仅就其来源于中国境内的所得，向中国缴纳个人所得税。

【提示5-1】无住所的个人居住天数的计算：

（1）居住天数：入境、离境、往返或多次往返境内外的当日，按1天计算在华实际逗留天数。

（2）工作天数：入境、离境、往返或多次往返境内外的当日，按半天计算在华实际工作天数。

5.1.2　所得来源地的确定

非居民纳税义务人仅就其来源于中国境内的所得纳税，因此判断其所得来源地十分重要。个人取得的下列所得，无论支付地点是否在中国境内，均为来源于中国境内的所得：

（1）因任职、受雇、履约等而在中国境内提供劳务取得的所得。

（2）将财产出租给承租人在中国境内使用而取得的所得。

（3）转让中国境内的建筑物、土地使用权等财产或者在中国境内转让其他财产取得的所得。

（4）许可各种特许权在中国使用而取得的所得。

（5）从中国境内的公司、企业及其他经济组织或者个人取得的利息、股息、红利所得。企业的总机构设在中国境内，就来源于中国境内、境外的所得缴纳所得税。外国企业就来源于中国境内的所得缴纳所得税。

5.1.3 征税范围

5.1.3.1 工资、薪金所得

工资、薪金所得是指个人因任职或者受雇而取得的工资、薪金、奖金、年终加薪、劳动分红、津贴、补贴以及与任职或者受雇有关的其他所得。

我国规定下列项目不征收个人所得税：

（1）独生子女补贴。

（2）执行公务员工资制度未纳入基本工资总额的补贴、津贴差额和家属成员的副食品补贴。

（3）托儿补助费。

（4）差旅费津贴、误餐补助。

有问有答

问：单位每月发放给职工的误餐补助是否并入工资、薪金所得计征个人所得税？

答：《财政部 国家税务总局关于误餐补助范围确定问题的通知》（财税字〔1995〕82号）规定，对个人因公在城区、郊区工作，不能在工作单位或返回就餐，确实需要在外就餐的，根据实际误餐顿数，按规定的标准领取的误餐费不征税。对一些单位以误餐补助名义发给职工的补贴、津贴，应当并入当月工资、薪金所得计征个人所得税。

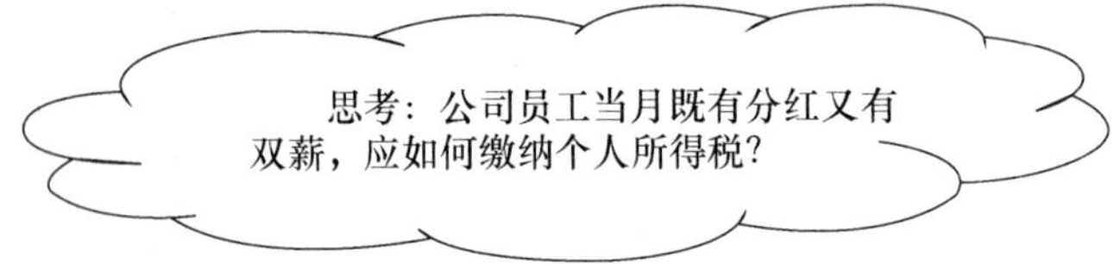

对于一些特殊情况，也要按工资、薪金所得计税，具体包括：

（1）实行内部退养的个人在办理内部退养手续后至法定离退休年龄之间从原任职单位取得的工资、薪金，按工资、薪金所得计征个人所得税。办理内退手续后从原单位取得的一次性收入，应按办理内退手续后至法定离退休年龄之间的所属月份进行平均，并与领取当月的工资、薪金所得合并后减除当月费用扣除标准，以余额为基数确定适用税率，再将当月工资、薪金所得加上取得的一次性收入，减去费用扣除标准，按适用税率计征个人所得税；办理内退手续后至法定离退休年龄之间重新就业取得的工资、薪金所得，应与从原单位取得的同一月份的工资、薪金所得合并，并依法自行向主管税务机关申报个人所得税。

（2）退休人员再任职取得的收入，在减除按税法规定的扣除标准后，按工资、薪金所得计征个人所得税。

（3）公司职工取得的用于购买国有股权的劳动分红，按工资、薪金所得计征个人所得税。

(4) 以单车承包或承租方式，出租车驾驶员从事客货营运取得的收入，按工资、薪金所得计征个人所得税。

(5) 企业和单位对营销业绩突出的雇员以培训班、研讨会、工作考察等名义组织旅游活动，通过免收差旅费、旅游费对个人实行的营销业绩奖励（包括实物、有价证券等），全额并入营销人员当期的工资、薪金，按工资、薪金所得计征个人所得税。

5.1.3.2 劳务报酬所得

劳务报酬所得是指个人独立从事各种非雇佣的劳务所取得的所得。包括设计、装潢、安装、制图、化验、医疗、测试、法律、会计、咨询、讲学、新闻、广播、翻译、审稿、书画、影视、录音、录像、演出、表演、广告、展览、技术服务、介绍服务、经纪服务、代办服务及其他劳务。

自 2004 年 1 月 1 日起，企业和单位对其营销业绩突出的非雇员以培训班、研讨会、工作考察等名义组织旅游活动，通过免收差旅费、旅游费对个人实行的营销业绩奖励（包括实物、有价证券等），应按所发生费用的全额作为该营销人员的劳务报酬收入计税，并由提供费用的企业和单位代扣代缴。

【提示 5-2】 判断一项所得是属于工资、薪金所得还是属于劳务报酬所得，关键是看是否存在雇佣关系。工资、薪金所得是个人从事非独立劳动，从所在单位领取的报酬；劳务报酬所得则是个人独立从事某种技艺、独立提供劳务而取得的所得。前者存在雇佣关系，后者不存在这种关系。

5.1.3.3 稿酬所得

稿酬所得是指个人因其作品以图书、报刊形式出版、发表而取得的所得。

5.1.3.4 特许权使用费所得

特许权使用费所得是指个人提供专利权、商标权、著作权、非专利技术以及其他特许权的使用权取得的所得。

5.1.3.5 经营所得

个体工商户的生产、经营所得，是指个体工商户从事工业、手工业、建筑业、交通运输业、商业、饮食业、服务业、修理业及其他行业生产、经营取得的所得；个人经政府有关部门批准，取得执照，从事办学、医疗、咨询以及其他服务活动取得的所得；个体工商户和个人取得的与生产、经营有关的各项应税所得；其他个人从事个体工商业生产、经营取得的所得，以及对企事业单位的承包经营、承租经营所得。对企事业单位的承包经营、承租经营所得是指个人承包经营或承租经营以及转包、转租取得的所得。

【提示 5-3】 个人从事彩票代销业务取得的所得，按照个体工商户的生产、经营所得项目计征个人所得税。

5.1.3.6 利息、股息、红利所得

利息、股息、红利所得是指个人拥有债权、股权而取得的利息、股息、红利所得。个人取得的利息所得，除国债和国家发行的金融债券利息外，应当依法缴纳个人所得税。

相关知识

我国的利息税始于 1950 年，当年颁布的《利息所得税条例》规定，对存款利息征收税率为 10%（后降为 5%）的所得税，1959 年利息税停征。1999 年，根据第九届全国人

民代表大会常务委员会第十一次会议《关于修改〈中华人民共和国个人所得税法〉的决定》，从1999年11月1日起，对个人在中国境内的人民币和外币储蓄存款所得统一征收20%的个人所得税。2007年8月，该税率由20%降至5%。自2008年10月9日起，暂免征收利息税。

5.1.3.7 财产租赁所得

财产租赁所得是指个人出租建筑物、土地使用权、机器设备、车船以及其他财产取得的所得。

5.1.3.8 财产转让所得

财产转让所得是指个人转让有价证券、股权、建筑物、土地使用权、机器设备、车船以及其他财产取得的所得。

对除股票转让所得以外的财产转让所得，都要征收个人所得税。

对个人转让自用5年以上并且是家庭唯一生活用房取得的所得，继续免征个人所得税。

5.1.3.9 偶然所得

偶然所得是指个人得奖、中奖、中彩以及其他偶然性质的所得。需缴纳的个人所得税款，一律由发奖单位或机构代扣代缴。

有问有答

问：暑假期间，某高校外语专业的学生阿聪到图书馆做翻译工作，学校支付给阿聪2 000元。勤工俭学的收入是否需要交税呢？

答：在校学生因参与勤工俭学活动（包括参与学校组织的勤工俭学活动）而取得的属于《中华人民共和国个人所得税法》规定的应税所得项目的所得，应依法缴纳个人所得税。在校学生因参与勤工俭学活动取得的报酬，应按劳务报酬所得计征个人所得税。

5.1.4 税收优惠

5.1.4.1 免征个人所得税的优惠

（1）省级人民政府、国务院部委和中国人民解放军军以上单位，以及外国组织颁发的科学、教育、技术、文化、卫生、体育、环境保护等方面的资金。

（2）国债和国家发行的金融债券利息。

（3）按照国家统一规定发给的补贴、津贴。

（4）福利费、抚恤金、救济金。

（5）保险赔款。

（6）军人的转业费、复员费。

（7）按照国家统一规定发给干部、职工的安家费、退职费、退休工资、离休工资、离休生活补助费。

（8）依照我国有关法律规定应予以免税的各国驻华使馆、领事馆的外交代表、领事官员和其他人员的所得。

（9）中国政府参加的国际公约以及签订的协议中规定免税的所得。

（10）经主管税务机关核准的发给见义勇为者的见义勇为资金或奖品。

（11）个人取得的教育储蓄存款利息所得以及国务院财政部门确定的其他专项储蓄存款或者储蓄性专项基金存款的利息所得。

（12）储蓄机构内从事代扣代缴工作的办税人员取得的扣缴利息税手续费所得。

（13）外籍个人以非现金形式或实报实销形式取得的住房补贴、伙食补贴、搬迁费、洗衣费。

（14）外籍个人按合理标准取得的境内、境外出差补贴。

（15）外籍个人取得的探亲费、语言训练费、子女教育费等，经当地税务机关审核批准为合理的部分。

（16）个人举报、协查各种违法、犯罪行为而获得的奖金。

（17）个人办理代扣代缴税款手续，按规定取得的扣缴手续费。

（18）个人转让自用达 5 年以上并且是唯一的家庭居住用房取得的所得。

（19）达到离休、退休年龄，但确因工作需要，适当延长离休、退休年龄的高级专家（享受国家发放的政府特殊津贴的专家、学者），其在延长离休、退休期间取得的工资、薪金所得。

（20）外籍个人从外商投资企业取得的股息、红利所得。

（21）个人转让上市公司股票所得。

（22）被拆迁人按照国家有关城镇房屋拆迁管理办法规定的标准取得的拆迁补偿款。

（23）2015 年 9 月 8 日以后，个人从公开发行和转让市场取得的上市公司股票，持股期限在 1 个月以内（含 1 个月）的，其股息、红利所得全额计入应纳税所得额，实际税负为 20%；持股期限在 1 个月以上至 1 年（含 1 年）的，暂减按 50%计入应纳税所得额，实际税负为 10%；持股期限在 1 年以上的，暂免征收个人所得税。

有问有答

问：二手房过户时如何缴纳个人所得税？

答：个人出售已购公有住房的销售价，减除住房面积标准的经济适用住房的价款、原支付超过住房面积标准的房价款、向财政或原产权单位缴纳的所得收益及税法规定的合理费用后的余额，按财产转让所得项目征收个人所得税。

纳税人未提供完整、准确的房屋原值凭证，不能正确计算房屋原值和应纳税额的，税务机关对其实行核定征税，即按纳税人住房转让收入的一定比例核定应纳个人所得税税额。在上海，转让普通住房，以转让收入的 1%核定应纳个人所得税税额；转让非普通住房，以转让收入的 2%核定应纳个人所得税税额。

对个人转让自用 5 年以上，并且是家庭唯一生活用房取得的所得，免征个人所得税。对出售自有住房并拟在现住房出售 1 年内按市场价重新购房的纳税人，其出售住房应缴纳的个人所得税，先以纳税保证金形式向主管税务机关缴纳，购房金额大于或等于原住房销售额的，全部退还纳税保证金，购房金额小于原住房销售额的，按照购房金额占原住房销售额的比例退还纳税保证金，余额作为个人所得税缴入国库。

5.1.4.2 减征个人所得税的优惠

（1）残疾、孤老人员和烈属的所得。

（2）因严重自然灾害造成重大损失的。

（3）其他经国务院财政部门批准减税的情况。

5.1.4.3 其他减免税优惠

（1）对在中国境内无住所的个人，一个纳税年度在中国境内累计居住满 183 天的，如果此前六年在中国境内每年累计居住天数都满 183 天且没有任何一年单次离境超过 30 天，该纳税年度来源于中国境内、境外的所得应当缴纳个人所得税；如果此前六年的任一年在中国境内累计居住天数不满 183 天或者单次离境超过 30 天，该纳税年度来源于中国境外且由境外单位或者个人支付的所得，免予缴纳个人所得税。这里所称“此前六年”，是指该纳税年度的前一年至前六年的连续六个年度，此前六年的起始年度自 2019 年（含）以后年度开始计算。

（2）在中国境内无住所，但是一个纳税年度中在中国境内连续或者累计居住不超过 90 日的个人，其来源于中国境内的所得，由境外雇主支付且不是由该雇主在中国境内的机构、场所负担的部分，免予缴纳个人所得税。如表 5－1 所示。

表 5－1　境外人士获取中国境内所得是否征收个人所得税一览表

中国境内居住时间	雇员职位	境内所得境内支付或负担	境内所得境外支付或负担	境外所得境内支付或负担	境外所得境外支付或负担
不超过 90 日或 183 日	一般雇员	征	不征	不征	不征
	高层管理人员	征	不征	征	不征
超过 90 日或 183 日	一般雇员	征	征	不征	不征
	高层管理人员	征	征	征	不征
满 1 年但不满 5 年	所有人	征	征	征	不征
超过 5 年	所有人	征	征	征	征
高层管理人员是指公司正、副（总）经理，各职能总监及其他类似管理人员。					

（3）为促进海运业发展，适应国内对海产品较快增长的需求，借鉴国际做法，自 2019 年 1 月 1 日起到 2023 年底，对一个纳税年度内在船航行超过 183 天的远洋船员，其工资、薪金收入减按 50%计入个人所得税应纳税所得额。

有问有答

问：高温补贴费用是否需要缴纳个人所得税？

答：根据相关规定，高温补贴不属于《中华人民共和国个人所得税法》规定的免税及不缴纳个人所得税的范畴，应属于企业支付给职工的工资、薪金，在向个人支付时并入当月工资总额代扣代缴个人所得税。

学习子情境 5.2　个人所得税应纳税额的计算

5.2.1 居民个人综合所得应纳税额的计算

5.2.1.1 应纳税所得额

居民个人的综合所得，以每一纳税年度的收入额减除费用 60 000 元以及专项扣除、专项附加扣除和依法确定的其他扣除后的余额为应纳税所得额。计算公式为：

应纳税所得额＝月度收入－60 000－专项扣除－专项附加扣除－依法确定的其他扣除

5.2.1.2　收入的确定

（1）工资、薪金所得，是指个人因任职或受雇而取得的工资、薪金、奖金、年终加薪、劳动分红、津贴、补贴以及与任职或受雇有关的其他所得。这就是说，个人取得的所得，只要是与任职、受雇有关，不管其单位的资金开支渠道或形式，都是工资、薪金所得项目的课税对象。

（2）劳务报酬所得、稿酬所得、特许权使用费所得以收入减除20％的费用后的余额为收入额。稿酬所得的收入额减按70％计算。

5.2.1.3　专项扣除

专项扣除，包括居民个人按照国家规定的范围和标准缴纳的基本养老保险、基本医疗保险、失业保险等社会保险费和住房公积金（即“三险一金”）。

5.2.1.4　专项附加扣除

1. 子女教育

纳税人的子女接受全日制学历教育的相关支出，按照每个子女每月1 000元的标准定额扣除。学历教育包括年满3岁至小学入学前的学前教育、义务教育（小学、初中教育）、高中教育（普通高中、中等职业、技工教育）、高等教育（大学专科、大学本科、硕士研究生、博士研究生教育）。父母可以选择由其中一方按扣除标准的100％扣除，也可以选择由双方分别按扣除标准的50％扣除，具体扣除方式在一个纳税年度内不能变更。

纳税人子女在中国境外接受教育的，纳税人应当留存境外学校录取通知书、留学签证等相关教育的证明资料备查。

2. 继续教育

纳税人在中国境内接受学历（学位）继续教育的支出，在学历（学位）教育期间按照每月400元定额扣除。同一学历（学位）继续教育的扣除期限不能超过48个月。纳税人接受技能人员职业资格继续教育、专业技术人员职业资格继续教育的支出，在取得相关证书的当年，按照3 600元定额扣除。

个人接受本科及以下学历（学位）继续教育，符合规定扣除条件的，可以选择由其父母扣除，也可以选择由本人扣除。

纳税人接受技能人员职业资格继续教育、专业技术人员职业资格继续教育的，应当留存相关证书等资料备查。

3. 大病医疗

在一个纳税年度内，纳税人发生的与基本医保相关的医药费用支出，扣除医保报销后个人负担（指医保目录范围内的自付部分）累计超过15 000元的部分，由纳税人在办理年度汇算清缴时，在80 000元限额内据实扣除。

纳税人发生的医药费用支出可以选择由本人或者其配偶扣除；未成年子女发生的医药费用支出可以选择由其父母一方扣除。

纳税人应当留存医药服务收费及医保报销相关票据原件（或者复印件）等资料备查。医疗保障部门应当向患者提供在医疗保障信息系统记录的本人年度医药费用信息查询服务。

4. 住房贷款利息

纳税人本人或者配偶单独或者共同使用商业银行或者住房公积金个人住房贷款为本人或者其配偶购买中国境内住房，发生的首套住房贷款利息支出，在实际发生贷款利息的年度，按照每月 1 000 元的标准定额扣除，扣除期限最长不超过 240 个月。纳税人只能享受一次首套住房贷款的利息扣除。首套住房贷款是指购买住房享受首套住房贷款利率的住房贷款。

经夫妻双方约定，可以选择由其中一方扣除，具体扣除方式在一个纳税年度内不能变更。夫妻双方婚前分别购买住房发生的首套住房贷款，其贷款利息支出，婚后可以选择其中一套购买的住房，由购买方按扣除标准的 100%扣除，也可以由夫妻双方对各自购买的住房分别按扣除标准的 50%扣除，具体扣除方式在一个纳税年度内不能变更。

纳税人应当留存住房贷款合同、贷款还款支出凭证备查。

5. 住房租金

纳税人在主要工作城市没有自有住房而发生的住房租金支出，可以按照以下标准定额扣除：直辖市、省会（首府）城市、计划单列市以及国务院确定的其他城市，扣除标准为每月 1 500 元；除上述所列城市以外，市辖区户籍人口超过 100 万的城市，扣除标准为每月 1 100 元；市辖区户籍人口不超过 100 万的城市，扣除标准为每月 800 元。纳税人的配偶在纳税人的主要工作城市有自有住房的，视同纳税人在主要工作城市有自有住房。市辖区户籍人口，以国家统计局公布的数据为准。

主要工作城市是指纳税人任职受雇的直辖市、计划单列市、副省级城市、地级市（地区、州、盟）全部行政区域范围；纳税人无任职受雇单位的，为受理其综合所得汇算清缴的税务机关所在城市。住房租金支出由签订租赁住房合同的承租人扣除。

夫妻双方主要工作城市相同的，只能由一方扣除住房租金支出。纳税人及其配偶在一个纳税年度内不能同时享受住房贷款利息和住房租金专项附加扣除。

纳税人应当留存住房租赁合同、协议等有关资料备查。

6. 赡养老人

纳税人赡养一位及以上被赡养人的赡养支出，统一按照以下标准定额扣除：纳税人为独生子女的，按照每月 2 000 元的标准定额扣除；纳税人为非独生子女的，由其与兄弟姐妹分摊每月 2 000 元的扣除额度，每人分摊的额度不能超过每月 1 000 元。可以由赡养人均摊或者约定分摊，也可以由被赡养人指定分摊。约定或者指定分摊的须签订书面分摊协议，指定分摊优先于约定分摊。具体分摊方式和额度在一个纳税年度内不能变更。

这里所称被赡养人是指年满 60 岁的父母，以及子女均已去世的年满 60 岁的祖父母、外祖父母。

7. 照护 3 岁以下婴幼儿子女的相关支出

自 2022 年 1 月 1 日起，纳税人照护 3 岁以下婴幼儿子女的相关支出，按照每个婴幼儿每月 1 000 元的标准定额扣除。父母可以选择由其中一方按扣除标准的 100%扣除，也可以选择由双方分别按扣除标准的 50%扣除，具体扣除方式在一个纳税年度内不能变更。

5.2.1.5 税率

综合所得（工资、薪金所得，劳务报酬所得，稿酬所得，特许权使用费所得），适用七级超额累进税率，按月应纳税所得额计算征税。居民个人综合所得适用个人所得税税率见表 5-2。

表 5-2　居民个人综合所得适用个人所得税税率表

级数	累计预扣预缴应纳税所得额	税率（%）	速算扣除数
1	不超过 36 000 元的部分	3	0
2	超过 36 000 元至 144 000 元的部分	10	2 520
3	超过 144 000 元至 300 000 元的部分	20	16 920
4	超过 300 000 元至 420 000 元的部分	25	31 920
5	超过 420 000 元至 660 000 元的部分	30	52 920
6	超过 660 000 元至 960 000 元的部分	35	85 920
7	超过 960 000 元的部分	45	181 920

5.2.1.6　应纳税额的计算

1. 居民个人综合所得应纳税额的计算

相关计算公式为：

$$\text{综合所得应纳税额}=\text{综合所得应纳税所得额}\times\text{适用税率}-\text{速算扣除数}$$

$$\text{综合所得应纳税所得额}=\text{年综合收入额}-60\,000(\text{每月 }5\,000)-\text{专项扣除}-\text{专项附加扣除}$$

劳务报酬所得、稿酬所得和特许权使用费所得以收入减除 20%的费用后为收入额，稿酬另外再减按 70%计算。

2. 居民个人综合所得平时预扣预缴税额的计算

（1）工资、薪金所得的预扣预缴。

$$\text{累计预扣预缴应纳税所得额}=\text{累计收入}-\text{累计免税收入}-\text{累计减除费用}-\text{累计专项扣除}-\text{累计专项附加扣除}-\text{累计依法确定的其他扣除}$$

$$\text{本期应预扣预缴税额}=\left(\text{累计预扣预缴应纳税所得额}\times\text{预扣率}-\text{速算扣除数}\right)-\text{累计减免税额}-\text{累计已预扣预缴税额}$$

其中：累计减除费用，按照 5 000 元/月乘以纳税人当年截至本月在本单位的任职受雇月份数计算。例如，纳税人如果 5 月入职，则扣缴义务人发放 5 月工资扣缴税款时，减除费用按 5 000 元计算；6 月发放工资扣缴税款时，减除费用按 10 000 元计算，以此类推。

自 2021 年 1 月 1 日起，对上一完整纳税年度内每月均在同一单位预扣预缴工资、薪金所得个人所得税且全年工资、薪金收入不超过 6 万元的居民个人，扣缴义务人在预扣预缴本年度工资、薪金所得个人所得税时，累计减除费用自 1 月份起直接按照全年 6 万元计算扣除。

居民个人工资、薪金所得适用个人所得税税率见表 5-3。

表 5-3　居民个人工资、薪金所得适用个人所得税税率表

（居民个人工资、薪金所得预扣预缴适用）

级数	累计预扣预缴应纳税所得额	预扣率（%）	速算扣除数
1	不超过 36 000 元的部分	3	0
2	超过 36 000 元至 144 000 元的部分	10	2 520
3	超过 144 000 元至 300 000 元的部分	20	16 920
4	超过 300 000 元至 420 000 元的部分	25	31 920
5	超过 420 000 元至 660 000 元的部分	30	52 920
6	超过 660 000 元至 960 000 元的部分	35	85 920
7	超过 960 000 元的部分	45	181 920

【实务操作5-1】 2019年王丽每月工资均为30 000元，每月减除费用5 000元，“三险一金”扣除额为4 500元，享受赡养老人专项附加扣除额度2 000元，假设没有减免收入及减免税额等情况。对应表5-3可以得出，王丽前三个月应当按照以下方法计算预扣预缴税额：

1月：(30 000－5 000－4 500－2 000)×3%＝555(元)

2月：(30 000×2－5 000×2－4 500×2－2 000×2)×10%－2 520－555＝625(元)

3月：(30 000×3－5 000×3－4 500×3－2 000×3)×10%－2 520－555－625＝1 850(元)

上述计算结果表明，由于2月累计预扣预缴应纳税所得额为37 000元，已适用10%的税率，因此2月和3月应预扣预缴税款有所增加。

【实务操作5-2】 张天于2021年1—12月在A单位任职，单位为其办理了2021年1—12月的工资薪金所得个人所得税全员全额明细申报。2021年，A单位每月给其发放工资8 000元，个人按国家标准缴付“五险一金”2 000元。假设没有减免收入及减免税额等情况。

若采用新预扣预缴方法，1—7月，张天因其累计收入（8 000×7＝56 000）不足6万元而无须缴税。

从8月起，张天累计收入超过6万元，每月需要预扣预缴的税款计算如下：

8月预扣预缴税款＝8 000×8－2 000×8－60 000<0，无须缴税

9月预扣预缴税款＝8 000×9－2 000×9－60 000<0，无须缴税

10月预扣预缴税款＝(8 000×10－2 000×10－60 000)×3%－0＝0(元)

11月预扣预缴税款＝(8 000×11－2 000×11－60 000)×3%－0＝180(元)

12月预扣预缴税款＝(8 000×12－2 000×12－60 000)×3%－180＝180(元)

通过计算可知，张天全年累计预扣预缴应纳税所得额为30 000元，一直适用3%的税率，因此各月应预扣预缴的税款相同。

（2）劳务报酬所得、稿酬所得、特许权使用费所得的预扣预缴。

扣缴义务人向居民个人支付劳务报酬所得、稿酬所得、特许权使用费所得的，按次或者按月预扣预缴个人所得税。只有一次收入的，以取得该项收入为一次；属于同一事项连续取得收入的，以1个月内取得的收入为一次。

稿酬所得，以每次出版、发表取得的收入为一次。同一作品再版取得的所得，应视作另一次稿酬所得；同一作品先在报刊上连载，然后出版，或先出版，再在报刊上连载的，应视为两次稿酬所得；同一作品在报刊上连载取得收入的，以连载完成后取得的所有收入合并为一次；同一作品在出版和发表时，以预付稿酬或分次支付稿酬等形式取得的稿酬收入，应合并计算为一次；同一作品出版、发表后，因添加印数而追加稿酬的，应与以前出版、发表时取得的稿酬一并计算为一次。

具体计算公式如下：

每次收入不超过4 000元的，费用扣除标准为800元，应纳税所得额计算公式为：

应纳税所得额＝每次收入额－800

每次收入在4 000元以上的，应纳税所得额计算公式为：

应纳税所得额＝每次收入额×(1－20%)

其中，特许权使用费所得以收入减除费用后的余额为应纳税所得额，稿酬所得的应纳

税所得额为扣除费用后减按70%计算。

特许权使用费所得、稿酬所得适用税率为20%。

劳务报酬所得适用20%～40%税率，如表5-4所示。

表5-4　劳务报酬所得适用税率表

级数	每次应纳税所得额	税率（%）	速算扣除数
1	不超过20 000元的部分	20	0
2	超过20 000元至50 000元的部分	30	2 000
3	超过50 000元的部分	40	7 000

应纳税额的计算公式为：

劳务报酬所得应纳税额=预扣预缴应纳税所得额×预扣率－速算扣除数

稿酬、特许权使用费所得应纳税额=预扣预缴应纳税所得额×20%

【实务操作5-3】2019年张某一次性取得表演收入40 000元，计算其应预扣预缴的个人所得税。

解析：

应纳税所得额=40 000×(1－20%)=32 000(元)

应预扣预缴税额=32 000×30%－2 000=7 600(元)

【实务操作5-4】李某为某大学教授，2019年10月在本职工作之余为甲单位提供咨询服务取得收入10 000元，到乙学校讲学5次（其中10月讲学1次），每次收入均为2 000元。请计算王某10月应预扣预缴的个人所得税。

解析：李某当月收入是两次收入，即技术咨询为一次，10月讲学为一次。

应纳税额=10 000×(1－20%)×20%+（2 000－800)×20%=1 840（元）

【实务操作5-5】李教授在2019年6月为甲企业提供技术咨询服务，获得收入5 000元，为乙企业提供技术指导服务，获得收入6 000元，计算李教授当月应预扣预缴的个人所得税。

解析：李教授当月收入是两次收入，即技术咨询为一次，技术指导为一次。

应纳税额=5 000×(1－20%)×20%+6 000×(1－20%)×20%=1 760(元)

【实务操作5-6】国内某作家的一篇小说在一家晚报上连载，三个月的稿酬收入分别是3 000元、4 000元和5 000元。计算该作家三个月所获得稿酬应预扣预缴的个人所得税。

解析：同一作品在报刊上连载取得收入的，以连载完成后取得的所有收入合并为一次。

应预扣预缴税额=(3 000+4 000+5 000)×(1－20%)×20%×(1－30%)

=1 344(元)

【实务操作5-7】张晓将一项专利权转让给某企业，获得转让收入95 000元。请计算张晓应预扣预缴的个人所得税。

解析：

应预扣预缴税额=95 000×(1－20%)×20%=15 200(元)

3. 全年一次性奖金收入应纳税额的计算

全年一次性奖金是指行政机关、企事业单位等根据其全年经济效益和对雇员全年工作业绩的综合考核情况，向雇员发放的一次性奖金，也包括年终加薪、实行年薪制和绩效工资办法的单位根据考核情况兑现的年薪和绩效工资。

纳税人在 2019 年 1 月 1 日至 2021 年 12 月 31 日期间取得的全年一次性奖金，可以不并入当年综合所得，以奖金全额除以 12 个月的数额，按照综合所得月度税率表确定适用税率和速算扣除数，单独计算纳税，以避免部分纳税人因全年一次性奖金并入综合所得后提高适用税率。为进一步减轻纳税人负担，国家税务总局规定的全年一次性奖金单独计税优惠政策，执行期限延长至 2023 年 12 月 31 日。

（1）确定适用税率和速算扣除数，全年一次性奖金除以 12。

（2）计算应纳税额的公式为：

应纳税额＝全年一次性奖金×适用税率－速算扣除数

【提示 5－4】 在一个纳税年度内，对每一个纳税人，该计算办法只允许使用一次。如半年奖、季度奖、加班奖、先进奖、考勤奖等一律与工资、薪金收入合并，计算缴纳个人所得税。

【实务操作 5－8】 2019 年，某中国公民每月工资收入为 5 100 元，12 月底一次性取得全年奖金 12 000 元，计算其 12 月应纳的个人所得税。

解析：

工资收入应纳税额＝(5 100－5 000)×3%＝30(元)

将全年奖金 12 000 元除以 12，为 1 000 元，适用税率为 3%。

全年奖金应纳税额＝12 000×3%＝360(元)

12 月应缴纳的个人所得税＝30＋360＝390(元)

有问有答

问： 公司员工年底既有分红又有双薪，应如何缴纳个人所得税?

答： 分红是按利息、股息、红利所得项目单独按次计税，不与当月工资、薪金合并计税。个人取得年底双薪，如果其单位没有发放全年一次性奖金，可以按照全年一次性奖金计税办法计税。如果二者不在同一个月份内发放，应将年底双薪并入当月工资、薪金，统一按综合所得预扣预缴个人所得税。

4. 特定行业职工取得的工资、薪金所得的计税方法

因采掘业、远洋运输业、远洋捕捞业的职工工资、薪金收入呈较大幅度波动，对这三个行业的工资、薪金所得，可按月预缴，年度终了后，合计其全年工资、薪金所得，再按 12 个月平均计算实际应缴纳的税款，多退少补。计算公式为：

应纳税额＝[(全年工资、薪金收入÷12－费用扣除标准)×税率－速算扣除数]×12

为促进海运业发展，适应国内对海产品较快增长的需求，借鉴国际做法，从 2019 年 1 月 1 日起到 2023 年底，对一个纳税年度内在船航行超过 183 天的远洋船员，其工资、薪金收入减按 50%计入个人所得税应纳税所得额。

5. 不满 1 个月的工资、薪金所得的计税方法

在中国境内无住所的个人，仅就不满 1 个月期间的工资、薪金所得申报纳税的，应按全月工资、薪金所得计算实际应纳税额。计算公式如下：

$$\text{应纳税额}=\left(\frac{\text{当月工资薪金}}{\text{应纳税所得额}}\times\text{适用税率}-\text{速算扣除数}\right)\times\text{当月实际在华天数}\div\text{当月天数}$$

6. 个人取得退职费收入免征个人所得税的问题

(1) 取得符合退职条件并按规定的退职标准所领取的退职费，免税。

(2) 取得不符合退职条件和退职费标准的退职费，在取得当月按工资、薪金所得计算缴纳个人所得税。如一次取得较高退职费收入的，可视为其一次取得数月工资、薪金收入，以原每月工资、薪金收入总额为标准，划分为若干月份（最多6个月）工资计算个人所得税。

(3) 个人退职后6个月内又再次任职、受雇的，对个人已缴纳个人所得税的退职费收入，不再与再次任职、受雇取得的工资、薪金所得合并计算补缴个人所得税。

7. 退休人员再任职取得收入的计税方法

对退休工资免征个人所得税；退休人员再任职取得的收入，在减除规定的费用扣除标准后，按工资、薪金所得项目缴纳个人所得税。

8. 取得公务用车、通信补贴收入的计税方法

个人因公务用车和通信制度改革而取得的公务用车、通信补贴收入，扣除一定标准的公务费用后，按照工资、薪金所得项目计征个人所得税。按月发放的并入当月，不按月发放的分解到所属月份。

5.2.2　非居民个人综合所得应纳税额的计算

非居民个人取得工资、薪金所得，劳务报酬所得，稿酬所得和特许权使用费所得，有扣缴义务人的，由扣缴义务人按月或者按次代扣代缴税款，不办理汇算清缴。

5.2.2.1　应纳税所得额

非居民个人的工资、薪金所得，以每月收入额减除费用5 000元后的余额为应纳税所得额；劳务报酬所得、稿酬所得、特许权使用费所得，以每次收入额为应纳税所得额。

5.2.2.2　收入的确定

劳务报酬所得、稿酬所得、特许权使用费所得以收入减除20%的费用后的余额为收入额。稿酬所得的收入额减按70%计算。

5.2.2.3　税率

非居民个人的工资、薪金所得，劳务报酬所得，稿酬所得，特许权使用费所得适用按月换算后的非居民个人月度税率表，如表5-5所示。

表5-5　个人所得税税率表

（非居民个人工资、薪金所得，劳务报酬所得，稿酬所得，特许权使用费所得适用）

级数	应纳税所得额	税率（%）	速算扣除数
1	不超过3 000元的部分	3	0
2	超过3 000元至12 000元的部分	10	210
3	超过12 000元至25 000元的部分	20	1 410
4	超过25 000元至35 000元的部分	25	2 660
5	超过35 000元至55 000元的部分	30	4 410
6	超过55 000元至80 000元的部分	35	7 160
7	超过80 000元的部分	45	15 160

5.2.2.4 应纳税额的计算

应纳税额的计算公式为：

$$\frac{\text{非居民个人的工资、薪金所得，劳务报酬所得，}}{}\text{稿酬所得，特许权使用费所得应纳税额}=\text{应纳税所得额}\times\text{适用税率}-\text{速算扣除数}$$

【实务操作5-9】非居民个人提供技术咨询服务，获得收入20 000元，计算对这笔收入应代扣代缴的个人所得税。

解析：

代扣代缴的个人所得税＝20 000×(1－20％)×20％－1 410＝1 790(元)

有问有答

问：单位在过节期间发放给职工的实物福利，是否计征个人所得税？

答：根据现行《个人所得税法实施条例》的相关规定，个人所得的形式，包括现金、实物、有价证券和其他形式的经济利益。所得为实物的，应当按照取得的凭证上所注明的价格计算应纳税所得额。无凭证的实物或者凭证上所注明的价格明显偏低的，参照市场价格核定应纳税所得额。因此，单位在过节期间发放给职工的实物福利应并入职工工资、薪金所得计征个人所得税。

5.2.3 经营所得应纳税额的计算

5.2.3.1 应纳税所得额

个体工商户的生产、经营所得，以每一纳税年度的收入总额，减除成本、费用以及损失后的余额为应纳税所得额。这一规定表明，个体工商户的生产、经营所得的应纳税所得额应当为其每一纳税年度的收入总额减去成本、费用以及损失后所剩的余额。

这里的“纳税年度”是指自公历1月1日起至12月31日止；“成本、费用”是指纳税义务人从事生产、经营所发生的各项直接支出和分配计入成本的间接费用以及销售费用、管理费用、财务费用；“损失”是指纳税义务人在生产、经营过程中发生的各项营业外支出。

个体工商户的生产、经营所得和对企事业单位的承包经营、承租经营所得，适用5％～35％的超额累进税率。

个体工商户的生产、经营所得的应纳税所得额的计算公式为：

$$\text{个体工商户每一纳税年度生产、经营所得应纳税所得额}=\text{每一纳税年度收入总额}-\text{成本}-\text{费用}-\text{损失}$$

从事生产、经营的纳税义务人未提供完整、准确的纳税资料，不能正确计算应纳税所得额的，由主管税务机关核定其应纳税所得额。

5.2.3.2 费用扣除标准

(1) 个体工商户的费用扣除标准为60 000元/年，向其从业人员实际支付的合理的工资、薪金允许在税前据实扣除。个体工商户业主的工资、薪金支出不得税前扣除。

(2) 保险费和住房公积金的扣除。个体工商户按照国务院有关主管部门或者省级人民政府规定的范围和标准为其业主和从业人员缴纳的基本养老保险费、基本医疗保险费、失业保险费、生育保险费、工伤保险费和住房公积金，准予扣除。为支持个体工商户业主和从业人员建立补充养老保险和补充医疗保险，允许其对不超过规定标准的部分进行税前扣除。个体工商户为从业人员缴纳的补充养老保险费、补充医疗保险费，分别在不超过从业人员工资总额5%标准内的部分据实扣除；超过部分不得扣除。个体工商户业主本人缴纳的补充养老保险费、补充医疗保险费，以当地（地级市）上年度社会平均工资的3倍为计算基数，分别在不超过该计算基数5%标准内的部分据实扣除；超过部分不得扣除。除个体工商户依照国家有关规定为特殊工种从业人员支付的人身安全保险费和财政部、国家税务总局规定可以扣除的其他商业保险费外，个体工商户业主本人缴纳的或者为从业人员支付的商业保险费，不得扣除。个体工商户参加财产保险，按照规定缴纳的保险费，准予扣除。

个体工商户费用扣除的其他规定与企业所得税一致。

5.2.3.3　税率

个体工商户的生产、经营所得适用五级超额累进税率，见表5-6。

表5-6　个人所得税税率表

（个体工商户生产、经营所得适用）

级数	全年应纳税所得额	税率	速算扣除数
1	不超过30 000元的部分	5%	0
2	超过30 000元至90 000元的部分	10%	1 500
3	超过90 000元至300 000元的部分	20%	10 500
4	超过300 000元至500 000元的部分	30%	40 500
5	超过500 000元的部分	35%	65 500

5.2.3.4　应纳税额的计算

计算公式为：

应纳税额＝应纳税所得额×适用税率－速算扣除数

＝(全年收入总额－成本、费用、损失)×适用税率－速算扣除数

【实务操作5-10】某个体户2019年取得收入总额为120 000元，当年发生成本和费用86 000元（其中含业主每月工资3 000元）、损失2 000元。计算该个体户当年应缴纳的个人所得税。

解析：个体工商户业主的费用扣除标准为5 000元/月。

应纳税额＝[120 000－86 000－12×5 000＋3 000×12－2 000]×5%＝400(元)

【实务操作5-11】2019年3月1日，张红与某事业单位签订承包合同经营招待所，承包期为3年。2019年招待所实现承包经营利润135 000元，按合同规定，承包人每年应从承包经营利润中拿出2 0000元作为承包费上缴。计算承包人张红2019年应纳个人所得税。

解析：

年应纳税所得额＝承包经营利润－上缴费用－每月扣缴费用合计数

＝135 000－20 000－5 000×12＝55 000(元)

应纳税额=55 000×10%−1 500=4 000(元)

5.2.4 利息、股息、红利所得应纳税额的计算

5.2.4.1 应纳税所得额

应纳税所得额等于每次收入额，不扣除任何费用。

5.2.4.2 税率

利息、股息、红利所得适用的税率为20%。

5.2.4.3 每次收入的确定

以支付利息、股息、红利时取得的收入为一次。

5.2.4.4 应纳税额的计算

应纳税额的计算公式为：

应纳税额=应纳税所得额×税率=每次收入额×20%

5.2.5 财产租赁所得应纳税额的计算

5.2.5.1 应纳税所得额

(1) 每次收入不超过4 000元时，应纳税所得额的计算公式为：

应纳税所得额=每次(月)收入额−准予扣除项目−修缮费用(800元为限)−800

(2) 每次收入在4 000元以上时，应纳税所得额的计算公式为：

$$\text{应纳税所得额}=\left[\text{每次(月)收入额}-\text{准予扣除项目}-\text{修缮费用(800 元为限)}\right]\times(1-20\%)$$

5.2.5.2 费用扣除标准

(1) 财产租赁过程中缴纳的税费。

(2) 向出租方支付的租金。

(3) 由纳税人负担的该出租财产实际开支的修缮费用。

(4) 税法规定的费用扣除标准。

【提示5-5】准予扣除的项目除了规定费用和有关税费外，还准予扣除能够提供有效凭证由纳税人负担的修缮费用。允许扣除的修缮费用以每次800元为限，一次扣除不完的，准予在下一次继续扣除，直到扣完为止。

5.2.5.3 税率

财产租赁所得适用税率为20%，对个人出租住房取得的所得减按10%的税率征收。

5.2.5.4 每次收入的确定

以一个月内取得的收入为一次。

5.2.5.5 应纳税额的计算

应纳税额的计算公式为：

应纳税额=应纳税所得额×适用税率

【实务操作5-12】张红于2019年1月将其自有的房屋出租给田某居住，租期一年。张

红每月收取租金2 500元，每月缴纳有关税费200元。计算张红全年应缴纳的个人所得税。

解析：

每月应纳税额＝(2 500－200－800)×10％＝150(元)

全年应纳税额＝150×12＝1 800(元)

如果当年2月该房屋因下水道堵塞找人修理，发生修理费500元，有维修部门的正式收据，则张红应缴纳的个人所得税为：

2月应纳税额＝(2 500－200－500－800)×10％＝100(元)

全年应纳税额＝100＋150×11＝1 750(元)

【提示5-6】在实际征税过程中，有时会出现财产租赁所得的纳税人不明确的情况。对此，在确定财产租赁所得纳税人时，应以产权凭证为依据。无产权凭证的，由主管税务机关根据实际情况确定纳税人。如果产权所有人死亡，在未办理产权继承手续期间，该财产出租且有租金收入的，以领取租金收入的个人为纳税人。

5.2.6　财产转让所得应纳税额的计算

5.2.6.1　应纳税所得额

应纳税所得额的计算公式为：

应纳税所得额＝收入总额－财产原值－合理税费

5.2.6.2　原值的确定

(1) 有价证券：

原值＝买价＋买入时的有关税费

(2) 建筑物：

原值＝建造费＋买入时的有关税费

(3) 土地使用权：

原值＝取得土地使用权所支付的金额＋开发土地的费用＋有关税费

(4) 机器设备、车船：

原值＝购进价格＋运输费＋安装费＋有关税费

5.2.6.3　合理税费

税金是指纳税人在转让住房时实际缴纳的城建税、教育费附加、土地增值税、印花税等；费用是指纳税人按照规定实际支付的住房装修费用、住房贷款利息、手续费、公证费等。

5.2.6.4　税率

财产转让所得的适用税率为20％。

5.2.6.5　每次收入的确定

一件财产的所有权一次转让取得的收入为一次。

5.2.6.6　应纳税额的计算

应纳税额的计算公式为：

应纳税额＝应纳税所得额×适用税率

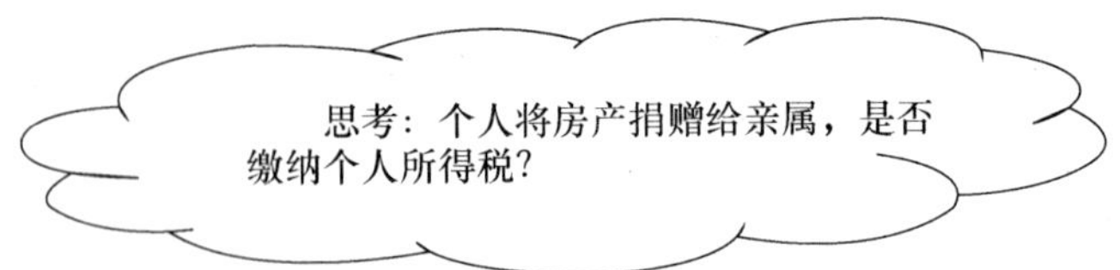

【实务操作 5-13】 2019 年 1 月，张某通过房屋中介机构将 2012 年以 50 万元购入的房屋出售，售价 120 万元，支付相关税费 6.6 万元，中介机构扣除相关手续费 0.2 万元，余款转给张某。计算张某应缴纳的个人所得税。

解析：

应纳税所得额＝120－50－(6.6＋0.2)＝63.2(万元)

应纳税额＝63.2×20％＝12.64(万元)

【提示 5-7】 受赠人取得赠予人无偿赠予的不动产后，再次转让该项不动产的，以财产转让收入减除受赠、转让住房过程中缴纳的税金及有关合理费用后的余额为应纳税所得额。

【实务操作 5-14】 2019 年 9 月，王某将受赠的一辆汽车转让，获得收入 18 万元，支付相关税费 1.35 万元，该车原值为 16 万元。他又将原值为 60 万元的私有住房一套出售，取得转让收入 85 万元，转让时支付有关税费 5 万元。请计算王某 9 月应缴纳的个人所得税。

解析：

转让汽车应纳税额＝(18－1.35)×20％＝3.33(万元)

出售住房应纳税额＝(85－60－5)×20％＝4(万元)

9 月共缴纳税额＝3.33＋4＝7.33(万元)

有问有答

问： 夫妻离婚后，共同拥有的一套房屋归属于一方，其将房屋转让给他人，应如何计算个人所得税？

答：《国家税务总局关于明确个人所得税若干政策执行问题的通知》（国税发〔2009〕121 号）第四条第二项规定：个人转让离婚财产房屋所取得的收入，允许扣除其相应的财产原值和合理费用后，依余额按照规定的税率缴纳个人所得税。

5.2.7 偶然所得应纳税额的计算

偶然所得应纳税额的计算公式为：

应纳税额＝应纳税所得额×适用税率＝每次收入额×20％

【实务操作 5-15】 中国公民张三于 2019 年 2 月中奖，取得偶然所得 2 万元，支付单位应代扣代缴多少个人所得税？

解析：

应纳税所得额＝每次收入额＝20 000(元)

应纳税额＝应纳税所得额×适用税率＝每次收入额×20％

代扣代缴个人所得税＝20 000×20％＝4 000(元)

有问有答

问：彩票中奖，如何缴纳个人所得税?

答：《中华人民共和国个人所得税法》规定，偶然所得和其他所得适用比例税率，税率为 20%；但是，《财政部 国家税务总局关于个人取得体育彩票中奖所得征免个人所得税问题的通知》规定，凡一次中奖超过 1 万元的，应按税法规定全额征收 20%的个人所得税。

5.2.8　特殊问题应纳税额的计算

模拟申报

中国公民张山为某上市公司的部门经理，假定 2019 年度其收入情况如下：

(1) 雇佣单位每月支付工资、薪金 9 680 元。

(2) 购买体育彩票中奖 38 000 元。

(3) 拍卖自己的文字作品手稿原件取得 8 000 元，拍卖收藏多年的文物取得 32 000 元，不能准确提供该文物的原值。

假定张山有一个孩子在读高中，父母均已 60 岁以上，且自己为独生子女。

要求：(1) 计算张山 1 月、2 月工资应预缴的个人所得税。

(2) 计算体育彩票中奖应缴纳的个人所得税。

(3) 计算拍卖自己的文字作品手稿和文物应缴纳的个人所得税。

解析：

(1) 1 月应预扣预缴个人所得税＝(9 680－5 000－1 000－2 000)×3%＝50.4 (元)。

2 月应预扣预缴个人所得税额＝(9 680×2－5 000×2－1 000×2－2 000×2)×3%－50.4＝50.4 (元)。

(2) 彩票中奖应缴纳的个人所得税＝38 000×20%＝7 600 (元)。

(3) 拍卖文字手稿按特许权使用费计税，应缴纳的个人所得税＝8 000×(1－20%)×20%＝1 280 (元)。

拍卖文物按照财产转让所得计税，无法确定原值的，按照 3%的征收率计税。应缴纳的个人所得税＝32 000×3%＝960 (元)。

张山共缴纳个人所得税＝50.4＋50.4＋7 600＋1 280＋960＝9 940.8(元)

思考：如何帮助张山填制个人所得税扣缴申报表?

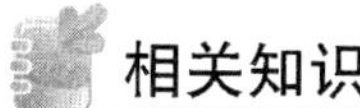

相关知识

个人所得税扣缴申报表(见表 5－7)及填表说明如下。

表 5-7　个人所得税扣缴申报表

税款所属期：　　年　月　日至　　年　月　日

扣缴义务人名称：

扣缴义务人纳税人识别号（统一社会信用代码）：□□□□□□□□□□□□□□□□□□

金额单位：人民币元（列至角分）

							本月（次）情况														累计情况											税款计算							
							收入额计算				专项扣除				其他扣除									累计专项附加扣除															
序号	姓名	身份证件类型	身份证件号码	纳税人识别号	是否为非居民个人	所得项目	收入	费用	免税收入	减除费用	基本养老保险费	基本医疗保险费	失业保险费	住房公积金	年金	商业健康保险	税延养老保险	财产原值	允许扣除的税费	其他	累计收入额	累计减除费用	累计专项扣除	子女教育	赡养老人	住房贷款利息	住房租金	继续教育	累计其他扣除	减按计税比例	准予扣除的捐赠额	应纳税所得额	税率/预扣率	速算扣除数	应纳税额	减免税额	已缴税额	应补/退税额	备注
1	2	3	4	5	6	7	8	9	10	11	12	13	14	15	16	17	18	19	20	21	22	23	24	25	26	27	28	29	30	31	32	33	34	35	36	37	38	39	40
合计																																							

谨声明：本表是根据国家税收法律法规及相关规定填报的，是真实的、可靠的、完整的。

扣缴义务人（签章）：　　年　月　日

经办人签字： 经办人身份证件号码： 代理机构签章： 代理机构统一社会信用代码：	受理人： 受理税务机关（章）： 受理日期：　　年　月　日

国家税务总局监制

《个人所得税扣缴申报表》填表说明

一、适用范围

本表适用于扣缴义务人向居民个人支付工资、薪金，劳务报酬，稿酬和特许权使用费的个人所得税全员全额预扣预缴申报；向非居民个人支付工资、薪金，劳务报酬，稿酬和特许权使用费的个人所得税全员全额扣缴申报；向纳税人（居民个人和非居民个人）支付利息、股息、红利，财产租赁所得，财产转让所得和偶然所得的个人所得税全员全额扣缴申报。

二、报送期限

扣缴义务人应当在每月或者每次预扣、代扣税款的次月 15 日内，将已扣税款缴入国库，并向税务机关报送本表。

三、本表各栏填写

（一）表头项目

1. 税款所属期：填写扣缴义务人预扣、代扣税款当月的第 1 日至最后 1 日。如 2019 年 3 月 20 日发放工资时代扣的税款，税款所属期填写“2019 年 3 月 1 日至 2019 年 3 月 31 日”。

2. 扣缴义务人名称：填写扣缴义务人的法定名称全称。

3. 扣缴义务人纳税人识别号（统一社会信用代码）：填写扣缴义务人的纳税人识别号或者统一社会信用代码。

（二）表内各栏

1. 第 2 列“姓名”：填写纳税人姓名。

2. 第 3 列“身份证件类型”：填写纳税人有效的身份证件名称。中国公民有中华人民共和国居民身份证的，填写居民身份证；没有居民身份证的，填写中华人民共和国护照、港澳居民来往内地通行证或者港澳居民居住证、台湾居民通行证或者台湾居民居住证、外国人永久居留身份证、外国人工作许可证或者护照等。

3. 第 4 列“身份证件号码”：填写纳税人有效身份证件上载明的证件号码。

4. 第 5 列“纳税人识别号”：有中国居民身份证号码的，填写中华人民共和国居民身份证上载明的“公民身份号码”；没有中国居民身份证号码的，填写税务机关赋予的纳税人识别号。

5. 第 6 列“是否为非居民个人”：纳税人为居民个人的，填“否”。纳税人为非居民个人的，根据合同、任职期限、预期工作时间等不同情况，填写“是，且不超过 90 天”或者“是，且超过 90 天不超过 183 天”。不填默认为“否”。

其中，纳税人为非居民个人的，填写“是，且不超过 90 天”的；当年在境内实际居住超过 90 天的次月 15 日内，填写“是，且超过 90 天不超过 183 天”。

6. 第 7 列“所得项目”：填写纳税人取得的《中华人民共和国个人所得税法》第二条规定的应税所得项目名称。同一纳税人取得多项或者多次所得的，应分行填写。

7. 第 8～21 列“本月（次）情况”：填写扣缴义务人当月（次）支付给纳税人的所得，以及按规定各所得项目当月（次）可扣除的减除费用、专项扣除、其他扣除等。其中，工资、薪金所得预扣预缴个人所得税时扣除的专项附加扣除，按照纳税年度内纳税人在该任职受雇单位截至当月可享受的各专项附加扣除项目的扣除总额，填写至“累计情况”中第 25～29 列相应栏，本月（次）情况中则无须填写。

(1)“收入额计算”：包含“收入”“费用”“免税收入”。收入额＝第 8 列－第 9 列－第 10 列。

1）第 8 列“收入”：填写当月（次）扣缴义务人支付给纳税人所得的总额。

2）第 9 列“费用”：取得劳务报酬所得、稿酬所得、特许权使用费所得时填写，取得其他各项所得时无须填写。居民个人取得上述所得，每次收入不超过 4 000 元的，费用填写“800”元；每次收入 4 000 元以上的，费用按收入的 20%填写。非居民个人取得劳务报酬所得、稿酬所得、特许权使用费所得，费用按收入的 20%填写。

3）第 10 列“免税收入”：填写纳税人各所得项目收入总额中，包含的税法规定的免税收入金额。其中，税法规定“稿酬所得的收入额减按 70%计算”，对稿酬所得的收入额减计的 30%部分，填入本列。

（2）第 11 列“减除费用”：按税法规定的减除费用标准填写。如 2019 年纳税人取得工资、薪金所得按月申报时，填写 5 000 元。纳税人取得财产租赁所得，每次收入不超过 4 000 元的，填写 800 元；每次收入在 4 000 元以上的，按收入的 20%填写。

（3）第 12～15 列“专项扣除”：分别填写按规定允许扣除的基本养老保险费、基本医疗保险费、失业保险费、住房公积金（以下简称“三险一金”）的金额。

（4）第 16～21 列“其他扣除”：分别填写按规定允许扣除的项目金额。

8. 第 22～30 列“累计情况”：本栏适用于居民个人取得工资、薪金所得，保险营销员、证券经纪人取得佣金收入等按规定采取累计预扣法预扣预缴税款时填报。

（1）第 22 列“累计收入额”：填写本纳税年度截至当前月份，扣缴义务人支付给纳税人的工资、薪金所得，或者支付给保险营销员、证券经纪人的劳务报酬所得的累计收入额。

（2）第 23 列“累计减除费用”：按照 5 000 元/月乘以纳税人当年在本单位的任职受雇或者从业的月份数计算。

（3）第 24 列“累计专项扣除”：填写本年度截至当前月份，按规定允许扣除的“三险一金”的累计金额。

（4）第 25～29 列“累计专项附加扣除”：分别填写截至当前月份，纳税人按规定可享受的子女教育、赡养老人、住房贷款利息或者住房租金、继续教育扣除的累计金额。大病医疗扣除由纳税人在年度汇算清缴时办理，此处无须填报。

（5）第 30 列“累计其他扣除”：填写本年度截至当前月份，按规定允许扣除的年金（包括企业年金、职业年金）、商业健康保险、税延养老保险及其他扣除项目的累计金额。

9. 第 31 列“减按计税比例”：填写按规定实行应纳税所得额减计税收优惠的减计比例。无减计规定的，可不填，系统默认为 100%。如某项税收政策实行减按 60%计入应纳税所得额，则本列填 60%。

10. 第 32 列“准予扣除的捐赠额”：是指按照税法及相关法规、政策规定，可以在税前扣除的捐赠额。

11. 第 33～39 列“税款计算”：填写扣缴义务人当月扣缴个人所得税款的计算情况。

（1）第 33 列“应纳税所得额”：根据相关列次计算填报。

1）居民个人取得工资、薪金所得，填写累计收入额减除累计减除费用、累计专项扣除、累计专项附加扣除、累计其他扣除后的余额。

2）非居民个人取得工资、薪金所得，填写收入额减去减除费用后的余额。

3）居民个人或者非居民个人取得劳务报酬所得、稿酬所得、特许权使用费所得，填写本月（次）收入额减除其他扣除后的余额。

保险营销员、证券经纪人取得的佣金收入，填写累计收入额减除累计减除费用、累计其他扣除后的余额。

4）居民个人或者非居民个人取得利息、股息、红利所得和偶然所得，填写本月（次）收入额。

5）居民个人或者非居民个人取得财产租赁所得，填写本月（次）收入额减去减除费用、其他扣除后的余额。

6）居民个人或者非居民个人取得财产转让所得，填写本月（次）收入额减除财产原值、允许扣除的税费后的余额。

其中，适用“减按计税比例”的所得项目，其应纳税所得额按上述方法计算后乘以减按计税比例的金额填报。

按照税法及相关法规、政策的规定，可以在税前扣除的捐赠额，可以按上述方法计算后从应纳税所得额中扣除。

（2）第 34、35 列“税率/预扣率”“速算扣除数”：填写各所得项目按规定适用的税率（或预扣率）和速算扣除数。若没有速算扣除数的，则不填。

（3）第 36 列“应纳税额”：根据相关列次计算填报。第 36 列＝第 33 列×第 34 列－第 35 列。

（4）第 37 列“减免税额”：填写符合税法规定可减免的税额，并附报《个人所得税减免税事项报告表》。居民个人工资、薪金所得，以及保险营销员、证券经纪人取得佣金收入，填写本年度累计减免税额；居民个人取得工资、薪金以外的所得或非居民个人取得各项所得，填写本月（次）减免税额。

（5）第38列“已缴税额”：填写本年或本月（次）纳税人同一所得项目，已由扣缴义务人实际扣缴的税款金额。

（6）第39列“应补/退税额”：根据相关列次计算填报。第39列=第36列-第37列-第38列。

四、其他事项说明

以纸质方式报送本表的，应当一式两份，扣缴义务人、税务机关各留存一份。

学习子情境5.3 纳税申报

个人所得税的纳税申报方式有自行申报纳税和代扣代缴两种。

5.3.1 自行申报纳税

自行申报纳税，是由纳税人自行在税法规定的纳税期限内，向税务机关申报取得的应税所得项目和数额，如实填报个人所得税纳税申报表，并按规定计算应纳税额，据此缴纳个人所得税的一种方法。

5.3.1.1 自行申报纳税义务人

1. 取得综合所得需要办理汇算清缴的纳税申报

取得综合所得且符合下列情形之一的纳税人，应当依法办理汇算清缴：

（1）从两处以上取得综合所得，且综合所得年收入额减除专项扣除后的余额超过6万元。

（2）取得劳务报酬所得、稿酬所得、特许权使用费所得中一项或者多项所得，且综合所得年收入额减除专项扣除的余额超过6万元。

（3）纳税年度内预缴税额低于应纳税额。

（4）纳税人申请退税。

需要办理汇算清缴的纳税人，应当在取得所得的次年3月1日至6月30日内，向任职、受雇单位所在地主管税务机关办理纳税申报，并报送《个人所得税年度自行纳税申报表》（见表5-8）。纳税人有两处以上任职、受雇单位的，选择向其中一处任职、受雇单位所在地主管税务机关办理纳税申报；纳税人没有任职、受雇单位的，向户籍所在地或经常居住地主管税务机关办理纳税申报。

表5-8 个人所得税年度自行纳税申报表

税款所属期：　　年　　月　　日至　　年　　月　　日

纳税人姓名：

纳税人识别号：□□□□□□□□□□□□□□□□□□□□□□□□　　金额单位：人民币元（列至角分）

项目	行次	金额
一、收入合计（1=2+3+4+5）	1	
（一）工资、薪金所得	2	
（二）劳务报酬所得	3	
（三）稿酬所得	4	
（四）特许权使用费所得	5	

续表

二、费用合计	6	
三、免税收入合计	7	
四、减除费用	8	
五、专项扣除合计（9＝10＋11＋12＋13）	9	
（一）基本养老保险费	10	
（二）基本医疗保险费	11	
（三）失业保险费	12	
（四）住房公积金	13	
六、专项附加扣除合计（14＝15＋16＋17＋18＋19＋20）	14	
（一）子女教育	15	
（二）继续教育	16	
（三）大病医疗	17	
（四）住房贷款利息	18	
（五）住房租金	19	
（六）赡养老人	20	
七、其他扣除合计（21＝22＋23＋24＋25＋26）	21	
（一）年金	22	
（二）商业健康保险	23	
（三）税延养老保险	24	
（四）允许扣除的税费	25	
（五）其他	26	
八、准予扣除的捐赠额	27	
九、应纳税所得额（28＝1－6－7－8－9－14－21－27）	28	
十、税率（%）	29	
十一、速算扣除数	30	
十二、应纳税额（31＝28×29－30）	31	
十三、减免税额	32	
十四、已缴税额	33	
十五、应补/退税额（34＝31－32－33）	34	

无住所个人附报信息			
在华停留天数		在华已停留年数	
谨声明：本表是根据国家税收法律法规及相关规定填报的，是真实的、可靠的、完整的。 纳税人签字：　　　年　月　日			
经办人签字： 经办人身份证件号码： 代理机构签章： 代理机构统一社会信用代码：		受理人： 受理税务机关（章）： 受理日期：　　年　月　日	

国家税务总局监制

纳税人办理综合所得汇算清缴，应当准备与收入、专项扣除、专项附加扣除、依法确定的其他扣除、捐赠、享受税收优惠等相关的资料，并按规定留存备查或报送。

为进一步减轻纳税人的税收负担，2019 年 1 月 1 日至 2020 年 12 月 31 日，居民个人取得的综合所得，年度综合所得收入不超过 12 万元且需要汇算清缴补税的，或者年度汇算清缴补税金额不超过 400 元的，居民个人可免于办理个人所得税综合所得汇算清缴。居民个人取得综合所得时存在扣缴义务人未依法预扣预缴税款的情形除外。

残疾、孤老人员和烈属取得综合所得办理汇算清缴时，汇算清缴地与预扣预缴地规定不一致的，用预扣预缴地规定计算的减免税额与用汇算清缴地规定计算的减免税额相比较，按照孰高值确定减免税额。

居民个人填报专项附加扣除信息存在明显错误，经税务机关通知，居民个人拒不更正或者不说明情况的，税务机关可暂停纳税人享受专项附加扣除。居民个人按规定更正相关信息或者说明情况后，经税务机关确认，居民个人可继续享受专项附加扣除，以前月份未享受扣除的，可按规定追补扣除。

2. 取得经营所得的纳税申报

个体工商户业主、个人独资企业投资者、合伙企业个人合伙人、承包承租经营者个人以及其他从事生产、经营活动的个人取得经营所得，包括以下情形：

（1）个体工商户从事生产、经营活动取得的所得，个人独资企业的投资者、合伙企业的个人合伙人来源于境内注册的个人独资企业、合伙企业生产、经营的所得。

（2）个人依法从事办学、医疗、咨询以及其他有偿服务活动取得的所得。

（3）个人对企业、事业单位承包经营、承租经营以及转包、转租取得的所得。

（4）个人从事其他生产、经营活动取得的所得。

纳税人取得经营所得，按年计算个人所得税，由纳税人在月度或季度终了后 15 日内，向经营管理所在地主管税务机关办理预缴纳税申报，并报送《个人所得税经营所得纳税申报表（A 表）》（见表 5-9）。在取得所得的次年 3 月 31 日前，向经营管理所在地主管税务机关办理汇算清缴，并报送《个人所得税经营所得纳税申报表（B 表）》（见表 5-10）。从两处以上取得经营所得的，选择向其中一处经营管理所在地主管税务机关办理年度汇总申报，并报送《个人所得税经营所得纳税申报表（C 表）》（见表 5-11）。

表 5-9　个人所得税经营所得纳税申报表（A 表）

税款所属期：　　年　　月　　日至　　年　　月　　日

纳税人姓名：

纳税人识别号：□□□□□□□□□□□□□□□□□□□□□　　金额单位：人民币元（列至角分）

被投资单位信息	名称		纳税人识别号（统一社会信用代码）	
征收方式	□查账征收（据实预缴）　□查账征收（按上年应纳税所得额预缴） □核定应税所得率征收　□核定应纳税所得额征收 □税务机关认可的其他方式______			

项目	行次	金额/比例
一、收入总额	1	
二、成本费用	2	
三、利润总额（3=1-2）	3	
四、弥补以前年度亏损	4	
五、应税所得率（%）	5	

续表

六、合伙企业个人合伙人分配比例（%）	6	
七、允许扣除的个人费用及其他扣除（7＝8＋9＋14）	7	
（一）投资者减除费用	8	
（二）专项扣除（9＝10＋11＋12＋13）	9	
1. 基本养老保险费	10	
2. 基本医疗保险费	11	
3. 失业保险费	12	
4. 住房公积金	13	
（三）依法确定的其他扣除（14＝15＋16＋17）	14	
1.	15	
2.	16	
3.	17	
八、应纳税所得额	18	
九、税率（%）	19	
十、速算扣除数	20	
十一、应纳税额（21＝18×19－20）	21	
十二、减免税额（附报《个人所得税减免税事项报告表》）	22	
十三、已缴税额	23	
十四、应补/退税额（24＝21－22－23）	24	
谨声明：本表是根据国家税收法律法规及相关规定填报的，是真实的、可靠的、完整的。 纳税人签字：　　年　月　日		
经办人： 经办人身份证件号码： 代理机构签章： 代理机构统一社会信用代码：	受理人： 受理税务机关（章）： 受理日期：　　年　月　日	

国家税务总局监制

表 5-10　个人所得税经营所得纳税申报表（B 表）

税款所属期：　　年　　月　　日至　　年　　月　　日

纳税人姓名：

纳税人识别号：□□□□□□□□□□□□□□□□□□　　金额单位：人民币元（列至角分）

被投资单位信息	名称		纳税人识别号（统一社会信用代码）	
项目			行次	金额/比例
一、收入总额			1	
其中：国债利息收入			2	
二、成本费用（3＝4＋5＋6＋7＋8＋9＋10）			3	
（一）营业成本			4	
（二）营业费用			5	
（三）管理费用			6	

续表

（四）财务费用	7	
（五）税金	8	
（六）损失	9	
（七）其他支出	10	
三、利润总额（11＝1－2－3）	11	
四、纳税调整增加额（12＝13＋27）	12	
（一）超过规定标准的扣除项目金额（13＝14＋15＋16＋17＋18＋19＋20＋21＋22＋23＋24＋25＋26）	13	
1. 职工福利费	14	
2. 职工教育经费	15	
3. 工会经费	16	
4. 利息支出	17	
5. 业务招待费	18	
6. 广告费和业务宣传费	19	
7. 教育和公益事业捐赠	20	
8. 住房公积金	21	
9. 社会保险费	22	
10. 折旧费用	23	
11. 无形资产摊销	24	
12. 资产损失	25	
13. 其他	26	
（二）不允许扣除的项目金额（27＝28＋29＋30＋31＋32＋33＋34＋35＋36）	27	
1. 个人所得税税款	28	
2. 税收滞纳金	29	
3. 罚金、罚款和被没收财物的损失	30	
4. 不符合扣除规定的捐赠支出	31	
5. 赞助支出	32	
6. 用于个人和家庭的支出	33	
7. 与取得生产经营收入无关的其他支出	34	
8. 投资者工资、薪金支出	35	
9. 其他不允许扣除的支出	36	
五、纳税调整减少额	37	
六、纳税调整后所得（38＝11＋12－37）	38	
七、弥补以前年度亏损	39	
八、合伙企业个人合伙人分配比例（%）	40	
九、允许扣除的个人费用及其他扣除（41＝42＋43＋48＋55）	41	
（一）投资者减除费用	42	
（二）专项扣除（43＝44＋45＋46＋47）	43	
1. 基本养老保险费	44	
2. 基本医疗保险费	45	
3. 失业保险费	46	
4. 住房公积金	47	

续表

（三）专项附加扣除（48＝49＋50＋51＋52＋53＋54）	48	
1. 子女教育	49	
2. 继续教育	50	
3. 大病医疗	51	
4. 住房贷款利息	52	
5. 住房租金	53	
6. 赡养老人	54	
（四）依法确定的其他扣除（55＝56＋57＋58＋59）	55	
1. 商业健康保险	56	
2. 税延养老保险	57	
3.	58	
4.	59	
十、投资抵扣	60	
十一、准予扣除的个人捐赠支出	61	
十二、应纳税所得额（62＝38－39－41－60－61）或[62＝(38－39)×40－41－60－61]	62	
十三、税率（%）	63	
十四、速算扣除数	64	
十五、应纳税额（65＝62×63－64）	65	
十六、减免税额（附报《个人所得税减免税事项报告表》）	66	
十七、已缴税额	67	
十八、应补/退税额（68＝65－66－67）	68	
谨声明：本表是根据国家税收法律法规及相关规定填报的，是真实的、可靠的、完整的。 纳税人签字：　　　年　月　日		
经办人： 经办人身份证件号码： 代理机构签章： 代理机构统一社会信用代码：	受理人： 受理税务机关（章）： 受理日期：　　年　月　日	

国家税务总局监制

表 5-11　个人所得税经营所得纳税申报表（C 表）

税款所属期：　　年　月　日至　　年　月　日

纳税人姓名：

纳税人识别号：□□□□□□□□□□□□□□□□□□　　金额单位：人民币元（列至角分）

			单位名称	纳税人识别号（统一社会信用代码）	投资者应纳税所得额
被投资单位信息	汇总地				
	非汇总地	1			
		2			
		3			
		4			
		5			

续表

项目	行次	金额/比例
一、投资者应纳税所得额合计	1	
二、应调整的个人费用及其他扣除（2=3+4+5+6）	2	
（一）投资者减除费用	3	
（二）专项扣除	4	
（三）专项附加扣除	5	
（四）依法确定的其他扣除	6	
三、应调整的其他项目	7	
四、调整后应纳税所得额（8=1+2+7）	8	
五、税率（%）	9	
六、速算扣除数	10	
七、应纳税额（11=8×9−10）	11	
八、减免税额（附报《个人所得税减免税事项报告表》）	12	
九、已缴税额	13	
十、应补/退税额（14=11−12−13）	14	
谨声明：本表是根据国家税收法律法规及相关规定填报的，是真实的、可靠的、完整的。 纳税人签字： 年 月 日		
经办人： 经办人身份证件号码： 代理机构签章： 代理机构统一社会信用代码：	受理人： 受理税务机关（章）： 受理日期： 年 月 日	

国家税务总局监制

3. 取得应税所得，扣缴义务人未扣缴税款的纳税申报

纳税人取得应税所得，扣缴义务人未扣缴税款的，应当区别以下情形办理纳税申报：

（1）居民个人取得综合所得的，按照汇算清缴规定申报。

（2）非居民个人取得工资、薪金所得，劳务报酬所得，稿酬所得，特许权使用费所得的，应当在取得所得的次年6月30日前，向扣缴义务人所在地主管税务机关办理纳税申报，并报送《个人所得税自行纳税申报表（A表）》（见表5-12）。有两个以上扣缴义务人均未扣缴税款的，选择向其中一处扣缴义务人所在地主管税务机关办理纳税申报。非居民个人在次年6月30日前离境（临时离境除外）的，应当在离境前办理纳税申报。

（3）纳税人取得利息、股息、红利所得，财产租赁所得，财产转让所得和偶然所得的，应当在取得所得的次年6月30日前，按相关规定向主管税务机关办理纳税申报，并报送《个人所得税自行纳税申报表（A表）》。

4. 取得境外所得的纳税申报

居民个人从中国境外取得所得的，应当在取得所得的次年3月1日至6月30日内，向中国境内任职、受雇单位所在地主管税务机关办理纳税申报；在中国境内没有任职、受雇单位的，向户籍所在地或中国境内经常居住地主管税务机关办理纳税申报；户籍所在地与中国境内经常居住地不一致的，选择其中一地主管税务机关办理纳税申报；在中国境内没有户籍的，向中国境内经常居住地主管税务机关办理纳税申报。

表 5-12　个人所得税自行纳税申报表（A 表）

税款所属期：自　　年　　月　　日至　　年　　月　　日　　　　金额单位：人民币元（列至角分）

姓名		国籍（地区）		身份证件类型		身份证件号码	

自行申报情形　□从中国境内两处或者两处以上取得工资、薪金所得　□没有扣缴义务人　□其他情形

任职受雇单位名称	所得期间	所得项目	收入额	免税所得	税前扣除项目								减除费用	准予扣除的捐赠额	应纳税所得额	税率%	速算扣除数	应纳税额	减免税额	已缴税额	应补（退）税额
					基本养老保险费	基本医疗保险费	失业保险费	住房公积金	财产原值	允许扣除的税费	其他	合计									
1	2	3	4	5	6	7	8	9	10	11	12	13	14	15	16	17	18	19	20	21	22

谨声明：此表是根据《中华人民共和国个人所得税法》及其实施条例和国家相关法律法规的规定填写的，是真实的、完整的、可靠的。

纳税人签字：　　　　年　　月　　日

代理机构（人）公章： 经办人： 经办人执业证件号码：	主管税务机关受理专用章： 受理人：
代理申报日期：　　年　　月　　日	受理日期：　　年　　月　　日

5. 因移居境外注销中国户籍的纳税申报

纳税人因移居境外注销中国户籍的，应当在申请注销中国户籍前，向户籍所在地主管税务机关办理纳税申报，进行税款清算。

（1）纳税人在注销户籍年度取得综合所得的，应当在注销户籍前，办理当年综合所得的汇算清缴，并报送《个人所得税年度自行纳税申报表》。尚未办理上一年度综合所得汇算清缴的，应当在办理注销户籍纳税申报时一并办理。

（2）纳税人在注销户籍年度取得经营所得的，应当在注销户籍前，办理当年经营所得的汇算清缴，并报送《个人所得税经营所得纳税申报表（B表）》。从两处以上取得经营所得的，还应当一并报送《个人所得税经营所得纳税申报表（C表）》。尚未办理上一年度经营所得汇算清缴的，应当在办理注销户籍纳税申报时一并办理。

（3）纳税人在注销户籍当年取得利息、股息、红利所得，财产租赁所得，财产转让所得和偶然所得的，应当在注销户籍前，申报当年上述所得的完税情况，并报送《个人所得税自行纳税申报表（A表）》。

（4）纳税人未缴或者少缴税款的，应当在注销户籍前，结清欠缴或未缴的税款。纳税人存在分期缴税且未缴纳完毕的，应当在注销户籍前，结清尚未缴纳的税款。

（5）纳税人办理注销户籍纳税申报时，需要办理专项附加扣除、依法确定的其他扣除的，应当向税务机关报送《个人所得税专项附加扣除信息表》《商业健康保险税前扣除情况明细表》《个人税收递延型商业养老保险税前扣除情况明细表》等。

6. 非居民个人在中国境内从两处以上取得工资、薪金所得的纳税申报

非居民个人在中国境内从两处以上取得工资、薪金所得的，应当在取得所得的次月15日内，向其中一处任职、受雇单位所在地主管税务机关办理纳税申报，并报送《个人所得税自行纳税申报表（A表）》。

7. 国务院规定其他情形

纳税人可以采用远程办税端、邮寄等方式申报，也可以直接到主管税务机关申报。

5.3.1.2　自行申报纳税的方式

纳税人可以采取直接申报、数据电文、邮寄等方式申报。纳税人采取邮寄方式申报的，以寄出的邮戳日期为实际申报日期。

5.3.1.3　自行申报纳税的地点

（1）在中国境内有任职、受雇单位的，向任职、受雇单位所在地主管税务机关申报。

（2）在中国境内有两处以上任职、受雇单位的，选择并固定向其中一处单位所在地主管税务机关申报。

（3）在中国境内无任职、受雇单位，年所得项目中有个体工商户的生产、经营所得或者对企事业单位的承包经营、承租经营所得的，向其中一处实际经营所在地主管税务机关申报。

（4）在中国境内无任职、受雇单位，年所得项目中无生产、经营所得的，向户籍所在地主管税务机关申报。在中国境内没有户籍的，向中国境内经常居住地主管税务机关申报。

（5）取得其他所得的纳税人，纳税申报地点分别为：

1）从两处或者两处以上取得工资、薪金所得的，选择并固定向其中一处单位所在地

主管税务机关申报。

2）从中国境外取得所得的，向中国境内户籍所在地主管税务机关申报。在中国境内没有户籍的，向中国境内经常居住地主管税务机关申报。

3）个体工商户向实际经营所在地主管税务机关申报。

4）个人独资、合伙企业投资者举办两个或两个以上企业的，区分不同情形确定纳税申报地点：兴办的企业全部是个人独资性质的，分别向各企业的实际经营管理所在地主管税务机关申报；兴办的企业中含有合伙性质的，向经常居住地主管税务机关申报；兴办的企业中含有合伙性质，个人投资者经常居住地与其兴办企业的经营管理所在地不一致的，选择并固定向其参与兴办的某一合伙企业的经营管理所在地主管税务机关申报；除以上情形外，纳税人应当向取得所得的所在地主管税务机关申报。

5）在中国境内没有任职、受雇单位的，向户籍所在地或中国境内经常居住地主管税务机关办理纳税申报；户籍所在地与中国境内经常居住地不一致的，选择其中一地主管税务机关办理纳税申报；在中国境内没有户籍的，向中国境内经常居住地主管税务机关办理纳税申报。

6）纳税人因移居境外注销中国户籍的，应当在申请注销中国户籍前，向户籍所在地主管税务机关办理纳税申报，进行税款清算。

纳税人不得随意变更纳税申报地点，因特殊情况变更纳税申报地点的，须报原主管税务机关备案。

5.3.1.4 自行申报的申报期限

（1）需要办理汇算清缴的纳税人，应当在取得所得的次年 3 月 1 日至 6 月 30 日内，向任职、受雇单位所在地主管税务机关办理纳税申报，并报送《个人所得税年度自行纳税申报表》。纳税人办理综合所得汇算清缴，应当准备与收入、专项扣除、专项附加扣除、依法确定的其他扣除、捐赠、享受税收优惠等相关的资料，并按规定留存备查或报送。

（2）个体工商户和个人独资、合伙企业投资者取得的生产、经营所得，按年计算个人所得税，由纳税人在月度或季度终了后 15 日内，向经营管理所在地主管税务机关办理预缴纳税申报。在取得所得的次年 3 月 31 日前，向经营管理所在地主管税务机关办理汇算清缴。

（3）非居民个人取得工资、薪金所得，劳务报酬所得，稿酬所得，特许权使用费所得的，应当在取得所得的次年 6 月 30 日前，向扣缴义务人所在地主管税务机关办理纳税申报。

（4）非居民个人在次年 6 月 30 日前离境（临时离境除外）的，应当在离境前办理纳税申报。

（5）纳税人取得利息、股息、红利所得，财产租赁所得，财产转让所得和偶然所得的，应当在取得所得的次年 6 月 30 日前，按相关规定向主管税务机关办理纳税申报。

税务机关通知限期缴纳的，纳税人应当按照期限缴纳税款。

（6）居民个人从中国境外取得所得的，应当在取得所得的次年 3 月 1 日至 6 月 30 日内，向中国境内任职、受雇单位所在地主管税务机关办理纳税申报。

（7）非居民个人在中国境内从两处以上取得工资、薪金所得的，应当在取得所得的次月15日内，向其中一处任职、受雇单位所在地主管税务机关办理纳税申报。

5.3.2 代扣代缴纳税

5.3.2.1 扣缴义务人

扣缴义务人，是指向个人支付所得的单位或者个人。扣缴义务人应当依法办理全员全额扣缴申报。

全员全额扣缴申报，是指扣缴义务人应当在代扣税款的次月15日内，向主管税务机关报送其支付所得的所有个人的有关信息、支付所得数额、扣除事项和数额、扣缴税款的具体数额和总额以及其他相关涉税信息资料。

5.3.2.2 代扣代缴的范围

扣缴义务人向个人支付下列所得，应代扣代缴个人所得税：（1）工资、薪金所得；（2）对企事业单位的承包经营、承租经营所得；（3）劳务报酬所得；（4）稿酬所得；（5）特许权使用费所得；（6）利息、股息、红利所得；（7）财产租赁所得；（8）财产转让所得；（9）偶然所得；（10）其他所得。

5.3.2.3 扣缴义务人的义务及应承担的责任

扣缴义务人首次向纳税人支付所得时，应当按照纳税人提供的统一社会信用代码等基础信息，填写《个人所得税基础信息表（A表）》（见表5-13），并于次月扣缴申报时向税务机关报送。扣缴义务人对纳税人向其报告的相关基础信息变化情况，应当于次月扣缴申报时向税务机关报送。

扣缴义务人向居民个人支付工资、薪金所得时，应当按照累计预扣法计算预扣税款，并按月办理扣缴申报。居民个人向扣缴义务人提供有关信息并依法要求办理专项附加扣除的，扣缴义务人应当按照规定在工资、薪金所得按月预扣预缴税款时予以扣除，不得拒绝。

扣缴义务人应当按照纳税人提供的信息计算税款、办理扣缴申报，不得擅自更改纳税人提供的信息；发现纳税人提供的信息与实际情况不符的，可以要求纳税人修改。纳税人拒绝修改的，扣缴义务人应当报告税务机关，税务机关应当及时处理；对纳税人提供的《个人所得税专项附加扣除信息表》，应当按照规定妥善保存备查。

纳税人发现扣缴义务人提供或者扣缴申报的个人信息、支付所得、扣缴税款等信息与实际情况不符的，有权要求扣缴义务人修改。扣缴义务人拒绝修改的，纳税人应当报告税务机关，税务机关应当及时处理。

扣缴义务人应当依法对纳税人报送的专项附加扣除等相关涉税信息和资料保密。

对扣缴义务人按照规定扣缴的税款，按年付给2%的手续费。扣缴的税款不包括税务机关、司法机关等查补或者责令补扣的税款。

扣缴义务人依法履行代扣代缴义务，纳税人不得拒绝。纳税人拒绝的，扣缴义务人应当及时报告税务机关。扣缴义务人有未按照规定向税务机关报送资料和信息、未按照纳税人提供信息虚报虚扣专项附加扣除、应扣未扣税款、不缴或少缴已扣税款、借用或冒用他人身份等行为的，依照《中华人民共和国税收征收管理法》等相关法律、行政法规处理。

表 5-13　个人所得税基础信息表（A 表）

（适用于扣缴义务人填报）

扣缴义务人名称：

扣缴义务人纳税人识别号（统一社会信用代码）：□□□□□□□□□□□□□□□□□□

序号	纳税人基本信息（带＊必填）						任职受雇从业信息					联系方式					银行账户		投资信息		其他信息		华侨、港澳台、外籍个人信息（带＊必填）					备注
	纳税人识别号	＊纳税人姓名	＊身份证件类型	＊身份证件号码	＊出生日期	＊国籍/地区	类型	职务	学历	任职受雇从业日期	离职日期	手机号码	户籍所在地	经常居住地	联系地址	电子邮箱	开户银行	银行账号	投资额（元）	投资比例	是否残疾/孤老/烈属	残疾/烈属证号	＊出生地	＊性别	＊首次入境时间	＊预计离境时间	＊涉税事由	
1	2	3	4	5	6	7	8	9	10	11	12	13	14	15	16	17	18	19	20	21	22	23	24	25	26	27	28	29

谨声明：本表是根据国家税收法律法规及相关规定填报的，是真实的、可靠的、完整的。

扣缴义务人（签章）：　　　　　年　月　日

经办人签字： 经办人身份证件号码： 代理机构签章： 代理机构统一社会信用代码：	受理人： 受理税务机关（章）： 受理日期：　　年　　月　　日

注：本表由扣缴义务人填报。适用于扣缴义务人办理全员全额扣缴申报时，填报其支付所得的纳税人的基础信息。

5.3.2.4　代扣代缴期限

扣缴义务人每月所扣的税款，应当在次月 15 日内缴入国库，并向主管税务机关报送《扣缴个人所得税报告表》、代扣代收税款凭证、支付个人收入明细表以及税务机关要求报送的其他有关资料。

扣缴义务人因有特殊困难不能按期报送《扣缴个人所得税报告表》及其他有关资料的，经县级税务机关批准，可以延期申报。

综合实务操作题

一、单项选择题

1. 以下项目所得，应按劳务报酬所得项目缴纳个人所得税的是（　　）。

A. 劳动分红

B. 个人从非雇佣单位取得的营销业绩奖励

C. 出租汽车经营单位将出租车所有权转移给驾驶员的，出租车驾驶员从事客货运营取得的收入

D. 出租汽车经营单位对出租车驾驶员采取单车承包或承租方式运营，出租车驾驶员从事客货营运取得的收入

2. 根据个人所得税法律制度的规定，下列关于个人所得税征税项目的说法中，正确的是（　　）。

A. 审稿收入按“稿酬所得”税目缴纳个人所得税

B. 翻译收入按“稿酬所得”税目缴纳个人所得税

C. 剧本作者从电视剧的制作单位取得的剧本使用费按“劳务报酬所得”税目缴纳个人所得税

D. 个人取得专利赔偿所得按“特许权使用费所得”税目缴纳个人所得税

3. 根据个人所得税法律制度的规定，下列个人所得中，不按“劳务报酬所得”项目征收个人所得税的是（　　）。

A. 某大学教授从甲企业取得的咨询费

B. 某公司高管从乙大学取得的讲课费

C. 某设计院设计师从丙服装公司取得的设计费

D. 某编剧从丁电视剧制作单位取得的剧本使用费

4. 根据个人所得税法律制度的规定，下列各项中，不属于来源于中国境内的所得的是（　　）。

A. 美国居民约翰，在中国境内推销商品取得的所得

B. 英国居民乔治，在中国境内炒股取得的所得

C. 加拿大居民杰森，在中国境内转让汽车取得的所得

D. 中国居民赵某，将位于美国纽约的一栋别墅出售给一家美国公司取得的所得

5. 向扣缴义务人按照所扣缴的税款付给手续费的比例是（　　）。

A. 2%　　B. 0.5%　　C. 1%　　D. 1.5%

6. 综合所得年度汇算清缴的居民个人应在（　　）到主管税务机关办理汇算清缴工作。

A. 取得所得的次年 6 个月内

B. 取得所得的次年 3 月 1 日至 6 月 30 日内

C. 取得所得的次年 3 个月内

D. 取得所得的次年 15 日内

7. 陈某参加商场的有奖销售活动，中奖 20 000 元。陈某通过公益部门向当地的教育事业捐款 5 000 元。陈某的该项中奖所得应缴纳个人所得税（　　）元。

A. 2 800　　B. 4 000　　C. 3 000　　D. 3 200

8. 李某通过拍卖行将一幅珍藏多年的字画拍卖，取得收入 500 000 元，主管税务机关核定李某收藏该字画发生的费用为 100 000 元，拍卖时支付相关税费 50 000 元。拍卖字画所得应缴纳个人所得税（　　）元。

A. 50 000　　B. 70 000　　C. 90 000　　D. 100 000

9. 根据个人所得税法律制度的规定，下列各项中，属于综合所得计算应纳税额时可以扣除的是（　　）。

A. 赵某 3 000 元医疗费用支出

B. 钱某使用商业银行贷款购买第二套住房，发生的贷款利息支出

C. 孙某赡养 55 岁母亲的支出

D. 李某在上海拥有一套住房，其所任职的公司外派其在成都工作 1 年，李某在成都租房发生的租金支出

10. 居民个人取得综合所得，需要办理汇算清缴的，应当在取得所得的一定期间内办理汇算清缴。该期间为（　　）。

A. 次年 1 月 1 日至 3 月 31 日　　B. 次年 1 月 1 日至 6 月 30 日

C. 次年 3 月 1 日至 6 月 30 日　　D. 次年 3 月 1 日至 5 月 31 日

11. 下列不按特许权使用费所得项目征收个人所得税的是（　　）。

A. 转让专利权取得的所得

B. 作者将自己的文字作品手稿原件公开拍卖的所得

C. 作者将自己的文字作品手稿复印件竞价取得的所得

D. 提供著作权的使用权取得的所有所得

12. 在商品营销活动中，企业和单位对营销业绩突出的非雇员（营销人员）以培训班、研讨会、工作考察等名义组织旅游活动，通过免收差旅费、旅游费对个人实行营销业绩奖励，该营销人员（　　）。

A. 不缴纳个人所得税　　B. 按工资、薪金所得缴纳个人所得税

C. 按劳务报酬所得缴纳个人所得税　　D. 按偶然所得缴纳个人所得税

13. 职工的工资、薪金所得预缴个人所得税的时间是（　　）。

A. 次月 5 日内　　B. 次月 7 日内

C. 次月 15 日内　　D. 次月 30 日内

14. 下列各项中，对稿酬所得“次”的表述不正确的是（　　）。

A. 同一作品再版所得，视为另一次稿酬所得征税

B. 同一作品先在报刊连载后再出版，视为两次稿酬所得征税

C. 同一作品在报刊上连载取得的收入，以连载完所有收入合并为一次征税

D. 预付或分次支付稿酬，应分次计算征税

15. 根据个人所得税法律制度的规定，下列各项中，属于工资、薪金所得项目的是（　　）。

A. 年终加薪　　B. 托儿补助费　　C. 差旅费津贴　　D. 独生子女补贴

16. 以下关于个人所得税有关规定的表述中，说法正确的是（　　）。

A. 个人取得存款利息收入，依法缴纳个人所得税

B. 个人在行使股票认购权后，将已认购的股票（包括境内上市公司股票）转让所取得的所得，应按照财产转让所得项目缴纳个人所得税

C. 个人转让限售股取得的所得，按照财产转让所得项目适用20%的比例税率缴纳个人所得税

D. 企业年金的个人缴费部分，在计算当月工资、薪金的个人所得税时允许扣除

17. 张教授的朋友王某于2014年购买一套价值20万元的住房，将其赠予了张教授，受赠房屋时张教授缴纳相关税费6.5万元，2019年初张教授将该房屋转让，取得转让收入40万元，转让时缴纳除个人所得税之外的其他税费5.5万元，张教授2019年应缴纳的个人所得税为（　　）万元。

A. 4　　B. 2.9　　C. 2　　D. 1.6

二、多项选择题

1. 下列关于个人所得税相关内容的表述中，说法不正确的有（　　）。

A. 企业组织营销业绩突出的雇员免费旅游，由企业负担开支的，不征收个人所得税

B. 个人投资者从上市公司取得的股息、红利所得，直接作为应纳税所得额

C. 个人独资企业的个人投资者以企业资金为本人购买的住房，按个体工商户生产、经营所得项目征税

D. 个人兼职取得的收入，应按劳务报酬所得项目征税

2. 应当自行办理纳税申报个人所得税的纳税义务人有（　　）。

A. 取得综合所得需要办理汇算清缴的

B. 取得应纳税所得没有扣缴义务人的

C. 在中国境内从两处以上取得工资、薪金所得的非居民个人

D. 取得应纳税所得，扣缴义务人未按规定扣缴税款的

3. 根据个人所得税法律制度的规定，下列说法中，正确的有（　　）。

A. 提供非专利技术的使用权取得的所得属于特许权使用费所得

B. 作者将自己的文字作品手稿原件或复印件拍卖取得的所得，按"特许权使用费所得"项目征收个人所得税

C. 个人取得专利赔偿所得，应按"特许权使用费所得"项目缴纳个人所得税，税款由支付赔偿的单位或个人代扣代缴

D. 对于剧本作者从电影、电视剧的制作单位取得的剧本使用费，不再区分剧本的使用方是否为其任职单位，统一按"劳务报酬所得"项目征收个人所得税

4. 个人取得下列所得，可以免征个人所得税的有（　　）。

A. 外籍个人以实报实销方式取得的洗衣费

B. 军人的转业安置费

C. 企业向个人支付的不竞争款项

D. 个人缴纳的企业年金

5. 个人取得的下列各项收入中，应缴纳个人所得税的有（　　）。

A. 个人取得的教育储备存款利息

B. 个人转让股票期权

C. 工伤职工及其近亲属取得的工伤保险待遇

D. 职工个人以股份形式取得的企业量化资产参与企业分配获得的利息

6. 对于在中国境内无住所，但在一个纳税年度中在中国境内居住超过 90 天或 183 天但不超过一年的外籍个人（非高级管理人员或董事），其来源于中国境内、境外的工资薪酬所得，下列说法正确的有（　　）。

A. 境内所得境内企业支付的部分纳税

B. 境内所得境外企业支付的部分不纳税

C. 境内所得境外支付的部分也纳税

D. 境外所得境内企业支付的部分纳税

7. 下列各项中，计算个人所得税自行申报的年所得时允许扣除的项目有（　　）。

A. 保险赔款所得

B. 对企事业单位的承包经营、承租经营所得

C. 国际组织颁发的环境保护奖金

D. 职工的安家费

8. 下列各项所得中，在计算应纳税所得额时不允许扣减任何费用的有（　　）。

A. 偶然所得　　B. 特许权使用费所得

C. 利息、股息所得　　D. 财产租赁所得

9. 根据个人所得税法律制度的规定，下列各项支出中，属于居民个人综合所得中允许扣除的专项附加扣除的有（　　）。

A. 3 岁以下婴幼儿子女支出　　B. 配偶大病医疗支出

C. 住房租金支出　　D. 继续教育支出

10. 根据个人所得税法律制度的规定，个人取得的下列所得中，必须自行申报纳税的有（　　）。

A. 年所得 12 万元以上

B. 取得应税所得，没有扣缴义务人的

C. 取得一次性劳务报酬所得

D. 从中国境内两处或两处以上取得工资、薪金所得

11. 王某 2019 年取得其好友赠予的房屋一间，赠予合同上标明的房屋价值为 20 万元，赠予过程中王某缴纳除个人所得税之外的其他税费 6 万元，下列关于王某个人所得税缴纳情况的说法中，正确的有（　　）。

A. 王某受赠房屋按照偶然所得项目缴纳个人所得税

B. 王某受赠房屋按照其他所得项目缴纳个人所得税

C. 王某受赠房屋应缴纳的个人所得税为 4 万元

D. 王某受赠房屋应缴纳的个人所得税为 2.8 万元

12. 居民个人取得综合所得，需要办理汇算清缴的有（　　）。

A. 在两处或者两处以上取得综合所得，且综合所得年收入额减去专项扣除的余额超过 6 万元

B. 取得劳务报酬所得、稿酬所得、特许权使用费所得中的一项或者多项所得，且综合所得年收入额减去专项扣除的余额超过 6 万元

C. 纳税年度内预缴税额低于应纳税额的

D. 纳税人申请退税的

三、判断题

1. 国家发行的金融债券利息所得免征个人所得税。（　　）

2. 个人所得税纳税义务人分为居民纳税义务人和非居民纳税义务人。（　　）

3. 在我国境内无住所的个人，只就其在我国境内取得的所得缴纳个人所得税。（　　）

4. 根据我国《个人所得税法》的规定，特许权使用费所得，以每一项使用权的每次转让所取得的收入为一次。（　　）

5. 超过政府规定标准缴纳的失业、养老、医疗保险，其超过规定缴付的部分应计入职工当期工资、薪金收入，依法计征个人所得税。（　　）

6. 纳税人出售以按揭贷款方式购置住房的，其向贷款银行实际支付的住房贷款利息，在转让该房产时不得扣除。（　　）

7. 某畅销书出版后重印，则其因加印数追加的稿酬应与以前出版发表时的稿酬合并为一次计算个人所得税。（　　）

8. 个人向社会公益事业以及遭受自然灾害地区、贫困地区捐赠，捐赠额未超过纳税人申报的应纳税所得额 3%的部分，可以从其应纳税所得额中扣除。（　　）

9. 个人购买国家发行的金融债券和企业债券的利息免税。（　　）

10. 某企业员工张某分别从该企业的销售部门和采购部门取得报酬，该企业在扣缴张某税款时，应把销售部门和采购部门支付的所得汇总计税。（　　）

四、计算题

1. 张红于 2019 年 8 月退休，每月领取退休工资 2 200 元，当年 10 月被一家公司聘用，月工资 5 600 元。请计算张红 10 月应预扣预缴的个人所得税。

2. 王某为某大学会计专业教授，2019 年 9 月在本职工作之余为甲单位提供咨询服务，取得收入 8 000 元，付给中介 500 元；到乙学校讲学 5 次（其中 10 月讲学 1 次），每次收入均为 2 000 元。请计算王某 9 月应预扣预缴的个人所得税。

3. 作家张力于 2019 年 6 月初在杂志上发表一篇小说，取得稿酬 5 800 元，自 6 月 15 日起又将该小说在晚报上连载 10 天，每天稿酬 390 元。请计算张力当月应预缴的个人所得税。

4. 7 月，陈卉将市区内闲置的一处住房出租，用于他人居住，租期 1 年，每月租金 2 000 元，房产原值 80 万元，可提供实际缴纳的房产税的完税凭证（其他税费不计）。7

月发生修缮费 1 000 元。请计算陈卉 7、8 两个月应预扣预缴的个人所得税。

5. 某人建房一栋，造价 36 000 元，支付费用 2 000 元。其后转让该房屋，售价 60 000 元，在卖房过程中按规定支付交易费等有关费用 2 500 元。请计算此人当月应缴纳的个人所得税。

6. 于红购买体育彩票中奖，获得奖金 100 000 元，于红将 5 000 元通过教育局捐赠给某农村小学，将 2 000 元通过民政部门捐给遭受水灾的地区，将 1 000 元直接捐赠给她曾就读过的某高中学校。请计算于红中奖所得应缴纳的个人所得税。

7. 中国公民张丰 2019 年收入情况如下：

（1）出版中篇小说一部，取得稿酬 50 000 元，后因小说加印和报刊连载，分别取得出版社稿酬 10 000 元和报社稿酬 3 800 元。

（2）受托对一电影剧本进行审核，取得审稿收入 15 000 元。

（3）临时担任会议翻译，取得收入 3 000 元。

（4）在 A 国取得股息红利 30 000 元，在 B 国取得中奖收入70 000 元，已分别按收入来源国税法的规定缴纳了个人所得税 5 000 元和 18 000 元。

要求：

（1）计算 2019 年张丰小说稿酬当月应预缴的个人所得税。

（2）计算 2019 年张丰审核剧本当月应预缴的个人所得税。

（3）计算 2019 年张丰翻译收入当月应预缴的个人所得税。

（4）计算 2019 年张丰境外所得应在我国补缴的个人所得税。

（5）计算 2019 年张丰全年预缴的个人所得税。

8. 中国公民李某为某高校老师，2019 年的收入情况如下：

（1）3 月出版一本书，取得稿酬 5 000 元。该书 6 月至 8 月被某晚报连载，6 月取得稿费 1 000 元，7 月取得稿费 1 000 元，8 月取得稿费 1 500 元。因该书畅销，9 月出版社加印，李某又取得追加稿酬 4 000 元。

（2）6 月，购买社会福利彩票中奖 8 000 元。

（3）当年向两家单位提供专利使用权，一次取得收入 3 000 元，另一次取得收入 4 500 元。

要求（每问需计算出合计金额）：

（1）计算李某当年稿酬收入当月应预缴的个人所得税。

（2）计算李某当年社会福利彩票中奖收入应缴纳的个人所得税。

（3）计算李某提供专利使用权当月应预缴的个人所得税。

五、综合题

1. 中国公民张某是某高校教授，2019 年取得以下各项收入：

（1）该校实行年薪制，张某每月取得工资 8 000 元，12 月取得年终效益工资 64 000 元。

（2）4 月出版一本专著，取得稿酬 40 000 元，张某当即拿出 10 000 元通过民政部门捐给灾区。

（3）5 月为 B 公司进行营销策划，取得报酬 35 000 元。

（4）7 月出访美国，在美国取得财产租赁收入折合人民币 8 300 元，主办方扣缴的个人所得税折合人民币 415 元；出访美国期间，购买彩票中奖收入折合人民币 37 350 元，在美国对该项所得已纳个人所得税折合人民币6 249.90 元。

(5) 通过拍卖行将一幅珍藏多年的名人字画拍卖，取得收入 80 000 元。

(6) 从 A 国取得股息所得折合人民币 4 000 元，已在 A 国缴纳个人所得税 200 元；从 B 国取得特许权使用费所得折合人民币 3 000 元，已在 B 国缴纳个人所得税 500 元。

假定张某有一个孩子在读高中，子女教育费用由张某全额扣除，父母均已 60 岁以上，且自己为独生子女。

要求（每问均需计算出合计金额）：

(1) 计算张某每月工资、薪金应预缴的个人所得税。

(2) 计算张某出版专著当月预缴的个人所得税。

(3) 计算张某营销策划取得的所得应预缴的个人所得税。

(4) 计算张某在美国所得在我国应补缴的个人所得税。

(5) 计算张某转让名人字画应缴纳的个人所得税。

(6) 计算张某从 A 国取得的所得分别应当补缴的个人所得税。

(7) 计算张某从 B 国取得的所得分别应当补缴的个人所得税。

(8) 办理张某年度综合所得的汇算清缴工作。

2. 2019 年 1 月，某外商投资企业发生下列与个人收入有关的事项：

(1) 对总经理张某（中国公司）实行绩效年薪制度，年薪 600 000 元，平均每月支付其工资 10 000 元，每年视其履职状况支付其余薪金。2 月，张某一年任期到期，董事会决定不再聘用，当月支付其工资 10 000 元，并根据考核状况支付其余年薪 450 000 元。

(2) 新任总经理乔尼尔为法国公民，任期三年，于 2 月来华与张某交接工作，当月在企业工作 22 天，企业按日工资（含节假日）2 000 元计算其在华工资。

(3) 支付退休人员钱某再任职收入 4 000 元，当月钱某还领取退休金 2 500 元。

(4) 支付兼职设计人员孙某不含税兼职收入 5 000 元。

(5) 实施股权激励计划，承诺给新员工叶某（中国公民）不可公开交易的股票期权，2 年后将以每股 1 元的价格给叶某本企业（境内上市）股票 20 000 股，叶某本月工资 8 000 元。

(6) 已在公司工作 2 年的员工周某（香港同胞）的不可公开交易的股票期权到期，按照其入职时签订的合同约定行权，按每股 1 元的价格取得市价每股 3 元的本企业股票 30 000 股，周某本月工资 9 000 元。

要求（每问均需计算出合计金额）：

(1) 计算张某当月应预缴的个人所得税。

(2) 计算乔尼尔当月应预缴的个人所得税。

(3) 计算钱某当月应预缴的个人所得税。

(4) 计算孙某当月应预缴的个人所得税。

(5) 计算叶某当月应预缴的个人所得税。

(6) 计算周某当月应预缴的个人所得税。

学习情境 6

其他税种实务

能力目标

1. 能确定土地增值税的纳税义务人、征税范围和税率；

2. 能准确计算出房产税、城镇土地使用税、资源税、车辆购置税、印花税的应纳税额；

3. 能在规定的时间内报送关税、资源税、土地增值税、房产税、城镇土地使用税、契税、车辆购置税、印花税及城市维护建设税等纳税申报表。

情境导入

我国现有 18 个税种，前面已经介绍了增值税、消费税、企业所得税和个人所得税，本情境介绍城市维护建设税、资源税、土地增值税、城镇土地使用税、房产税、车辆购置税、印花税等小税种。小税种具有征收范围广、征收环节单一、税率低、税负轻、税源流动性强、普遍征收等特点，可对主体税种未涉及的领域进行有效的调节，是我国财政收入的重要组成部分，是地方财政收入的主要来源。

由省、自治区、直辖市人民政府根据本地区实际情况，以及宏观调控需要，对增值税小规模纳税人可以在 50%的税额幅度内减征资源税、城市维护建设税、房产税、城镇土地使用税、印花税（不含证券交易印花税）、耕地占用税和教育费附加、地方教育附加。

增值税小规模纳税人已依法享受资源税、城市维护建设税、房产税、城镇土地使用税、印花税、耕地占用税、教育费附加、地方教育附加其他优惠政策的，可叠加享受上述优惠政策。

缴纳资源税、城市维护建设税、房产税、城镇土地使用税、印花税、耕地占用税、教育费附加和地方教育附加的增值税一般纳税人按规定转登记为小规模纳税人的，自成为小规模纳税人的当月起适用减征优惠。增值税小规模纳税人按规定登记为一般纳税人的，自一般纳税人生效之日起不再适用减征优惠；增值税年应税销售额超过小规模纳税人标准应当登记为一般纳税人而未登记，经税务机关通知，逾期仍不办理登记的，自逾期次月起不再适用减征优惠。

学习子情境 6.1 城市维护建设税、教育费附加和烟叶税实务

城市维护建设税（简称城建税），是国家对缴纳增值税、消费税（简称“二税”）的单位和个人就其实际缴纳的“二税”税额为计税依据而征收的一种税。其特点是具有附加税的性质，即附加于“二税”税额，其自身并没有特定的、独立的征税对象；同时具有特定目的，即专门用于城市的公用事业和公共设施的维护建设。

6.1.1 了解城市维护建设税

6.1.1.1 纳税义务人

城建税的纳税义务人，是指负有缴纳“二税”义务的单位和个人，包括国有企业、集体企业、私营企业、股份制企业、其他企业和行政单位、事业单位、社会团体、其他单位，以及个体工商户和其他个人。

【提示 6-1】 自 2010 年 12 月 1 日起，对外商投资企业、外国企业及外籍个人征收城建税。

6.1.1.2 税收优惠

（1）城建税按减免后实际缴纳的“二税”税额计征，即随“二税”的减免而减免。

（2）对于因减免而需要进行“二税”退库的，城建税也可同时退库。

（3）海关对进口产品代征的增值税、消费税，不征收城建税。

6.1.1.3 应纳税额的计算

1. 税率

按纳税人的所在地不同，设置了三档地区差别比例税率：

（1）纳税人所在地为市区的，税率为 7%。

（2）纳税人所在地为县城、镇的，税率为 5%。

（3）纳税人所在地不在市区、县城、镇的，税率为 1%。

城建税的适用税率，应按纳税人所在地的规定税率执行。但对下列两种情况，可按缴纳的“二税”所在地规定的税率就地缴纳城建税：

（1）由受托方代扣代缴、代收代缴“二税”的单位和个人，其代扣代缴、代收代缴的城建税按受托方所在地适用税率执行。

（2）流动经营等无固定纳税地点的单位和个人，在经营地缴纳“二税”的，其城建税的缴纳按经营地适用税率执行。

2. 计税依据

（1）计税依据为纳税人实际缴纳的“二税”税额。

（2）纳税人在被查补“二税”和被处罚款时，应同时对其偷漏的城建税进行补税、补缴滞纳金和罚款。

（3）免征或者减征“二税”，同时也免征或者减征城建税。

（4）应纳税额的计算公式为：

应纳税额＝(增值税＋消费税)×适用税率

【实务操作6－1】某市区一企业2019年8月实际缴纳增值税28万元，缴纳消费税22万元，请计算应缴纳的城市维护建设税税额。

解析：

应纳税额＝(28＋22)×7%＝3.5(万元)

【实务操作6－2】若上例企业所在地为镇，请计算应纳城建税税额。

解析：

应纳税额＝(28＋22)×5%＝2.5(万元)

【提示6－2】由于城建税实行纳税人所在地差别比例税率，所以在计算应纳税额时，应特别注意根据纳税人所在地来确定适用税率。

6.1.1.4 征收管理

1. 纳税时间

城建税的纳税时间与缴纳“二税”的时间相同。

2. 纳税地点

城建税的纳税地点一般与缴纳“二税”的地点相同。

3. 纳税期限

城建税的纳税期限分别与增值税、消费税的纳税期限一致。

6.1.2 了解教育费附加

6.1.2.1 教育费附加

教育费附加是对缴纳增值税、消费税的单位和个人，以其实际缴纳“二税”的税额为计税依据征收的一种附加税。

【提示6－3】自2010年12月1日起，对外商投资企业、外国企业及外籍个人征收教育费附加。

6.1.2.2 教育费附加的减免税规定

（1）对海关进口的产品征收的增值税、消费税，不征收教育费附加。

（2）对由于减免增值税、消费税而发生退税的，可同时退还已征收的教育费附加。但对出口产品退还增值税、消费税的，不退还已征收的教育费附加。

6.1.2.3 教育费附加的征收范围及计税依据

教育费附加对缴纳增值税、消费税的单位和个人征收，以其实际缴纳的增值税、消费税为计税依据，分别与增值税、消费税同时缴纳。

6.1.2.4 教育费附加征收比率

现行教育费附加征收比率为3%；地方教育费附加征收比率为2%。

6.1.2.5 教育费附加的计算

教育费附加的计算公式为：

应纳教育费附加=(增值税+消费税)×征收比率

【实务操作 6-3】沿用【实务操作 6-1】资料，计算应纳教育费附加。

解析：

应纳教育费附加=(28+22)×3%=1.5(万元)

6.1.3　了解烟叶税

烟叶税是以纳税人收购烟叶的收购金额为计税依据征收的一种税。

6.1.3.1　纳税义务人与征税范围

1. 纳税义务人

在中华人民共和国境内收购烟叶的单位为烟叶税的纳税义务人。

2. 征税范围

烟叶税的征税范围包括晾晒烟叶、烤烟叶。

6.1.3.2　应纳税额的计算

1. 税率

烟叶税实行比例税率，税率为 20%。

2. 应纳税额的计算

应纳税额的计算公式为：

应纳税额=烟叶收购金额×税率

烟叶收购金额包括纳税人支付给烟叶销售单位的烟叶收购价款和价外补贴（按烟叶收购价款的 10%计算）。

【实务操作 6-4】大华烟草公司为一般纳税人，11 月收购烟叶 300 000 元，货款已支付。请计算大华公司当月收购烟叶应缴纳的烟叶税。

解析：

应纳烟叶税=300 000×(1+10%)×20%=66 000(元)

6.1.3.3　征收管理

1. 纳税义务发生时间

烟叶税的纳税义务发生时间为纳税人收购烟叶的当天。

2. 纳税地点

纳税人收购烟叶，应当向烟叶收购地的主管税务机关申报纳税。

3. 纳税期限

纳税人应当自纳税义务发生之日起 30 日内申报纳税。

学习子情境 6.2　关税实务

关税是海关依法对进出境货物、物品征收的一种税。“境”是指关境，又称海关境域或关税领域，是国家海关法全面实施的领域。

6.2.1 理解关税相关知识

6.2.1.1 纳税义务人

关税纳税义务人是指进口货物的收货人、出口货物的发货人、进出境物品的所有人。进出口货物的收、发货人是依法取得对外贸易经营权，并进口或者出口货物的法人及其他社会团体。进出境物品的所有人具体指：

（1）对于携带进境的物品，推定其携带人为所有人。

（2）对分离运输的行李，推定相应的进出境旅客为所有人。

（3）对以邮递方式进境的物品，推定其收件人为所有人。

（4）以邮递或其他方式出境的物品，推定其寄件人或托运人为所有人。

6.2.1.2 关税的征税对象

关税的征税对象是指准许进出境的货物和物品。货物是指贸易性商品；物品是指入境旅客随身携带的行李物品、个人邮递物品、各种运输工具上的服务人员携带进口的自用物品、馈赠物品以及其他方式进境的个人物品。

6.2.1.3 进出口税则

进出口税则是一国政府根据国家关税政策和经济政策，通过一定的立法程序制定、公布、实施的进出口货物和物品应税的关税税率表。进出口税则以税率表为主体，通常还包括实施税则的法令、使用税则的有关说明和附录等。

6.2.1.4 税率及运用

我国关税税率分为进口关税、出口关税和特别关税三大类。每一类又区分不同情况，针对不同的适用范围细分为多种税率。

1. 进口关税税率

（1）税率设置。

我国进口关税设有最惠国税率、协定税率、特惠税率、普通税率、关税配额税率等税率。对进口货物在一定期限内可以实行暂定税率。

1）最惠国税率适用原产于与我国共同适用最惠国待遇条款的 WTO 成员的进口货物，或原产于与我国订有相互给予最惠国待遇条款的双边贸易协定的国家或地区的进口货物，以及原产于我国境内的进口货物。

2）协定税率适用原产于我国参加的含有关税优惠条款的区域性贸易协定有关缔约方的进口货物，目前对于原产于印度、韩国、斯里兰卡和孟加拉国 4 个《曼谷协定》（2005 年更名为《亚太贸易协定》）成员的 1 717 个税目进口商品实行协定税率（即《曼谷协定》税率）。

3）特惠税率适用原产于与我国订有特殊优惠关税协定的国家或地区的进口货物，目前，我国对原产于孟加拉国的 209 个税目进口商品实行特惠税率（即《曼谷协定》特惠税率）。

4）普通税率适用原产于上述国家或地区以外的其他国家或地区的进口货物。

5）对部分农产品和化肥产品实行关税配额，即一定数量内的上述进口商品适用税率较低的配额内税率，超出该数量的进口商品适用税率较高的配额外税率。对小麦、豆油等 10 种农产品和尿素等 3 种化肥产品实行关税配额管理。

6）暂定税率适用部分进口原材料、零部件、农药原药和中间体、乐器及生产设备。优先适用于特惠税率或最惠国税率，按普通税率征税的进口货物不适用暂定税率。现对200多个税目进口商品实行了暂定税率。

（2）税率计征办法。

我国对进口商品基本上都实行从价税，从1997年7月1日起，我国对部分产品实行从量税、复合税和滑准税。

1）从量税是以进口商品的重量、长度、容积、面积等计算单位为计税依据。这种计税方法的特点是税额计算简便、通关手续快捷，并能起到抑制质次价廉商品或故意低瞒价格商品的进口。目前，我国对原油、冻鸡、啤酒、胶卷进口分别以重量、容积、面积计征从量税。

2）复合税是对某种进口商品同时使用从价和从量计征的一种关税计征方法。复合税既可发挥从量税低价商品进口的特点，又可发挥从价税税负合理、稳定的特点。目前，我国对录像机、放像机、摄像机、数字照相机和摄录一体机实行复合税。

3）滑准税是一种关税税率随进口商品价格由高到低而由低到高设置计征关税的方法。其主要特点是可保持滑准税商品国内市场价格的相对稳定，尽可能减少国际市场价格波动的影响。目前，我国对新闻纸实行滑准税。

2. 出口关税税率

我国出口税则为一栏税率，即出口税率。国家仅对少数资源性产品及易于竞相杀价、盲目进口、需要规范出口秩序的半制成品征收出口关税。我国真正征收出口关税的商品只有20种，税率也较低。

3. 特别关税

特别关税包括报复性关税、反倾销税与反补贴税、保障性关税。

（1）报复性关税是指为报复他国或地区对本国出口货物的关税歧视，而对相关国家或地区的进口货物征收的一种进口附加税。任何国家和地区对其进口的原产于我国的货物征收歧视性关税或者给予其他歧视性待遇的，我国对原产于该国家或者地区的进口货物征收报复性关税。

（2）反倾销税与反补贴税是指进口国海关对外国的倾销商品，在征收关税的同时附加征收一种特别关税，其目的在于抵消他国补贴。

（3）保障性关税。当某类商品进口剧增，对我国相关产业带来巨大威胁或损害时，按照WTO有关规则，可以启动一般保障性措施，即在与有实质性利益的国家或地区进行磋商后，在一定时期内提高该项商品的进口关税或采取数量限制措施，以保护国内相关产业不受损害。保障措施可以是提高关税、数量限制等形式。

4. 税率的运用

我国《进出口关税条例》规定，进出口货物，应当依照税则规定的归类原则归入合适的税号，并按照适用的税率征税。其中：

（1）进出口货物，应当按照纳税义务人申报进口或者出口之日实施的税率征税。

（2）进口货物到达前，经海关核准先行申报的，应当按照装载此货物的运输工具申报进境之日实施的税率征税。

（3）进出口货物的补税和退税，适用该进出口货物原申报进口或者出口之日所实施的税率，但下列情况除外：

1）按照特定减免办法批准予以减免税的进口货物，后因情况改变经海关批准转让或出售或移作他用需予以补税的，适用海关接受纳税人再次填写报送申报办理纳税及有关手续之日实施的税率征税。

2）加工贸易进口料、件等属于保税性质的进口货物，如经批准转为内销，应按向海关申报转为内销之日实施的税率征税；如未经批准擅自转为内销的，则按海关查获日期所施行的税率征税。

3）暂时进口货物转为正式进口需予以补税时，应按其申报正式进口之日实施的税率征税。

4）分期支付租金的租赁进口货物，分期付税时，适用海关接受纳税人再次填写报送单申报办理纳税及有关手续之日实施的税率征税。

5）溢卸、误卸货物事后确定需征税时，应按其原运输工具申报进口日期所实施的税率征税。如原进口日期无法查明，可按确定补税当天实施的税率征税。

6）对由于税则归类的改变、完税价格的审定或其他工作差错而需补税的，应按原征税日期实施的税率征税。

7）对经批准缓税进口的货物以后交税时，不论是分期还是一次交清税款，都应按货物原进口之日实施的税率征税。

8）查获的走私进口货物需补税时，应按查获日期实施的税率征税。

6.2.1.5 原产地规定

确定进境货物原产地的主要原因之一，是便于正确运用进口税则的各栏税率，对产自不同国家或地区的进口货物适用不同的关税税率。我国原产地规定基本上采用了“全部产地生产标准”“实质性加工标准”两种国际上通用的原产地标准。

1. 全部产地生产标准

全部产地生产标准是指进口货物“完全在一个国家内生产或制造”，生产或制造国即该货物的原产国。

2. 实质性加工标准

实质性加工标准是适用于确定有两个或两个以上国家参与生产的产品的原产国的标准，其基本含义是：经过几个国家加工、制造的进口货物，以最后一个对货物进行经济上可以视为实质性加工的国家作为有关货物的原产国。

3. 其他

对机器、仪器、器材或车辆所用零件、部件、配件、备件及工具，如与主件同时进口且数量合理的，其原产地按主件的原产地确定，分别进口的，则按各自的原产地确定。

6.2.1.6 税收优惠

关税减免是对某些纳税人和征税对象给予鼓励和照顾的一种特殊调节手段。关税减免分为法定减免税、特定减免税和临时减免税。根据我国《海关法》的规定，除法定减免税外的其他减免税均由国务院决定。

1. 法定减免税

符合税法规定可予减免税的进出口货物，纳税义务人无须提出申请，海关可按规定直接予以减免税。海关对法定减免税货物一般不进行后续管理。下列货物、物品予以减免关税：

（1）关税税额在人民币 50 元以下的一票货物。

（2）无商业价值的广告品和货样。

（3）外国政府、国际组织无偿赠送的物资。

（4）进出境运输工具装载途中必需的燃料、物资和饮食用品。

（5）经海关核准暂时进境或者暂时出境，并在 6 个月内复运出境或者复运进境的货样、展览品、施工机械、工程车辆、工程船舶、供安装的设备等，在货物收、发货人向海关缴纳相当于税款的保证金或提供担保后，可予暂时减免。

（6）为境外厂商加工、装配成品和为制造外销产品而进口的原料、辅料、零部件和包装物料，海关按照实际加工出口的成品数量免征进口关税，或者对进口料、件先征收进口关税，再按照实际加工出口的成品数量予以退税。

（7）因故退还的中国出口货物，经海关审查属实，可予免征进口关税，但已征收的出口关税不予退还。

（8）因故退还的境外进口货物，经海关审查属实，可予免征出口关税，但已征收的进口关税不予退还。

（9）进口货物如有以下情形，经海关查明属实，可酌情减免进口关税：

1）在境外运输途中或者在起卸时，遭受损坏或者损失的。

2）起卸后海关放行前，因不可抗力遭受损坏或者损失的。

3）海关查验时已经破漏、损坏或者腐烂，经证明不是保管不慎造成的。

（10）无代价抵偿货物，可以免税。但有残损或质量问题的原进口货物如未退运国外，其进口的无代价抵偿货物应照章征税。

【提示 6－4】 无代价抵偿货物是指进口货物在征税放行后，发现货物残损、短少或品质不良，而由国外承运人、发货人或保险公司免费补偿或更换的同类货物。

（11）我国缔结或者参加的国际条约规定减征、免征关税的货物、物品，按照规定予以减免关税。

2. 特定减免税

特定减免税也称政策性减免税。在法定减免税之外，国家按照国际通行规则和我国实际情况，制定发布的有关进出口货物减免关税的政策，称为特定或政策性减免税。特定减免税货物一般有地区、企业和用途的限制，海关需要进行后续管理，也需要进行减免税统计。下列货物、物品予以减免关税：

（1）科教用品。

（2）残疾人专用品。

（3）扶贫、慈善性捐赠。

（4）加工贸易产品。

（5）边境贸易进口物资。

（6）保税区进出口货物。

（7）出口加工区进出口货物。

（8）进口设备。

（9）特定行业或用途的减免税政策。

3. 临时减免税

临时减免税是指以上法定减免税以外的其他减免税，即由国务院根据我国《海关法》对某个单位、某类商品、某个项目或某批进出口货物的特殊情况，给予特别照顾，一案一批，专文下达的减免税。

【提示 6－5】 行李和邮递物品进口税，简称“行邮税”，是海关对入境旅客行李物品和个人邮递物品征收的进口税。其中包括进口环节征收的增值税、消费税。课税对象包括入境旅客、运输工具、服务人员携带的应税行李物品、个人邮递物品、馈赠物品以及以其他方式入境的个人物品等，简称进口物品。应税个人自用物品不包括汽车、摩托车及其配件、附件。

我国现行行邮税税率分为 50%、20%、10%三个档次：适用 50%税率的物品为烟、酒；适用 20%税率的物品有纺织品及其制成品、摄像机、数码相机及其他电器用具、照相机、自行车、手表、钟表（含配件、附件）、化妆品；适用 10%税率的物品有书刊、教育专用电影片、幻灯片、原版录音带、录像带、金银及其制品、食品、饮料和其他商品。

进口税采用从价计征，完税价格由海关参照该物品的境外正常零售平均价格确定。

6.2.2 应纳税额的计算

6.2.2.1 关税完税价格

我国《海关法》规定，进出口货物的完税价格，由海关以该货物的成交价格为基础审查确定。成交价格不能确定时，完税价格由海关依法估定。

1. 一般进口货物的完税价格

（1）以成交价格为基础的完税价格。

进口货物的完税价格包括货物的货价、货物运抵我国境内输入地点（入境海关地，包括内陆河、江口岸，一般为第一口岸）起卸前的运输及其相关费用、保险费。货物的货价以成交价格为基础。进口货物的成交价格是指买方为购买该货物，按《中华人民共和国海关审定进出口货物完税价格办法》有关规定调整后的实付或应付价格。

“实付或应付价格”是指买方为购买进口货物直接或间接支付的总额，即作为卖方销售进口货物的条件，由买方向卖方或为履行卖方义务的第三方已经支付或将要支付的全部款项。

1）如下列费用或者价值未包括在进口货物的实付或者应付价格中，应当计入完税价格：

a. 由买方负担的除购货佣金以外的佣金和经纪费用。购货佣金是指买方为购买进口货物向自己的采购代理人支付的劳务费用。

b. 由买方负担的与该货物视为一体的容器费用。

c. 由买方负担的包装材料和包装劳务费用。

d. 与该货物的生产和向中华人民共和国境内销售有关的，由买方以免费或者以低于成本的方式提供并可以按适当比例分摊的料件、工具、模具、消耗材料及类似货物的价款，以及在境外开发、设计等相关服务的费用。

e. 与该货物有关并作为卖方向我国销售该货物的一项条件，应当由买方直接或间接支付的特许权使用费。

f. 卖方直接或间接从买方对该货物进口后转售、处置或使用所得中获得的收益。

2）下列费用，如能与该货物实付或者应付价格区分，不得计入完税价格：

a. 厂房、机械、设备等货物进口后的基建、安装、装配、维修和技术服务的费用。

b. 货物运抵境内输入地点之后的运输费用、保险费和其他相关费用。

c. 进口关税及其他国内税收。

（2）进口货物海关估价方法。

进口货物的价格不符合成交条件或者成交价格不能确定的，海关应当依次以下列方法为基础，估定完税价格：

1）相同或类似成交价格方法。

2）倒扣价格方法。

3）计算价格方法。

4）其他合理方法。

2. 特殊进口货物的完税价格

（1）加工贸易进口料件及其制成品。

加工贸易进口料件及其制成品需征税或内销补税的，海关按照一般进口货物的完税价格规定审定完税价格。其中：

1）进口时需征税的进料加工料件，以该料件申报进口时的价格估定。

2）内销的进料加工进口料件或其制成品（包括残次品、副产品），以料件原进口时的价格估定。

3）内销的来料加工进口料件或其制成品（包括残次品、副产品），以料件申报内销时的价格估定。

4）出口加工区内的加工企业内销的制成品（包括残次品、副产品），以制成品申报内销时的价格估定。

5）保税区内的加工企业内销的进口料件或其制成品（包括残次品、副产品），分别以料件或其制成品申报内销时的价格估定。

6）加工贸易过程中产生的边角料，以申报内销时的价格估定。

（2）保税区、出口加工区货物。

从保税区或出口加工区销往区外、从保税仓库出库内销的进口货物（加工贸易进口料件及其制成品除外），以海关审定的价格估定完税价格。对经审核销售价格不能确定的，海关应当按照一般进口货物估价办法的规定估定完税价格。

（3）运往境外修理的货物。

运往境外修理的机械器具、运输工具或其他货物，出境时已向海关报明，并在海关规定期限内复运进境的，应当以海关审定的境外修理费和料件费为完税价格。

（4）运往境外加工的货物。

运往境外加工的货物，出境时已向海关报明，并在海关规定期限内复运进境的，应当以海关审定的境外加工费和料件费，以及该货物复运进境的运输及其相关费用、保险费用估定完税价格。

（5）暂时进境货物。

对于经海关批准的暂时进境的货物，应当按照一般进口货物估价办法的规定估定完税价格。

（6）租赁方式进口货物。

以租赁方式进口的货物中，以租金方式对外支付的租赁货物，在租赁期间以海关审定的租金作为完税价格；留购的租赁货物，以海关审定的留购价格作为完税价格；承租人申请一次性缴纳税款的，经海关同意，按照一般进口货物估价办法的规定估定完税价格。

（7）留购的进口货样等。

对于境内留购货样、展览品和广告陈列品，以海关审定的留购价格作为完税价格。

（8）予以补税的减免税货物。

减税或免税进口的货物需予以补税时，应当以海关审定的该货物原进口时的价格，扣除折旧部分价值作为完税价格，计算公式为：

$$\text{完税价格}=\text{海关审定的该货物原进口时的价格}\times\left[1-\text{申请补税时实际已使用的时间(月)}\div\left(\text{监管年限}\times 12\right)\right]$$

（9）以其他方式进口的货物。

以易货贸易、寄售、捐赠、赠送等其他方式进口的货物，应当按照一般进口货物估价办法的规定估定完税价格。

3. 出口货物的完税价格

（1）以成交价格为基础的完税价格。

出口货物的完税价格，由海关以该货物向境外销售的成交价格为基础审查确定，并包括货物运至我国境内输出地点装载前的运输及其相关费用、保险费，但其中包含的出口关税税额，应当扣除。

出口货物的成交价格，是指该货物出口销售到我国时买方向卖方实付或应付的价格。出口货物的成交价格中包含支付给境外的佣金的，如果单独列明，应当扣除。

（2）出口货物海关估价方法。

出口货物的成交价格不能确定时，完税价格由海关依次使用下列方法估定：

1）同时或大约同时向同一国家或地区出口的相同货物的成交价格。

2）同时或大约同时向同一国家或地区出口的类似货物的成交价格。

3）根据境内生产相同或类似货物的成本、利润和一般费用、境内发生的运输及其相关费用、保险费计算确定的价格。

4）按照合理方法估定的价格。

4. 进出口货物完税价格中的运输及相关费用、保险费的计算

（1）以一般陆运、空运、海运方式进口的货物。

在进口货物的运输及其相关费用、保险费计算中，海运进口货物，计算至该货物运抵境内的卸货口岸；如果该货物的卸货口岸是内河（江）口岸，则应当计算至内河（江）口岸。陆运进口货物，计算至该货物运抵境内的第一口岸；如果运输及其相关费用、保险费支付至目的地口岸，则计算至目的地口岸。空运进口货物，计算至该货物运抵境内的第一口岸；如果该货物的目的地为境内的第一口岸外的其他口岸，则计算至目的地口岸。

陆运、空运和海运进口货物的运费和保险费，应当按照实际支付的费用计算。如果进口货物的运费无法确定或未实际发生，海关应当按照该货物进口同期运输行业公布的运费率（额）计算；按照“货价加运费”两者总额的3‰计算保险费。

（2）以其他方式进口的货物。

邮运的进口货物，应当以邮费作为运输及其相关费用、保险费；以境外边境口岸价格条件成交的铁路或公路运输进口货物，海关应当按照货价的 1%计算运输及其相关费用、保险费；作为进口货物的自驾进口的运输工具，海关在审定完税价格时，可以不另行计入运费。

（3）出口货物。

出口货物的销售价格如果包括离境口岸至境外之间的运费、保险费，则该运费、保险费应当扣除。

6.2.2.2　应纳税额的计算

1. 从价税应纳税额的计算

从价计征应纳税额的计算公式为：

关税税额＝应税进(出)口货物数量×单位完税价格×税率

【实务操作 6－5】某公司从日本进口收音机一批，共 50 000 台，其单位完税价格为 40 元人民币。假设关税税率为 90%，请计算该批收音机应缴纳的关税。

解析：

应纳税额＝50 000×40×90%＝1 800 000(元)

【实务操作 6－6】某公司从英国进口某种货物，当地正常批发价格折合人民币 760 000 元，运抵我国输入地支付包装费折合人民币 8 000 元，运费折合人民币 67 000 元，保险费折合人民币 7 000 元，关税税率为 70%。请计算该公司应缴纳的关税税额。

解析：

关税完税价格＝760 000＋8 000＋67 000＋7 000＝842 000(元)

应纳税额＝842 000×70%＝589 400(元)

【实务操作 6－7】2019 年 9 月，某公司通过境外代理商进口了一批应税消费品，货价为 550 万元，其中包括了向境外采购代理人支付的购货佣金 50 万元；该公司另外向境外支付特许权使用费 25 万元；此外，该批货物运抵我国需支付运费和保险费 25 万元。适用的关税税率为 8%、增值税税率为 13%、消费税税率为 20%。请分别计算该公司应纳的进口关税、消费税和增值税。

解析：

关税完税价格＝550－50＋25＋25＝550(万元)

进口关税＝550×8%＝44(万元)

组成计税价格＝(550＋44)÷(1－20%)＝742.5(万元)

进口消费税＝742.5×20%＝148.5(万元)

进口增值税＝742.5×13%＝96.53(万元)

2. 从量税应纳税额的计算

从量计征应纳税额的计算公式为：

关税税额＝应税进(出)口货物数量×单位货物税额

【实务操作 6-8】某公司从法国进口啤酒 300 万升，假设进口关税税率为 7.50 元/升，计算该公司应纳关税税额。

解析：

应纳税额＝300×7.50＝2 250(万元)

3. 复合税应纳税额的计算

复合税是先计征从量税，再计征从价税，其计算公式为：

$$\text{关税税额}=\text{应税进(出)口货物数量}\times\text{单位货物税额}+\text{应税进(出)口货物数量}\times\text{单位完税价格}\times\text{税率}$$

【实务操作 6-9】某音像公司从国外进口放像机 100 台，每台完税价格 2 300 美元，汇率为 1∶7，该批进口货物的最惠国税率为每台从量税 4 374 元，从价税率 3%。请计算该音像公司应纳税额。

解析：

应纳税额＝100×4 374＋2 300×100×7×3%＝485 700(元)

4. 滑准税应纳税额的计算

滑准税应纳税额的计算公式为：

关税税额＝应税进(出)口货物数量×单位完税价格×滑准税税率

6.2.3 纳税申报

6.2.3.1 关税缴纳

进口货物自运输工具申报进境之日起 14 日内，出口货物在货物运抵海关监管区后装货的 24 小时以前，应由进出口货物的纳税义务人向货物进（出）境地海关申报纳税，海关计算应缴纳的关税和进口环节代征税，并填发税款缴款书，纳税人应当自海关填发税款缴款书之日起 15 日内缴纳税款。如关税缴纳期限的最后 1 日是周末或法定节假日，则关税缴纳期限顺延至周末法定节假日后的第 1 个工作日。

关税纳税人因不可抗力或者在国家税收政策调整的情况下，不能按期缴纳税款的，经海关总署批准，可以延期缴纳税款，但最长不得超过 6 个月。

6.2.3.2 关税的强制执行

纳税人未在缴纳期限内缴纳税款，即构成关税滞纳。海关对滞纳关税的纳税人进行强制执行。强制措施主要有两类：

(1) 征收关税滞纳金。滞纳金自关税缴纳期限届满滞纳之日起，至纳税人缴纳关税之日止，按滞纳税款万分之五的比例按日征收，周末或法定节假日不予扣除。计算公式为：

关税滞纳金金额＝滞纳关税税额×滞纳金征收比率×滞纳天数

(2) 强制征收。如纳税人自海关填发税款缴款书之日起 3 个月仍未缴纳税款，经海关关长批准，海关可以采取强制扣缴、变价抵缴等强制措施。

6.2.3.3　关税退还

关税退还是关税纳税人按海关核定的税额缴纳关税后，因某种原因，海关将实际征收多于应当征收的税额退还给原纳税人的一种行政行为。海关多征的税款，海关发现后应当立即退还。

按规定，有下列情形之一的，进出口货物的纳税人可以自缴纳税款之日起 1 年内，书面声明理由，连同原纳税收据向海关申请退税并加算银行同期活期存款利息，逾期不受理：

（1）因海关误征，多纳税款的。

（2）海关核准免验进口的货物，在完税后，发现有短卸情形，经海关审查认可的。

（3）已征出口关税的货物，因故未将其运出口，申报退关，经海关查验属实的。

对已征收出口关税的出口货物和已征收进口关税的进口货物，因货物品种或规格原因原状复运进境或出境的，经海关查验属实的，也应退还已征关税。

6.2.3.4　关税追征和补征

追征和补征是海关在关税纳税人按海关核定的税额缴纳关税后，发现实际征收税额少于应当征收的税额（称为短征关税）时，责令纳税人补缴所差税款的一种行政行为。根据短征关税的原因，将海关征收原短征关税的行为分为追征和补征两种。由于纳税人违反海关规定造成短征关税的，称为追征，自纳税人应缴纳税款之日起 3 年内可以追征，并从缴纳税款之日起按日加收少征或者漏征税款万分之五的滞纳金；非因纳税人违反海关规定造成短征关税的，称为补征，自缴纳税款或者货物、物品放行之日起 1 年内，海关向纳税人补征。

学习子情境 6.3　资源税实务

6.3.1　了解资源税

资源税是以自然资源为课税对象征收的一种税。目前，我国征收资源税的范围仅限于矿产品和盐。

6.3.1.1　纳税义务人及扣缴义务人

资源税的纳税义务人是指在中华人民共和国境内开采应税资源的矿产品或者生产盐的单位和个人。

收购未税矿产品的单位和个人为资源税的扣缴义务人。

规定资源税的扣缴义务人，主要是针对零星、分散、不定期开采的情况，为了加强管理，避免漏税，由扣缴义务人在收购矿产品时代扣代缴资源税。收购未税矿产品的单位是指独立矿山、联合企业和其他单位。

【提示 6-6】 自 2011 年 11 月 1 日起，中外合作开采海洋石油的中国企业和外国企业依法缴纳资源税，不再缴纳矿区使用费。

6.3.1.2　税目与税率

资源税税目包括 7 大类，在 7 个税目下又设有若干子目。相应的税目、税率如表 6-1 所示。

表 6-1 资源税税目、税率表

<table>
<tr><th colspan="3">税目</th><th>征收对象</th><th>税率</th></tr>
<tr><td rowspan="7">能源矿产</td><td colspan="2">原油</td><td>原矿</td><td>6%</td></tr>
<tr><td colspan="2">天然气、页岩气、天然气水合物</td><td>原矿</td><td>6%</td></tr>
<tr><td colspan="2">煤</td><td>原矿或者选矿</td><td>2%～10%</td></tr>
<tr><td colspan="2">煤成（层）气</td><td>原矿</td><td>1%～2%</td></tr>
<tr><td colspan="2">铀、钍</td><td>原矿</td><td>4%</td></tr>
<tr><td colspan="2">油页岩、油砂、天然沥青、石煤</td><td>原矿或者选矿</td><td>1%～4%</td></tr>
<tr><td colspan="2">地热</td><td>原矿</td><td>1%～20%或者每立方米 1～30 元</td></tr>
<tr><td rowspan="11">金属矿产</td><td>黑色金属</td><td>铁、锰、铬、钒、钛</td><td>原矿或者选矿</td><td>1%～9%</td></tr>
<tr><td rowspan="10">有色金属</td><td>铜、铅、锌、锡、镍、锑、镁、钴、铋、汞</td><td>原矿或者选矿</td><td>2%～10%</td></tr>
<tr><td>铝土矿</td><td>原矿或者选矿</td><td>2%～9%</td></tr>
<tr><td>钨</td><td>选矿</td><td>6.5%</td></tr>
<tr><td>钼</td><td>选矿</td><td>8%</td></tr>
<tr><td>金、银</td><td>原矿或者选矿</td><td>2%～6%</td></tr>
<tr><td>铂、钯、钌、锇、铱、铑</td><td>原矿或者选矿</td><td>5%～10%</td></tr>
<tr><td>轻稀土</td><td>选矿</td><td>7%～12%</td></tr>
<tr><td>中重稀土</td><td>选矿</td><td>20%</td></tr>
<tr><td>铍、锂、锆、锶、铷、铯、铌、钽、锗、镓、铟、铊、铪、铼、镉、硒、碲</td><td>原矿或者选矿</td><td>2%～10%</td></tr>
<tr><td rowspan="9">非金属矿产</td><td rowspan="9">矿物类</td><td>高岭土</td><td>原矿或者选矿</td><td>1%～6%</td></tr>
<tr><td>石灰岩</td><td>原矿或者选矿</td><td>1%～6%或者每吨（或者每立方米）1～10 元</td></tr>
<tr><td>磷</td><td>原矿或者选矿</td><td>3%～8%</td></tr>
<tr><td>石墨</td><td>原矿或者选矿</td><td>3%～12%</td></tr>
<tr><td>萤石、硫铁矿、自然硫</td><td>原矿或者选矿</td><td>1%～8%</td></tr>
<tr><td>天然石英砂、脉石英、粉石英、水晶、工业用金刚石、冰洲石、蓝晶石、硅线石（矽线石）、长石、滑石、刚玉、菱镁矿、颜料矿物、天然碱、芒硝、钠硝石、明矾石、砷、硼、碘、溴、膨润土、硅藻土、陶瓷土、耐火黏土、铁矾土、凹凸棒石黏土、海泡石黏土、伊利石黏土、累托石黏土</td><td>原矿或者选矿</td><td>1%～12%</td></tr>
<tr><td>叶蜡石、硅灰石、透辉石、珍珠岩、云母、沸石、重晶石、毒重石、方解石、蛭石、透闪石、工业用电气石、白垩、石棉、蓝石棉、红柱石、石榴子石、石膏</td><td>原矿或者选矿</td><td>2%～12%</td></tr>
<tr><td>其他黏土（铸型用黏土、砖瓦用黏土、陶粒用黏土、水泥配料用黏土、水泥配料用红土、水泥配料用黄土、水泥配料用泥岩、保温材料用黏土）</td><td>原矿或者选矿</td><td>1%～5%或者每吨（或者每立方米）0.1～5 元</td></tr>
</table>

续表

<table>
<tr><th colspan="3">税目</th><th>征收对象</th><th>税率</th></tr>
<tr><td rowspan="3">非金属矿产</td><td rowspan="2">岩石类</td><td>大理岩、花岗岩、白云岩、石英岩、砂岩、辉绿岩、安山岩、闪长岩、板岩、玄武岩、片麻岩、角闪岩、页岩、浮石、凝灰岩、黑曜岩、霞石正长岩、蛇纹岩、麦饭石、泥灰岩、含钾岩石、含钾砂页岩、天然油石、橄榄岩、松脂岩、粗面岩、辉长岩、辉石岩、正长岩、火山灰、火山渣、泥炭</td><td>原矿或者选矿</td><td>1%～10%</td></tr>
<tr><td>砂石</td><td>原矿或者选矿</td><td>1%～5%或者每吨（或者每立方米）0.1～5元</td></tr>
<tr><td>宝玉石类</td><td>宝石、玉石、宝石级金刚石、玛瑙、黄玉、碧玺</td><td>原矿或者选矿</td><td>4%～20%</td></tr>
<tr><td rowspan="2">水气矿产</td><td colspan="2">二氧化碳气、硫化氢气、氦气、氡气</td><td>原矿</td><td>2%～5%</td></tr>
<tr><td colspan="2">矿泉水</td><td>原矿</td><td>1%～20%或每立方米1～30元</td></tr>
<tr><td rowspan="3">盐</td><td colspan="2">钠盐、钾盐、镁盐、锂盐</td><td>选矿</td><td>3%～15%</td></tr>
<tr><td colspan="2">天然卤水</td><td>原矿</td><td>3%～15%或者每吨（或者每立方米）1～10元</td></tr>
<tr><td colspan="2">海盐</td><td></td><td>2%～5%</td></tr>
</table>

6.3.1.3 税收优惠

1. 减税、免税项目

（1）开采原油过程中用于加热、修井的原油，免税。

（2）纳税人开采或者生产应税产品过程中，因意外事故或者自然灾害等遭受重大损失的，由省、自治区、直辖市人民政府酌情决定减税或免税。

（3）铁矿石资源税减按40%征收。

（4）尾矿再利用的，不再征收资源税。

（5）从2007年1月1日起，对地面抽采煤层气暂不征收资源税。煤层气是指赋存于煤层及其围岩中与煤炭资源伴生的非常规天然气，也称煤矿瓦斯。

（6）自2010年6月1日起，纳税人在新疆开采的原油、天然气，自用于连续生产原油、天然气的，不缴纳资源税；自用于其他方面的，视同销售，依照规定计算缴纳资源税。有下列情形之一的，免征或者减征资源税：

1）油田范围内运输稠油过程中用于加热的原油、天然气，免征资源税。

2）对稠油、高凝油和高含硫天然气的资源税减征40%。

3）对三次采油的资源税减征30%。

4）对低丰度油气田的资源税暂减征20%。

5）对深水油气田的资源税减征 30%。

6）对衰竭期煤矿开采煤矿，资源税减征 30%。

7）对充填开采置换出来的煤炭，资源税减征 50%。

纳税人开采的煤炭，同时符合上述减税情形的，纳税人只能选择其中一项执行，不能叠加使用。

2. 出口应税产品不退（免）资源税的规定

仅对在中国境内开采或生产应税产品的单位和个人征收资源税，对进口的矿产品和盐不征收资源税。由于对进口应税产品不征收资源税，相应的，对出口应税产品也不征收或退还已纳资源税。

6.3.2 资源税税额的计算

6.3.2.1 计税依据

1. 从价定率征收的计税依据

以销售额作为计税依据。销售额是指纳税人销售应税产品向购买方收取的全部价款和价外费用，但不包括收取的增值税销项税额。

2. 从量定额征收的计税依据

销售数量的具体规定：

（1）销售数量，包括纳税人开采或者生产应税产品的实际销售数量和视同销售的自用数量。

（2）纳税人不能提供应税产品销售数量的，以应税产品的产量或者主管税务机关确定的折算比换算成计征资源税产品的销售数量。

（3）对于连续加工前无法正确计算原煤移送使用量的煤炭，按加工产品的综合回收率，将加工产品实际销量和自用量折算成原煤数量，并将其作为课税数量。

（4）金属和非金属矿产品原矿，因无法准确掌握移送使用原矿数量的，可将其精矿按选矿比折算成原矿数量，并将其作为课税数量，其计算公式为：

选矿＝精矿数量÷耗用原矿数量

（5）以自产的液体盐加工固体盐，按固体盐税额征税，以加工的固体盐数量为课税数量；以外购的液体盐加工成固体盐，其加工固体盐所耗用液体盐的已纳税额准予抵扣。

（6）纳税人在资源税纳税申报时，除财政部、国家税务总局另有规定外，应当将其应税和减免税项目分别计算和报送。

6.3.2.2 应纳税额的计算

（1）实行从价定率征收的，计算公式为：

应纳税额＝销售额×适用税率

（2）实行从量定额征收的，计算公式为：

应纳税额＝课税数量×单位税额

代扣代缴应纳税额＝收购未税矿产品的数量×适用的单位税额

6.3.3　纳税申报

6.3.3.1　纳税义务发生时间

（1）纳税人销售应税产品，其纳税义务发生时间为：

1）采取分期收款结算方式的，其纳税义务发生时间为销售合同规定的收款日期当天。

2）采取预收货款结算方式的，其纳税义务发生时间为发出应税产品的当天。

3）采取其他结算方式的，其纳税义务发生时间为收讫销售款或者取得索取销售款凭据的当天。

（2）纳税人自产自用应税产品的纳税义务发生时间为移送使用应税产品的当天。

（3）扣缴义务人代扣代缴税款的纳税义务发生时间为支付首笔货款或首次开具支付货款凭据的当天。

6.3.3.2　纳税期限

纳税人以 1 个月为一期纳税的，自期满之日起 10 日内申报纳税；以 1 日、3 日、5 日、10 日、15 日为一期纳税的，自期满之日起 5 日内预缴税款，于次月 1 日起 10 日内申报纳税并结清上月税款。

6.3.3.3　纳税地点

（1）凡是缴纳资源税的纳税人，都应当向应税产品的开采地或者生产所在地主管税务机关缴纳税款。

（2）如果纳税人在本省、自治区、直辖市范围内开采或者生产应税产品，其纳税地点需要调整的，由所在地省、自治区、直辖市税务机关决定。

（3）如果纳税人应纳的资源税属于跨省开采，其下属生产单位与核算单位不在同一省、自治区、直辖市的，对其开采或者生产的应税产品应征收的资源税，一律在开采地或者生产地缴纳。

（4）扣缴义务人代扣代缴的资源税，应当向收购地主管税务机关缴纳。

学习子情境 6.4　土地增值税实务

6.4.1　认识土地增值税

土地增值税是对转让国有土地使用权、地上建筑物及其附着物并取得收入的单位和个人，就其转让房地产所取得的增值额征收的一种税。

6.4.1.1　纳税义务人

纳税义务人为转让国有土地使用权、地上建筑物及其附着物并取得收入的单位和个人。

【提示 6－7】不论是法人还是自然人，不论其经济性质，不论是内资企业还是外资企业，都可以是土地增值税的纳税义务人。

6.4.1.2　征税范围

对转让国有土地使用权及其地上建筑物和附着物的行为征收土地增值税。

1. 征税范围的界定标准

（1）转让国有土地使用权。城市的土地属于国家所有，属于国家所有的土地，其土地使用权在转让时，属于土地增值税的征税范围。农村和城市郊区的土地除由法律规定属于国家所有的以外，属于集体所有。国家可以依照法律规定对集体土地实行征用，依法被征用后的土地属于国家所有。

【提示6-8】农村集体所有的土地，是不得自行转让的，由国家征用以后变为国家所有时，才能进行转让。因此，集体土地的自行转让是一种违法行为。将集体土地转让给其他单位和个人的，补办土地征用或出让手续变为国家所有之后，再纳入土地增值税的征税范围。

征税范围不包括国有土地使用权出让所取得的收入。国有土地使用权出让，属于土地买卖的一级市场，因此，土地使用权的出让不属于征税范围。而国有土地使用权的转让是指土地使用者通过出让等形式取得土地使用权后，将土地使用权再转让的行为，包括出售、交换和赠予，它属于土地买卖的二级市场。

（2）对国有土地使用权其地上建筑物和附着物的转让行为征税。土地使用权转让时，其地上的建筑物、其他附着物的所有权随之转让，因此，属于土地增值税的征税范围。

征税范围不包括未转让土地使用权、房产产权的行为。房地产权属（指土地使用权和房产产权）是否发生变更，是确定征税范围的一个标准。凡土地使用权、房产产权未转让的（如房地产的出租），不征收土地增值税。

（3）对转让房地产并取得收入的行为征税。征税范围不包括房地产的权属虽转让，但未取得收入的行为。如房地产的继承，尽管房地产的权属发生了变更，但权属人并没有取得收入，因此也不征收土地增值税。

【提示6-9】无论是单独转让国有土地使用权，还是房屋产权与国有土地使用权一并转让的，只要取得收入，均属于土地增值税的征税范围。

2. 对若干具体情况的判定

（1）以出售方式转让国有土地使用权及其地上建筑物和附着物的，属于土地增值税的征税范围，包括：

1）出售国有土地使用权的。

2）取得国有土地使用权后进行房屋开发建造然后出售的。

3）存量房地产的买卖。

（2）以继承、赠予方式转让房地产的，不征收土地增值税。

（3）出租房地产，不征土地增值税。

（4）抵押房地产，不征收土地增值税，以房地产抵债而发生房地产权属转让的，征收土地增值税。

相关知识

房地产的抵押是指房地产的产权所有人、依法取得土地使用权的土地使用人作为债务人或第三者向债权人提供不动产作为清偿债务的担保而不转移权属的法律行为。在这种情况下，由于房产的产权、土地使用权在抵押期间并没有发生权属的变更，房产的产权所有人、土地使用权人仍能对房地产行使占有、使用、收益等权利，房产的产权所有人、土地使用权人只是在抵押期间取得了一定的抵押贷款，并在抵押期满后连本带利偿还给债权人。

（5）交换房地产，征收土地增值税，对个人之间互换自有居住用房的，经核实免征土地增值税。

（6）以房地产进行投资、联营，以土地作价入股的，不征收土地增值税，将房地产再转让的，征收土地增值税。

（7）合作建房建成后自用的，暂免征收土地增值税，建成后转让的，征收土地增值税。

（8）企业兼并转让房地产，暂免征收土地增值税。

（9）房地产的代建房行为和重新评估，不征收土地增值税。

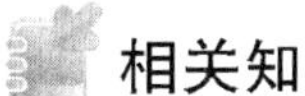

相关知识

房地产的代建房行为是指房地产开发公司代客户进行房地产的开发，开发完成后向客户收取代建收入的行为。对于房地产开发公司而言，虽然取得了收入，但没有发生房地产权属的转移，其收入属于劳务收入性质，故不属于土地增值税的征税范围。

房地产的重新评估，是指国有企业在清产核资时，对房地产进行重新评估而使其升值的情况。在这种情况下，房地产虽然有增值，但没有发生房地产权属的转移，房产的产权所有人、土地使用权人也未取得收入，所以不属于土地增值税的征税范围。

6.4.1.3　税收优惠

1. 建造普通标准住宅的税收优惠

纳税人建造普通标准住宅出售，增值额未超过扣除项目金额 20%的，免征土地增值税；增值额超过扣除项目金额 20%的，应就其全部增值额按规定计税。

【提示 6-10】普通标准住宅，是指按所在地一般民用住宅标准建造的商品住宅。高级公寓、别墅、度假村等不属于普通标准住宅。普通标准住宅与其他住宅的具体划分界限由各省、自治区、直辖市人民政府规定。

对于纳税人既建普通标准住宅又进行其他房地产开发的，应分别核算增值额；未分别核算增值额或不能准确核算增值额的，其建造的普通标准住宅不能适用税收优惠规定。

2. 国家征用收回的房地产的税收优惠

因城市实施规划、国家建设的需要而被政府征用的房产或收回的土地使用权，免征土地增值税。因城市实施规划、国家建设的需要而搬迁，由纳税人自行转让房地产的，比照有关规定免税。

3. 因城市规划、国家建设需要而搬迁，由纳税人自行转让原房地产的税收优惠

因城市实施规划、国家建设的需要而搬迁，由纳税人自行转让原房地产的，免征土地增值税。

4. 对企事业单位、社会团体以及其他组织转让旧房作为公共租赁住房房源的税收优惠

对企事业单位、社会团体以及其他组织转让旧房作为公共租赁住房房源，且增值额未超过扣除项目金额 20%的，免征土地增值税。

5. 公共租赁住房税收优惠政策

对企事业单位、社会团体以及其他组织转让旧房作为公共租赁住房房源，且增值额未

超过扣除项目金额20%的，免征土地增值税。

6.4.2 应纳税额的计算

6.4.2.1 税率

土地增值税实行四级超率累进税率，如表6-2所示。

表6-2 土地增值税四级超率累进税率表

级数	增值额与扣除项目金额的比率	税率/%	速算扣除系数/%
1	不超过50%的部分	30	0
2	超过50%至100%的部分	40	5
3	超过100%至200%的部分	50	15
4	超过200%的部分	60	35

6.4.2.2 应税收入的确定

纳税人转让房地产取得的应税收入，应包括转让房地产的全部价款及有关的经济收益。包括货币收入、实物收入及其他收入。

6.4.2.3 扣除项目的确定

计算土地增值税应纳税额，并不是直接对转让房地产所取得的收入征税，而是要对收入额减除国家规定的各种扣除项目金额后的余额计算征税（即纳税人在转让房地产中获取的增值额），税法准予纳税人从转让收入额减除的项目包括下述几项。

1. 取得土地使用权所支付的金额

具体包括：

（1）取得土地使用权所支付的地价款。

1）以协议、招标、拍卖等出让方式取得土地使用权的，为纳税人所支付的土地出让金。

2）以行政划拨方式取得土地使用权的，为按照国家有关规定补交的土地出让金。

3）以转让方式取得土地使用权的，为向原土地使用权人实际支付的地价款。

（2）纳税人在取得土地使用权时按国家统一规定缴纳的有关费用，包括登记、过户手续费。

2. 房地产开发成本

房地产开发成本是指纳税人进行房地产项目开发实际发生的成本，包括土地的征用及拆迁补偿费、前期工程费、建筑安装工程费、基础设施费、公共配套设施费、开发间接费用等。

3. 房地产开发费用

房地产开发费用是指与房地产开发项目有关的销售费用、管理费用和财务费用，按照《中华人民共和国土地增值税暂行条例实施细则》规定的标准进行扣除。

（1）财务费用中的利息支出能够按转让房地产项目计算分摊并能提供金融机构的贷款证明的，其允许扣除的房地产开发费用为：利息+（取得土地使用权所支付的金额+房地产开发成本）×5%以内。

利息最高不能超过按商业银行同类同期贷款利率计算的金额。

(2) 不能按转让房地产项目计算分摊利息支出或不能提供金融机构贷款证明的，其允许扣除的房地产开发费用为：(取得土地使用权所支付的金额＋房地产开发成本)×10%以内。

(3) 利息的上浮幅度按国家的有关规定执行，超过上浮幅度的部分不允许扣除。

4. 转让房地产有关的税金

转让房地产有关的税金是指在转让房地产时缴纳的城建税、教育费附加及印花税。

【提示6-11】 房地产开发企业按照《施工、房地产开发企业财务制度》的有关规定，其在转让时缴纳的印花税因列入管理费用中，故在此不允许单独再扣除。其他纳税人缴纳的印花税（按产权转移书据所载金额的0.5‰贴花）允许在此扣除。

5. 加计扣除20%

加计扣除20%是指对从事房地产开发的纳税人可按取得土地使用权所支付的金额和房地产开发成本之和，加计20%扣除。此条优惠只适用于从事房地产开发的纳税人，其他纳税人不适用。

6. 旧房及建筑物的评估价格

旧房及建筑物的评估价格是指在转让已使用的房屋及建筑物时，经评定的重置成本价乘以成新度折扣率后的价格。评估价格须经当地税务机关确认。

相关知识

重置成本价是指对旧房及建筑物，按转让时建材价格及人工费用计算，建造同样面积、同样层次、同样建设标准的新房及建筑物花费的成本费用。成新度折扣率是指按旧房的新旧程度进行一定比例的折扣。

【实务操作6-10】 一栋房屋已使用近10年，建造时的造价为2 000万元，按转让时的建材及人工费用计算，建造同样的新房需花费5 000万元，该房有六成新，请计算该房的评估价格。

解析：

该房的评估价格＝5 000×60%＝3 000(万元)

【提示6-12】 转让旧房的，应按房屋及建筑物的评估价格、取得土地使用权所支付的地价款和按国家统一规定缴纳的有关费用及在转让环节缴纳的税金作为扣除项目金额计征土地增值税。对取得土地使用权时未支付地价款或不能提供已支付的地价款凭据的，在计征土地增值税时不允许扣除。

6.4.2.4 增值额的确定

增值额是指纳税人转让房地产所取得的收入减除规定的扣除项目金额后的余额。

纳税人有下列情形之一的，按照房地产评估价格计算征收：

(1) 隐瞒、虚报房地产成交价格的。

(2) 提供扣除项目金额不实的。

(3) 转让房地产的成交价格低于房屋评估价格又无正当理由的。

房地产评估价格，是指由政府批准设立的房地产评估机构根据相同地段、同类房地产进行综合评定的价格。

隐瞒、虚报房地产成交价格，应由评估机构参照同类房地产的市场交易价格进行评估。税务机关根据评估价格确定转让房地产的收入。

提供扣除项目金额不实的，应由评估机构按照房屋重置成本价乘以成新度折扣率计算的房屋成本价和取得土地使用权时的基准地价进行评估。税务机关根据评估价格确定扣除项目金额。

转让房地产的成交价格低于房屋评估价格又无正当理由的，由税务机关参照房地产价格确定转让房地产的收入。

6.4.2.5 土地增值税的计算方法

土地增值税按照纳税人转让房地产所取得的增值额和规定的税率计算征收，其计算公式为：

$$\text{应纳税额} = \sum(\text{每级距的土地增值额} \times \text{适用税率})$$

在实际工作中，分步计算比较麻烦，一般采用速算扣除法计算。其计算公式为：

土地增值税税额＝增值额×适用税率－扣除项目金额×速算扣除系数

【实务操作6-11】某企业转让房地产所取得的收入为500万元，其扣除项目金额为100万元，请计算应纳土地增值税的税额。

解析：

第一步，先计算增值额。

增值额＝500－100＝400(万元)

第二步，计算增值额与扣除项目之比。

增值额与扣除项目之比＝400÷100×100％＝400％

第三步，确定税率。增值额与扣除项目之比超过200％，税率为60％。

第四步，计算土地增值税。

土地增值税税额＝400×60％－100×35％＝205(万元)

6.4.3 纳税申报

6.4.3.1 纳税时间

纳税人在转让房地产合同签订后的7日内缴纳土地增值税。

6.4.3.2 纳税地点

纳税人应向房地产所在地（房地产的坐落地）主管税务机关办理纳税申报，并在税务机关核定的期限内缴纳土地增值税。纳税人转让的房地产坐落在两个或两个以上地区的，应按房地产所在地分别申报纳税。

在实际工作中，纳税地点的确定又可分为两种情况：

(1) 纳税人是法人的。如果转让的房地产坐落地与其机构所在地或经营地一致时，则在办理税务登记的原管辖税务机关申报纳税即可；如果转让的房地产坐落地与其机构所在地或经营地不一致，则应在房地产坐落地所管辖的税务机关申报纳税。

（2）纳税人是自然人的。如果转让的房地产坐落地与其居住所在地一致，则在住所所在地税务机关申报纳税；如果转让的房地产坐落地与其居住所在地不一致，则在办理过户手续所在地的税务机关申报纳税。

6.4.3.3　纳税申报

纳税人申报时，应向税务机关提交房屋及建筑物产权、土地使用权证书，土地转让、房产买卖合同，房地产评估报告及其他与转让房地产有关的资料。纳税人因经常发生房地产转让而难以每次转让后申报的，经税务机关审核同意后，可以定期进行纳税申报，具体期限由税务机关根据情况确定。

学习子情境 6.5　房产税实务

房产税是以房产为征税对象，依据房产价格或房产租金收入向房产所有人或经营人征收的一种税。

6.5.1　认识房产税

6.5.1.1　纳税义务人

房产税以在征税范围内的房屋产权所有人为纳税人。

（1）产权属于国家的，由经营管理单位为纳税人；产权属于集体或个人的，由集体单位或个人纳税。

（2）产权出典的，由承典人纳税。

（3）产权所有人、承典人不在房屋所在地的，由房产代管人或者使用人纳税。

（4）无租使用其他房产的问题。纳税人和个人无租使用房产管理部门、免税单位及纳税单位的房产，由使用人代为缴纳房产税。

（5）自 2009 年 1 月 1 日起，外商投资企业和外国企业以及外籍个人，缴纳房产税。

6.5.1.2　征税范围

房产税的征税范围为城市、县城、建制镇和工矿区的房产。具体规定：

（1）城市是指经国务院批准设立的市。

（2）县城是指县人民政府所在地。

（3）建制镇是指经省、自治区、直辖市人民政府批准设立的建制镇。

（4）工矿区是指工商业比较发达，人口比较集中，符合国务院规定的建制镇标准，但尚未设立建制镇的大中型工矿企业所在地。工矿区须经省、自治区、直辖市人民政府批准。

房产税的征税范围不包括农村。

6.5.1.3　税收优惠

（1）国家机关、人民团体、军队自用的房产免征房产税。

（2）由国家财政部门拨付事业经费的单位，如学校、医疗单位、托儿所、幼儿园、敬老院这些实行全额或差额预算管理的事业单位所有的，本身业务范围内使用的房产免征房产税。

（3）宗教寺庙、公园、名胜古迹自用的房产免征房产税。

（4）个人所有非营业用的房产免征房产税。

（5）行使国家行政管理职能的中国人民银行总行所属分支机构自用的房产免征房产税。

（6）经财政部批准的其他房产。主要包括：

1）损坏不能使用、经有关部门鉴定的房产，在停止使用后，可免征房产税。

2）纳税人因房屋大修导致连续停用半年以上的，在房屋大修期间免征房产税。

3）在基建工地为基建工地服务的各种工棚、材料棚、休息棚和办公室、食堂、茶炉房、汽车房等临时性房屋，在施工期间，一律免征房产税。

4）为鼓励利用地下人防设施，对其用房暂不征收房产税。

5）从1988年1月1日起，对房管部门经租的居民住房，在房租调整改革之前收取租金偏低的，可暂缓征收房产税。

6）对高校后勤实体用房免征房产税。

7）非营利性医疗机构、疾病控制中心和妇幼保健机构等卫生机构自用的房产免征房产税。

8）老年服务机构自用的房产免征房产税。

9）从2001年1月1日起，对按政府规定价格出租的公有住房和廉租住房，暂免征收房产税。

10）对坐落在城市、县城、建制镇、工矿区范围以外的尚在县邮局内核算的房产，在单位财务账中划分清楚的，从2001年1月1日起不再征收房产税。

11）向居民供热并向居民收取采暖费的供热企业用房暂免征收房产税。

12）自2006年1月1日起至2011年12月31日，对为高校学生提供住宿服务并按高教系统收费标准收取租金的学生公寓，免征房产税。

13）对公租房免征房产税。对经营公租房所取得的租金收入，免征增值税。公租房经营管理单位应单独核算公租房租金收入，未单独核算的，不得享受免征房产税优惠政策。

14）为支持居民供热采暖，自2019年1月1日至2020年12月31日，对向居民供热收取采暖费的“三北”地区供热企业（以下简称供热企业），为居民供热所使用的厂房及土地免征房产税；对供热企业其他厂房及土地，应当按照规定征收房产税。

“三北”地区，是指北京市、天津市、河北省、山西省、内蒙古自治区、辽宁省、大连市、吉林省、黑龙江省、山东省、青岛市、河南省、陕西省、甘肃省、青海省、宁夏回族自治区和新疆维吾尔自治区。

对专业供热企业，按其向居民供热取得的采暖费收入占全部采暖费收入的比例，计算免征的房产税。

15）自2019年1月1日至2021年12月31日，对农产品批发市场、农贸市场（包括自有和承租，下同）专门用于经营农产品的房产、土地，暂免征收房产税。对同时经营其他产品的农产品批发市场和农贸市场使用的房产、土地，按其他产品与农产品交易场地面积的比例确定征免房产税。

享受上述税收优惠的房产、土地，是指农产品批发市场、农贸市场直接为农产品交易提供服务的房产、土地。农产品批发市场、农贸市场的行政办公区、生活区，以及商业餐饮娱乐等非直接为农产品交易提供服务的房产，不属于这里所讲的优惠范围，应按规定征收房产税。

16）2019 年 1 月 1 日至 2020 年 12 月 31 日，对饮水工程运营管理单位自用的生产、办公用房产，免征房产税。

6.5.2　应纳税额的计算

6.5.2.1　税率

（1）从价计征，税率为 1.2%。

（2）从租计征，税率为 12%。

从 2001 年 1 月 1 日起，对个人按市场价格出租的居民住房，用于居住的，可按 4%的税率征收房产税。

6.5.2.2　计税依据

房产税的计税依据是房产的计税价值或房产的租金收入。

（1）从价计征。按房产原值一次减除 10%～30%后的余值计算缴纳。各地扣除比例由当地省、自治区、直辖市人民政府确定。

房产原值是指纳税人按照会计制度的规定，在账簿“固定资产”科目中记载的房屋原值，包括与房屋不可分割的各种附属设备或一般不单独计算价值的配套设施。

【提示 6-13】纳税人对原有房屋进行改建、扩建的，要相应增加房屋的原值。

（2）从租计征。按房产出租的租金收入计算缴纳。

【提示 6-14】对投资联营的房产，在计征房产税时应予以区别对待。对于以房产投资联营，投资者参与投资利润分红，共担风险的，按房产余值作为计税依据计征房产税；对以房产投资，收取固定收入，不承担联营风险，实际是以联营名义取得房产租金的，应根据有关规定由出租方按租金收入计缴房产税；对融资租赁房屋的情况，由于租赁费包括购进房屋的价款、手续费、借款利息等，与一般房屋出租的“租金”内涵不同，且租赁期满后，当承租方偿还最后一笔租赁费时，房屋产权要转移到承租方，在计征房产税时应以房产余值计算征收，至于租赁期内房产税的纳税人，由当地税务机关根据实际情况确定。

6.5.2.3　应纳税额的计算方法

1. 从价计征

从价计征应纳税额的计算公式为：

应纳税额=应税房产原值×(1−扣除比例)×1.2%

【实务操作 6-12】某公司一经营用房原值为 1 000 万元，当地规定允许按减除 30%后的余值计税，请计算应纳的房产税。

解析：

应纳税额=1 000×(1−30%)×1.2%=8.4(万元)

2. 从租计征

房产的租金收入，包括货币收入和实物收入。如果是以劳务或者其他形式为报酬抵付房租收入的，应根据当地同类房产的租金水平，确定一个标准租金额从租计征。纳税人对个人出租房屋的租金收入申报不实或申报数与同一地段同类房屋的租金收入相比明显不合理的，税务部门可以核定其应纳税额。

从租计征应纳税额的计算公式为：

应纳税额＝租金收入×12%（或4%）

【实务操作6-13】某企业出租房屋一间，年租金收入为50 000元，税率为12%，请计算应纳的房产税。

解析：

应纳税额＝50 000×12%＝6 000（元）

【实务操作6-14】2019年8月，张女士将位于市中心的一套一居室住房出租，每月租金1 500元，请计算张女士2019年应纳的房产税。

解析：

应纳税额＝1 500×4%×5＝300（元）

6.5.3 纳税申报

6.5.3.1 纳税义务发生时间

（1）将原有房产用于生产经营，从生产经营当月起纳税。

（2）自行新建房屋用于生产经营，从建成的次月起纳税。

（3）委托施工企业建设的房屋，从办理验收手续的次月起纳税。

（4）购置新建商品房，自房屋交付使用的次月起缴纳房产税。

（5）购置存量房，自办理房屋权属转移、变更登记手续，房地产权属登记机关签发房屋权属证书的次月起纳税。

（6）出租、出借房产，自交付出租、出借房产的次月起纳税。

（7）房地产开发企业自用、出租、出借本企业建造的商品房，自房屋使用或交付的次月起纳税。

（8）自2009年1月1日起，纳税人因房产的实物或权利状态发生变化而依法终止房产税纳税义务的，其应纳税款的计算应截止到房产的实物或权利状态发生变化的当月末。

6.5.3.2 纳税地点

房产税在房产所在地缴纳。房产不在同一地方的纳税人，按房产的坐落地点分别向房产所在地的税务机关纳税。

6.5.3.3 纳税期限

房产税实行按年计算、分期缴纳的征收方法，具体纳税期限由省、自治区、直辖市人民政府确定。纳税人应及时办理纳税申报，并如实填写《房产税纳税申报表》。

学习子情境6.6 城镇土地使用税、契税和耕地占用税实务

6.6.1 认识城镇土地使用税

城镇土地使用税是以国有土地为征税对象，对拥有土地使用权的单位和个人征收的一

种税。

6.6.1.1　纳税义务人

在城市、县城、建制镇、工矿区范围内使用土地的单位和个人，为城镇土地使用税（简称土地使用税）的纳税义务人。具体包括以下几类：

（1）拥有土地使用权的单位和个人。

（2）拥有土地使用权的单位和个人不在土地所在地的，其土地的实际使用人和代管人为纳税人。

（3）土地使用权未确定或权属纠纷未解决的，其实际使用人为纳税人。

（4）土地使用权共有的，共有双方都是纳税人，由共有各方分别纳税。

【提示6-15】几个人或几个单位共同拥有一块土地的使用权，这块土地的土地使用税纳税人应是对这块土地拥有使用权的每一个人或每一个单位。他们应以其实际使用的土地面积占总面积的比例，分别计算缴纳土地使用税。

【实务操作6-15】甲与乙共同拥有某城市的一块土地的使用权，这块土地的面积为3 000平方米，甲实际使用2/3，乙实际使用1/3，该土地的城镇土地使用税纳税人如何确定？

解析：甲应是其所占土地2 000（3 000×2/3）平方米的城镇土地使用税纳税人，乙是其所占土地1 000（3 000×1/3）平方米的城镇土地使用税纳税人。

6.6.1.2　征税范围

城镇土地使用税的征税范围包括城市、县城、建制镇和工矿区的国家所有和集体所有的土地。

（1）城市是指经国务院批准设立的市。

（2）县城是指县人民政府所在地的城镇。

（3）建制镇是指经省、自治区、直辖市人民政府批准设立的建制镇的人民政府所在地。

（4）工矿区是指工商业比较发达，人口比较集中，符合国务院规定的建制镇标准，但尚未设立建制镇的大中型工矿企业所在地。工矿区须经省、自治区、直辖市人民政府批准。

建立在城市、县城、建制镇和工矿区以外的工矿企业则不需缴纳城镇土地使用税。

6.6.1.3　税收优惠

1. 法定免缴城镇土地使用税的优惠

（1）国家机关、人民团体、军队自用（办公用地、公务用地）的土地。如国家机关、人民团体的办公楼用地，军队的训练场用地等，免征土地使用税。

（2）由国家财政部门拨付事业经费的单位自用（业务用地）的土地，如学校的教学楼、操场、食堂等占用的土地，免征土地使用税。

（3）宗教寺庙、公园、名胜古迹自用的土地，免征土地使用税。宗教寺庙自用的土地，即举行宗教仪式等的用地和寺庙人员生活用地。公园、名胜古迹自用的土地，是指供公共参观游览的用地及其管理单位的办公用地。以上单位的生产、经营用地和其他用地，不属于免税范围，应按规定缴纳土地使用税，如公园、名胜古迹中附设的营业单位（如影剧院、饮食部、茶社、照相馆等）使用的土地。

（4）市政街道、广场、绿化地带等公共用地，免征土地使用税。

（5）直接用于农、林、牧、渔业的生产用地，免征土地使用税。即直接用于种植、养殖、饲养的专业用地，不包括农副产品加工场地和生活办公用地。

（6）经批准开山填海整治的土地和改造的废弃土地，从使用的当月起免缴土地使用税5～10年。

（7）对非营利性医疗机构、疾病控制机构和妇幼保健机构等卫生机构自用的土地，免征土地使用税。对营利性医疗机构自用的土地，自2000年起免征城镇土地使用税3年。

（8）企业办的学校、医院、托儿所、幼儿园，其用地能与企业其他用地明确区分的，免征土地使用税。

（9）免税单位无偿使用纳税单位的土地（如公安、海关等单位使用铁路、民航等单位的土地），免征土地使用税。纳税单位无偿使用免税单位的土地，纳税单位应照章缴纳土地使用税。纳税单位与免税单位共同使用、共有使用土地上的多层建筑，对纳税单位可按其占用的建筑面积占建筑总面积的比例计征土地使用税。

（10）对行使国家行政管理职能的中国人民银行总行（含国家外汇管理局）所属分支机构自用的土地，免征土地使用税。

（11）对企业的铁路专用线、公路等用地，在厂区以外、与社会公用地段未加隔离的，暂免征收土地使用税。

（12）对企业厂区以外的公共绿化用地和向社会开放的公园用地，暂免征收土地使用税。

（13）对盐场的盐滩、盐矿的矿井用地，暂免征收土地使用税。

2. 由省、自治区、直辖市地方税务局确定减免城镇土地使用税

（1）个人所有的居住房屋及院落用地。

（2）房产管理部门在房租调整改革前经租的居民住房用地。

（3）免税单位职工家属的宿舍用地。

（4）民政部门举办的安置残疾人占一定比例的福利工厂用地。

（5）集体和个人办的各类学校、医院、托儿所、幼儿园用地。

（6）对基建项目在建期间使用的土地，原则上应照章征收土地使用税。但对有些基建项目，特别是国家产业政策扶持发展的大型基建项目，占地面积大、建设周期长、在建期间又没有经营收入，为照顾其实际情况，对纳税人纳税确有困难的，可由省、自治区、直辖市税务局根据具体情况予以免征或减征土地使用税。

（7）原房管部门代理的私房，落实政策后，有些私房产权已还给房主，但由于各种原因，房屋仍由原住户居住，并且住户仍是按照房管部门在房租调整改革之前确定的租金标准向房主交纳租金，对这类房屋用地，房主缴纳土地使用税确实有困难的，可由省、自治区、直辖市税务局根据情况给予定期减征或免征土地使用税的照顾。

（8）对于各类危险品仓库、厂房所需的防火、防爆、防毒等安全防范用地，可由省、自治区、直辖市税务局确定，暂免征收土地使用税。

（9）为支持居民供热采暖，自2019年1月1日至2020年12月31日，对向居民供热收取采暖费的供热企业，为居民供热所使用的厂房及土地免征土地使用税；对供热企业其他厂房及土地，应当按照规定征收土地使用税。

对专业供热企业，按其向居民供热取得的采暖费收入占全部采暖费收入的比例，计算免征的土地使用税。

对兼营供热企业，视其供热所使用的厂房及土地与其他生产经营活动所使用的厂房及土地是否可以区分，按照不同方法计算免征的土地使用税。可以区分的，对其供热所使用的厂房及土地，按向居民供热取得的采暖费收入占全部采暖费收入的比例，计算免征的税额；难以区分的，对其全部厂房及土地，按向居民供热取得的采暖费收入占其营业收入的比例，计算免征的税额。

对自供热单位，按向居民供热建筑面积占总供热建筑面积的比例，计算免征供热所使用的厂房及土地的城镇土地使用税。

（10）自2019年1月1日至2021年12月31日，对农产品批发市场、农贸市场（包括自有和承租，下同）专门用于经营农产品的土地，暂免征收土地使用税。对同时经营其他产品的农产品批发市场和农贸市场使用的土地，按其他产品与农产品交易场地面积的比例确定征免土地使用税。

享受上述税收优惠的土地，是指农产品批发市场、农贸市场直接为农产品交易提供服务的土地。农产品批发市场、农贸市场的行政办公区、生活区，以及商业餐饮娱乐等非直接为农产品交易提供服务的房产、土地，不属于规定的优惠范围，应按规定征收土地使用税。

（11）2019年1月1日至2020年12月31日，对饮水工程运营管理单位自用的生产、办公用土地，免征土地使用税。

6.6.1.4 应纳税额的计算

1. 税率

城镇土地使用税采用定额税率，按大、中、小城市和县城、建制镇、工矿区采用差别税额。具体标准如表6-3所示。

表6-3 城镇土地使用税税率表

级差	人口（人）	每平方米税额（元）
大城市	50万以上	1.5～30
中等城市	20万～50万	1.2～24
小城市	20万以下	0.9～18
县城、建制镇、工矿区		0.6～12

经济落后地区，土地使用税的适用税额标准可适当降低，但降低额不得超过规定最低税额的30%；经济发达地区的适用税额标准可以适当提高，但须报财政部批准。

2. 计税依据

以纳税人实际占用的土地面积为计税依据，土地面积计量标准为每平方米。

纳税人实际占用的土地面积按下列办法确定：

由省、自治区、直辖市人民政府确定的单位组织测量土地使用面积的，以测定的面积为准；尚未组织测量，但纳税人持有政府部门核发的土地使用证书的，以证书确定的土地面积为准；尚未核发土地使用证书的，应由纳税人申报土地面积，据以纳税，待核发土地使用证以后再做调整。

3. 应纳税额的计算方法

城镇土地使用税应纳税额的计算公式为：

应纳税额＝实际占用应税土地面积(平方米)×适用税额

【实务操作 6－16】在某城市的某公司使用土地面积为 50 000 平方米，经核定，该土地为应税土地，每平方米年税额为 5 元，计算其全年应纳的土地使用税税额。

解析：

年应纳土地使用税税额＝50 000×5＝250 000(元)

6.6.1.5 纳税申报

1. 纳税义务发生时间

(1) 纳税人购置新建商品房，自房屋交付使用之日起，缴纳城镇土地使用税。

(2) 纳税人购置存量房，自办理房屋权属转移、变更登记手续，房地产权属登记机关签发房屋权属证书之日起，缴纳城镇土地使用税。

(3) 纳税人出租、出借房产，自交付出租、出借房产之次月起，缴纳城镇土地使用税。

(4) 房地产开发企业自用、出租、出借本企业建造的商品房，自房屋使用或交付之次月起，缴纳城镇土地使用税。

(5) 纳税人新征用的耕地，自批准征用之日起满一年时开始缴纳城镇土地使用税。

(6) 纳税人新征用的非耕地，自批准征用次月起缴纳城镇土地使用税。

2. 纳税地点

城镇土地使用税在土地所在地缴纳，其收入纳入地方财政预算管理。纳税人使用的土地不属于同一省、自治区、直辖市的，由纳税人分别向土地所在地的税务机关缴纳城镇土地使用税；在同一省、自治区、直辖市管理范围内，纳税人跨地区使用的土地，其纳税地点由各省、自治区、直辖市税务局确定。

3. 纳税期限

城镇土地使用税实行按年计算、分期缴纳的征收方法，具体纳税期限由省、自治区、直辖市人民政府确定。纳税人应按照有关规定及时办理纳税申报，并如实填写《城镇土地使用税申报表》。

6.6.2 认识契税

契税是以所有权发生转移变动的不动产为征税对象，向产权承受人征收的一种财产税。

6.6.2.1 纳税义务人

契税的纳税义务人是指境内（中华人民共和国实施税收行政管辖范围内）转移土地、房屋权属承受的单位和个人。土地、房屋权属是指土地使用权和房屋所有权。单位包括外资企业、事业单位、国家机关、军事单位和社会团体。个人包括中国公民和外籍人员。

6.6.2.2 征税对象和范围

契税的征税对象是在中国境内转移土地、房屋权属，具体包括以下六项内容：

(1) 国有土地使用权出让。国有土地使用权出让是指土地使用者向国家交付土地使用权出让费用，国家将国有土地使用权在一定年限内让与土地使用者的行为。

（2）土地使用权的转让。土地使用权的转让是指土地使用者以出售、赠予、交换或者其他方式将土地使用权转让给其他单位和个人的行为。土地使用权的转让不包括农村集体土地承包经营权的转移。

（3）房屋买卖。房屋买卖是指以货币为媒介，出售者向购买者过渡房产所有权的交易行为。以下几种特殊情况，视同买卖房屋：

1）以房产抵债或实物交换房屋。经当地政府和有关部门批准，以房产抵债和实物交换房屋，均视同房屋买卖，应由产权承受人按房屋现值缴纳契税。

2）以房产作投资或作股权转让。这种交易业务属于房屋产权转移，应根据国家房地产管理的有关规定，办理房屋产权和产权变更登记手续，视同房屋买卖，由产权承受方按契税税率计算缴纳契税。

相关知识

以自有房产作股投入本人独资经营的企业，免纳契税。因为以自有的房产投入本人独资经营的企业，产权所有人和使用权使用人未发生变化，不需要办理变更手续，也不需要办理契税手续。

3）买房拆料或翻建新房，应照章征收契税。

（4）房屋赠予。房屋的赠予是指房屋产权所有人将房屋无偿转让给他人所有。其中，将自己的房屋转交给他人的法人和自然人，称作房屋赠予人；接受他人房屋的法人和自然人，称为受赠人。房屋赠予的前提必须是产权无纠纷，赠予人和受赠人双方自愿。

（5）房屋交换。房屋交换是指房屋所有者之间互相交换房屋的行为。一是以土地、房屋权属作价投资、入股；二是以土地、房屋权属抵债；三是以获奖方式承受土地、房屋权属；四是以预购方式或者预付集资建房款方式承受土地、房屋权属。

（6）承受国有土地使用权支付的土地出让金。对承受国有土地使用权所应支付的土地出让金，要计征契税，不得因减免土地出让金而减免契税。

6.6.2.3　税收优惠

（1）国家机关、事业单位、社会团体、军事单位承受土地、房屋用于办公、教学、医疗、科研和军事设施的，免征契税。

（2）城镇职工按规定第一次购买公有住房，免征契税。

财政部、国家税务总局规定：自 2000 年 11 月 29 日起，对各类公有制单位为解决职工住房而采取集资建房方式建成的普通住房，或由单位购买的普通商品住房，经当地县以上人民政府房改部门批准，按照国家房改政策出售给本单位职工的，如为职工首次购买住房，均可免征契税。

自 2008 年 11 月 1 日起，对个人首次购买 90 平方米以下普通住房的，契税税率暂统一下调到 1%。

（3）因不可抗力灭失住房而重新购买住房的，酌情减免契税。

（4）土地、房屋被县级以上人民政府征用、占用后，重新承受土地、房屋权属的，由省级人民政府确定是否减免契税。

（5）承受荒山、荒沟、荒丘、荒滩土地使用权，并用于农、林、牧、渔业生产的，免征契税。

（6）经外交部确认，依照我国有关法律规定以及我国缔结或参加的双边和多边条约或协定，应当给予免税的外国驻华使馆、领事馆、联合国驻华机构及其外交代表、领事官员和其他外交人员承受的土地、房屋权属，免征契税。

（7）企业合并。

两个或两个以上的企业，依据法律规定、合同约定，合并改建为一个企业，对其合并后的企业承受原合并各方的土地、房屋权属，免征契税。

（8）企业分立。

企业依照法律规定、合同约定分设为两个或两个以上投资主体相同的企业，对派生方、新设方承受的原企业、房屋权属，不征收契税。

（9）企业出售。

国有、集体企业出售，被出售企业法人予以注销，并且买受人按照规定妥善安置原企业职工，其中与原企业30%以上职工签订服务年限不少于3年的劳动用工合同的，对其承受所购企业的土地、房屋权属，减半征收契税。与原企业全部职工签订服务年限不少于3年的劳动用工合同的，免征契税。

（10）企业注销、破产。

企业依照有关规定实施注销、破产后，债权人承受注销、破产企业的土地、房屋权属以抵偿债务的，免征契税；对非债权人承受注销、破产企业的土地、房屋权属，凡按照政策妥善安置原企业全部职工，其中与原企业30%以上职工签订服务年限不少于3年的劳动用工合同的，对其承受所购企业的土地、房屋权属，减半征收契税；与原企业全部职工签订服务年限不少于3年的劳动用工合同的，免征契税。

（11）房屋的附属设施。

对于承受与房屋相关的附属设施所有权或土地使用权的行为，按照规定征收契税；对于不涉及土地使用权和房屋所有权转移变动的，不征收契税。

（12）继承土地、房屋权属。

对于《中华人民共和国民法典》继承编规定的法定继承人继承土地、房屋权属，不征收契税。非法定继承人根据遗嘱承受死者生前的土地、房屋权属，属于赠与行为，应征收契税。

（13）自2019年1月1日至2020年12月31日，对饮水工程运营管理单位为建设饮水工程而承受土地使用权，免征契税。

（14）自2019年1月1日至2020年12月31日，对公租房经营管理单位购买住房作为公租房，免征契税。

相关知识

从2016年2月22日起，除北京市、上海市、广州市、深圳市外，对个人购买家庭唯一住房、面积为90平方米及以下的，减按1%的税率征收契税；面积为90平方米以上的，减按1.5%的税率征收契税。对个人购买家庭第二套改善性住房，面积为90平方米及以下的，减按1%的税率征收契税；面积为90平方米以上的，减按2%的税率征收契税。

6.6.2.4 应纳税额的计算

1. 税率

契税实行3%～5%的幅度税率。

2. 计税依据

契税的计税依据为不动产的价格。由于土地、房屋权属转移方式不同，定价方法不同，因而具体计税依据视不同情况而确定。

（1）国有土地使用权出让、土地使用权出售、房屋买卖，以成交价格为计税依据。

【提示 6-16】成交价格是指土地、房屋权属转移合同确定的价格，包括承受者应交付的货币、实物、无形资产或者其他经济利益。

（2）土地使用权赠予、房屋赠予，由征收机关参照土地使用权出售、房屋买卖的市场价格核定。

（3）土地使用权交换、房屋交换，成交价格为所交换的土地使用权、房屋价格差额。

【提示 6-17】交换价格相等时，免征契税；交换价格不等时，由多交付货币、实物、无形资产或者其他经济利益的一方交纳契税。

（4）以划拨方式取得土地使用权，经批准转让房地产时，由房地产转让者补交契税，计税依据为补交的土地使用权出让费用或者土地收益。

【提示 6-18】为了避免偷、逃税款，税法规定，成交价格明显低于市场价格且无正当理由的，或者所交换土地使用权、房屋的价格差额明显不合理且无正当理由的，征收机关可以参照市场价格核定计税价格。

（5）房屋附属设施征收契税的依据。

1）采取分期付款方式购买房屋附属设施土地使用权、房屋所有权的，应按合同规定的总价款计征契税。

2）承受的房屋附属设施权属如为单独计价的，按照当地确定的适用税率征收契税；如与房屋统一计价，适用与房屋相同的契税税率。

（6）个人无偿赠予不动产行为（法定继承人除外），应对受赠人全额征收契税。

（7）出让国有土地使用权，契税计税价格为承受人为取得该土地使用权而支付的全部经济利益。对通过“招、拍、挂”程序承受国有土地使用权的，应按照土地成交总价款计征契税，其中的土地前期开发成本不得扣除。

3. 应纳税额的计算

契税应纳税额的计算公式为：

应纳税额＝计税依据×税率

【实务操作 6-17】某公司 2019 年发生两笔互换房产业务并已办理了相关手续。第一笔业务换出的房产价值 5 000 000 元，换进的房产价值 8 000 000 元，第二笔业务换出的房产价值 6 000 000 元，换进的房产价值 3 000 000 元。当地政府规定的契税税率为 3%。请计算该公司应缴纳的契税税额。

解析：房屋或土地使用权交换，交换价格相等，免征契税；交换价格不等，由多交付货币的一方按价差交纳契税。第一笔交换业务应由某公司交纳契税，第二笔交换业务由对方交纳契税。

应纳税额＝(8 000 000－5 000 000)×3%＝90 000(元)

【实务操作 6-18】居民王明有两套住房，将一套出售给李冬，成交价格为 200 000 元；将另一套两室住房与刘芳交换成两处一室住房，并支付给刘芳换房差价款 60 000 元。

请计算王明、李冬、刘芳相关行为应缴纳的契税（假定税率为4%）。

解析：

（1）王明应缴纳契税＝60 000×4%＝2 400（元）。

（2）李冬应缴纳契税＝200 000×4%＝8 000（元）。

（3）刘芳不缴纳契税。

6.6.2.5 纳税申报

1. 纳税义务发生时间

纳税人签订土地、房屋权属转移合同的当天，或者纳税人取得其他具有土地、房屋权属转移合同性质凭证的当天。

2. 纳税地点

契税在土地、房屋所在地的征收机关缴纳。

3. 纳税期限

自纳税义务发生之日起10日内，向土地、房屋所在地的契税征收机关办理纳税申报，并在契税征收机关核定的期限内缴纳契税。

6.6.3 认识耕地占用税

耕地占用税是对占用耕地建房或从事其他非农业建设的单位和个人，就其实际占用的耕地面积征收的一种税，是对特定土地资源占用课税。

耕地占用税的特点有：兼具资源税与特定行为税的性质；采用地区差别税率；在占用耕地环节一次性课征；税收收入专用于耕地开发与改良等。

6.6.3.1 纳税义务人及征税范围

1. 耕地占用税的纳税义务人

耕地占用税的纳税义务人是占用耕地建房或从事非农业建设的单位和个人。

2. 耕地占用税的征税范围

耕地占用税的征税范围包括纳税人建房或从事其他非农业建设而占用的国家所有和集体所有的耕地。

耕地是指种植农业作物的土地，包括菜地、园地。其中，园地包括花圃、苗圃、茶园、果园、桑园和其他种植经济林木的土地。

占用鱼塘及其他农用土地建房或从事其他非农业建设也视同占用耕地，必须依法缴纳耕地占用税。

此外，在占用之前三年内属于上述范围的耕地或农用土地，也视为耕地。

6.6.3.2 税收优惠

1. 免征耕地占用税

（1）军事设施占用耕地，免征耕地占用税。

（2）学校、幼儿园、养老院、医院占用耕地，免征耕地占用税。

（3）农村烈士遗属、因公牺牲军人遗属、残疾军人以及符合农村最低生活保障条件的农村居民，在规定用地标准以内新建自用住宅，免征耕地占用税。

2. 减征耕地占用税

（1）铁路线路、公路线路、飞机场跑道、停机坪、港口、航道占用耕地，减按每平方米 2 元的税额征收耕地占用税。

（2）农村居民占用耕地新建住宅，按照当地适用税额减半征收耕地占用税。其中农村居民经批准搬迁，新建自用住宅占用耕地不超过原宅基地面积的部分，免征耕地占用税。

【提示 6-19】 免征或者减征耕地占用税后，纳税人改变原占地用途，不再属于免征或者减征耕地占用税情形的，应当按照当地适用税额补缴耕地占用税。

6.6.3.3 应纳税额的计算

1. 计税依据

耕地占用税以纳税人占用耕地的面积为计税依据，以平方米为计量单位。

2. 税率

在我国，考虑到不同地区之间客观条件的差别以及与此相关的税收调节力度和纳税人负担能力方面的差别，耕地占用税在税率设计上采用了地区差别定额税率。规定如下：

（1）人均耕地不超过 1 亩的地区（以县级行政区域为单位，下同），每平方米为 10～50 元。

（2）人均耕地超过 1 亩但不超过 2 亩的地区，每平方米为 8～40 元。

（3）人均耕地超过 2 亩但不超过 3 亩的地区，每平方米为 6～30 元。

（4）人均耕地超过 3 亩以上的地区，每平方米为 5～25 元。

经济特区、经济技术开发区和经济发达、人均耕地特别少的地区，适用税额可以适当提高，但最多不得超过上述规定税额的 50%。各省、自治区、直辖市耕地占用税平均税额如表 6-4 所示。

表 6-4 各省、自治区、直辖市耕地占用税平均税额

地区	每平方米平均税额/元
上海	45
北京	40
天津	35
江苏、浙江、福建、广东	30
辽宁、湖北、湖南	25
河北、安徽、江西、山东、河南、重庆、四川	22.5
广西、海南、贵州、云南、陕西	20
山西、吉林、黑龙江	17.5
内蒙古、西藏、甘肃、青海、宁夏、新疆	12.5

3. 应纳税额的计算

耕地占用税以纳税人实际占用的耕地面积为计税依据，以每平方米土地为计税单位，按适用的定额税率计税。计算公式为：

应纳税额＝实际占用耕地面积(平方米)×适用定额税率

【实务操作 6-19】 某农村一村民新建住宅，经批准占用耕地 200 平方米，该地区耕地占用税税额为 7 元/平方米。农村居民占用耕地新建住宅，按照当地适用税额减半征收耕地占用税。计算该村民应缴纳的耕地占用税。

解析：

应纳耕地占用税＝200×7×50%＝700（元）

6.6.3.4 征收管理

耕地占用税由税务机关负责征收。耕地占用税的纳税义务发生时间为纳税人收到自然资源主管部门办理占用耕地手续的书面通知的当日。纳税人应当自纳税义务发生之日起30日内申报缴纳耕地占用税。

土地管理部门凭耕地占用税完税凭证或者免税凭证和其他有关文件发放建设用地批准书。纳税人临时占用耕地，应当依照《中华人民共和国耕地占用税法》的规定缴纳耕地占用税。纳税人在批准临时占用耕地的1年内内恢复所占用耕地原状的，全额退还已经缴纳的耕地占用税。自2019年9月1日起，占用基本农田的，应当按照适用税额，加按150%征收。

学习子情境 6.7 车辆购置税、车船税和印花税实务

6.7.1 认识车辆购置税

车辆购置税是以在中国境内购置规定车辆为课税对象，在特定的环节向车辆购置者征收的一种税。

车辆购置税是2001年1月1日在我国开征的税种。它具有征收范围单一；征收环节单一；税率单一；征收方法单一；征税具有特定目的；价外征收，税负不发生转嫁等特点。

6.7.1.1 纳税义务人

车辆购置税的纳税义务人是指在我国境内购置应税车辆的单位和个人。其中，购置是指购买使用行为、进口使用行为、受赠使用行为、自产自用行为、获奖使用行为以及以拍卖、抵债、走私、罚没等方式取得并使用的行为，这些都属于车辆购置税的应税行为。

6.7.1.2 征税范围

车辆购置税以列举的车辆为征税对象，不列举的不纳税。其征税范围包括汽车、有轨电车、汽车挂车、排气量超过150毫升的摩托车。

自2019年7月1日起，地铁、轻轨等城市轨道交通车辆，装载机、平地机、挖掘机、推土机等轮式专用机械车，以及起重机（吊车）、叉车、电动摩托车，不属于应税车辆。

纳税人如果在2019年6月30日前（含）购置属于《车辆购置税暂行条例》征收范围，但不属于《车辆购置税法》征收范围的车辆（例如150毫升及以下排气量的摩托车和电动摩托车等），未在2019年7月1日前申报的，在《车辆购置税法》实施后，仍然需要申报缴纳车辆购置税。购置日期的确定以购车相关凭证开具或者注明的时间为准。

6.7.1.3 税收优惠

1. 车辆购置税减免税规定

（1）外国驻华使馆、领事馆和国际组织驻华机构及其外交人员自用车辆免税。

（2）中国人民解放军和中国人民武装警察部队列入军队武器装备订货计划的车辆免税。

（3）设有固定装置的非运输车辆免税。

（4）国务院规定免税或减税的情形：

1）防汛部门和森林消防部门用于指挥、检查、调度、报汛（警）、联络的设有固定装置的指定型号的车辆。

2）回国服务的留学人员用现汇购买 1 辆自用国产小汽车。

（5）城市公交企业购置的公共汽电车辆免征车辆购置税。城市公交企业，是指由县级以上（含县级）人民政府交通运输主管部门认定的，依法取得城市公交经营资格，为公众提供公交出行服务，并纳入《城市公共交通管理部门与城市公交企业名录》的企业；公共汽电车辆是指按规定的线路、站点票价营运，用于公共交通服务，为运输乘客设计和制造的车辆，包括公共汽车、无轨电车和有轨电车。

（6）自 2004 年 10 月 1 日起，对农用三轮运输车免征车辆购置税。

（7）自 2018 年 1 月 1 日至 2020 年 12 月 31 日，对购置纳入《免征车辆购置税的新能源汽车车型目录》的新能源汽车免征车辆购置税。

2. 车辆购置税的退税

纳税人已经缴纳车辆购置税但在办理车辆登记手续前，因下列原因需要办理退还车辆购置税的，由纳税人申请，经征收机构审查后办理退还车辆购置税手续：

（1）公安机关车辆管理机构不予办理车辆登记注册手续的，凭公安机关车辆管理机构出具的证明办理退税手续。

（2）因质量等原因发生退回所购车辆的，凭经销商的退货证明办理退税手续。

6.7.1.4　税额的计算

1. 税率

车辆购置税实行比例税率，税率为 10%。

2. 计税依据

（1）购买自用应税车辆计税依据的确定。

纳税人购买自用应税车辆的计税依据为纳税人购买因应税车辆而支付给销售方的全部价款和价外费用（不含增值税）。

（2）进口自用应税车辆计税依据的确定。

纳税人进口自用的应税车辆以组成计税价格为计税依据，组成计税价格的计算公式为：

$$组成计税价格=关税完税价格+关税+消费税$$

（3）其他自用应税车辆计税依据的确定。

纳税人自产、受赠、获奖和以其他方式取得并自用的应税车辆的计税依据，按照购置应税车辆时相关凭证载明的价格确定，不包括增值税款；无法提供相关凭证的，参照同类应税车辆市场平均交易价格确定其计税价格。

3. 应纳税额的计算

车辆购置税实行从价定率计算应纳税额，计算公式为：

$$应纳税额=计税依据\times税率$$

（1）购买自用应税车辆应纳税额的计算。

1）购买者随购买车辆支付的工具件和零部件价款应作为购车价款的一部分，并入计税依据征收车辆购置税。

2）支付的车辆装饰费应作为价外费用并入计税依据计税。

3）代收款项应区别征税。凡使用代收单位（受托方）票据收取的款项，应视作代收单位价外收费，购买者支付的价费款应并入计税依据一并征税；凡使用委托方票据收取，受托方只履行代收义务和收取手续费的款项，应按其他税收政策规定征税。

4）销售单位开给购买者的各种发票金额中包含增值税税款，因此，计算车辆购置税时，应换算为不含增值税的计税价格。

5）购买者支付的控购费，是政府部门的行政性收费，不属于销售者的价外费用范围，不应并入计税价格计税。

6）销售单位开展优质销售活动所开票收取的有关费用，应属于经营性收入，企业在代理过程中按规定支付给有关部门的费用，企业已作为经营性支出核算，其收取的各项费用开在一张发票上难以划分的，应作为价外收入计算征税。

【实务操作 6-20】 2019 年 8 月，张某从某销售公司购买轿车一辆，支付含增值税的价款 220 000 元，另支付购置工具件和零部件价款 1 000 元，车辆装饰费 2 000 元，销售公司代收保险费等 3 000 元，支付的各种价款均由销售公司开具统一发票。请计算张某应缴纳的车辆购置税。

解析：

应纳税额＝(220 000＋1 000＋2 000＋3 000)÷(1＋13%)×10%＝20 000(元)

（2）进口自用应税车辆应纳税额的计算。

纳税人进口自用应税车辆应纳税额的计算公式为：

应纳税额＝(关税完税价格＋关税＋消费税)×税率

【实务操作 6-21】 某汽车贸易公司于 2019 年 11 月购进 11 辆小轿车，海关审定的关税完税价格为 25 万元/辆。当月销售 8 辆，合同约定的含税价格为 30 万元，取得含税销售收入 240 万元。2 辆企业自用，1 辆用于抵偿债务。计算该公司应缴纳的车辆购置税。（小轿车关税税率为 28%，消费税税率为 9%）

解析： 虽然该汽车贸易公司进口小轿车 11 辆，但是只对其自用的 2 辆纳税。抵债的小轿车由取得小轿车的一方纳税，不由汽车贸易公司纳税；销售的小轿车不纳税，销售时由购买使用方纳税。

应纳税额＝(关税完税价格＋关税)÷(1－消费税税率)×车辆购置税税率
＝2×(25＋25×28%)÷(1－9%)×10%＝7.03(万元)

（3）其他自用应税车辆应纳税额的计算。

纳税人自产自用、受赠使用、获奖使用和以其他方式取得并自用应税车辆的，按照购置应税车辆时相关凭证载明的价格确定，不包括增值税款。无法提供相关凭证的，参照同类应税车辆市场平均交易价格确定其计税价格。计算公式为：

应纳税额＝凭证载明价格×税率

【实务操作 6-22】 2019 年 7 月，A 公司接受捐赠小轿车 10 辆并自用，购置应税车辆时相关凭证载明的价格为 100 000 元/辆。计算 A 公司应纳的车辆购置税。

解析： 接受捐赠小汽车车辆购置税的计算，按照购置应税车辆时相关凭证载明的价格确定，不包括增值税款。

应纳税额＝100 000×10×10％＝100 000(元)

4. 特殊情形下自用应税车辆应纳税额的计算

(1) 减税、免税条件消失的车辆，纳税人应按现行规定，在办理车辆过户手续前或者办理变更车辆登记注册手续前向税务机关缴纳车辆购置税。计算公式为：

$$\text{应纳税额}=\text{初次办理纳税申报时确认的计税价格}\times\left(1-\text{使用年限}\right)\times 10\%-\text{已纳税额}$$

其中，国产车的规定使用年限按10年计算，进口车的规定使用年限按15年计算。

(2) 未按规定纳税车辆应补税额的计算。

纳税人未按规定纳税的，应按现行政策规定的计税价格，区分情况分别确定应补税额。原车辆所有人购置或者以其他方式获得应税车辆时取得载明价格的凭证。按凭证所注金额为计税依据缴纳税款，无法提供相关凭证的，参照同类应税车辆市场平均交易价格确定其计税价格。计算公式为：

应纳税额＝同类应税商品平均销售价格÷凭证注明金额×税率

【实务操作6-23】 A国驻我国某外交官于2017年1月购买我国生产的轿车自用，支付价款20万元、保险费800元，支付购买工具和备件价款2 500元、车辆装饰费5 000元；2019年1月该外交官将该轿车转让给我国某公民，成交价11万元，该型号轿车同类应税商品的平均销售价格为24万元。请计算外交官转让轿车时应补缴的车辆购置税。

解析： 外国驻华使馆、领事馆和国际组织驻华机构及外交人员自用车辆免征车辆购置税，但若转让给我国公民，则免税条件消失，要依法按规定补缴车辆购置税。

应补缴税额＝24×(1－2/10)×10％＝1.92(万元)

6.7.1.5　纳税申报

1. 纳税申报

车辆购置税实行一车一申报制度。纳税人填写《车辆购置税纳税申报表》，同时提供车主身份证明、车辆价格证明、车辆合格证明及其他资料到税务机关办理。

2. 纳税环节

车辆购置税的纳税环节为使用环节，即最终消费环节。纳税人在向公安机关等车辆管理机构办理车辆登记注册前，缴纳车辆购置税。

3. 纳税地点

纳税人购置应税车辆，应当向车辆登记注册地的主管税务机关申报纳税；购置不需要办理车辆登记注册手续的应税车辆，应当向纳税人所在地主管税务机关申报纳税。

【提示6-20】 车辆登记注册地是指车辆的上牌落籍地或落户地。

4. 纳税期限

纳税人购买自用的应税车辆，自购买之日起60日内申报纳税；进口自用的应税车辆，应当自进口之日起60日内申报纳税；自产、受赠、获奖和以其他方式取得并自用的应税车辆，应当自取得之日起60日内申报纳税。

6.7.2 认识车船税

车船税是以车辆为征税对象，向拥有车船的单位和个人征收的一种税。

6.7.2.1 纳税义务人及征税范围

1. 纳税义务人

车船税纳税义务人是指在中华人民共和国境内，车辆、船舶（以下简称车船）的所有人或者管理人。

2. 征税范围

车船税的征税范围是指依法应当在我国车船管理部门登记的车船（除规定减免的车船外），具体是指：

（1）车辆。包括机动车辆和非机动车辆。

（2）船舶。包括机动船舶和非机动船舶。

6.7.2.2 税收优惠

1. 法定减免

（1）捕捞、养殖渔船，免征车船税。

（2）军队、武装警察部队专用车船，免征车船税。

（3）警用车船，免征车船税。

（4）依法规定应当予以免税的外国驻华使领馆、国际组织驻华代表机构及其有关人员的车船，免征车船税。

（5）对节约能源、使用新能源的车船可以减征或免征车船税；对受严重自然灾害及其他特殊原因确需减税、免税的，可以减征或免征车船税。

2. 特定减免

（1）对尚未在车辆管理部门登记、属于应减免税的购置车辆，车辆所有人或管理人可提出减免税申请，并提供有关资料。经税务机关审验符合条件的，可为纳税人出具减免税证明，以方便纳税人购买机动车交通事故责任强制险。

（2）省、自治区、直辖市人民政府可以根据当地实际情况，对城市、农村公共交通车船给予定期减税、免税。

6.7.2.3 应纳税额的计算

1. 税目、税率

车船税实行定额税率，其具体内容如表 6－5 所示。

表 6－5 车船税税目、税额表

税目		计税单位	年基准税额	备注
乘用车［按发动机汽缸容量（排气量）分档］	1.0 升（含）以下的	每辆	60 元至 360 元	核定载客人数 9 人（含）以下
	1.0 升以上至 1.6 升（含）的		300 元至 540 元	
	1.6 升以上至 2.0 升（含）的		360 元至 660 元	
	2.0 升以上至 2.5 升（含）的		660 元至 1 200 元	
	2.5 升以上至 3.0 升（含）的		1 200 元至 2 400 元	
	3.0 升以上至 4.0 升（含）的		2 400 元至 3 600 元	
	4.0 升以上的		3 600 元至 5 400 元	

续表

税目		计税单位	年基准税额	备注
商用车	客车	每辆	480 元至 1 440 元	核定载客人数 9 人以上，包括电车
	货车	整备质量每吨	16 元至 120 元	1. 包括半挂牵引车、挂车、客货两用汽车、三轮汽车和低速载货汽车等 2. 挂车按照货车税额的 50%计算
其他车辆	专用作业车	整备质量每吨	16 元至 120 元	不包括拖拉机
	轮式专用机械车	整备质量每吨	16 元至 120 元	
摩托车		每辆	36 元至 180 元	
船舶	机动船舶	净吨位每吨	3 元至 6 元	拖船、非机动驳船分别按机动船舶税额的 50%计算
	游艇	艇身长度每米	600 元至 2 000 元	

2. 计税依据

车船税以《中华人民共和国车船税法》规定的应税车船为征税对象，以征税对象的计量标准为计税依据，从量计征。

（1）车船税的计税单位是“辆”“整备质量”“净吨位”。车船税的核定载客人数、自重、净吨位、马力等计税标准，以车船管理部门核发的车船登记证书或者行驶证书相应项目所载数额为准。

（2）拖船按照发动机功率每 1 千瓦折合净吨位 0.67 吨计算征收车船税。

车船税法及其实施条例涉及的整备质量、净吨位、艇身长度等计税单位，有尾数的一律按照含尾数的计税单位据实计算车船税应纳税额。计算得出的应纳税额小数点后超过两位的，可四舍五入保留两位小数。

（3）所称的自重，是指机动车的整备质量。

3. 应纳税额的计算

购置的新车船，购置当年的应纳税额自纳税义务发生的当月起按月计算。计算公式为：

应纳税额＝年应纳税额÷12×应纳税月份数

【实务操作 6－24】某单位一辆载货汽车自重吨位为 10.3 吨，该地区载货汽车车船税每吨税额为 80 元，计算该单位这辆载货汽车每年应缴纳的车船税。

解析：

应纳税额＝10.3×80＝824(元)

【实务操作 6－25】某航空公司 2019 年拥有机动船 4 艘，每艘净吨位为 3 000 吨；拖船 1 艘，发动机功率为 1 800 千瓦。车船税计税标准为净吨位 2 000 吨以下的，每吨 4 元；2 001 ～10 000 吨的，每吨 5 元。计算该公司 2019 年应缴纳的车船税税额。

解析：拖船和非机动船按照船舶税额的50%计算。拖船按照发动机功率1千瓦折合净吨位0.67吨计算征收车船税。

$$应纳税额=3\ 000\times4\times5+1\ 800\times0.67\times4\times50\%=62\ 412（元）$$

6.7.2.4 纳税申报

1. 纳税义务发生时间

车船税纳税义务发生时间为车船管理部门核发的车船登记证书或者行驶证书所记载日期的当月。

【提示6-21】已向交通航运管理机关报废的车船，当年不发生车船税的纳税义务。

2. 纳税地点

车船税的纳税地点一般为纳税人所在地。跨省、自治区、直辖市使用的车船，纳税地点为车船的登记地。

纳税人所在地，对单位而言是指经营所在地或机构所在地；对个人来讲是指住所所在地。

3. 纳税期限

车船税按年征收，分期缴纳。具体缴纳期限由省、自治区、直辖市人民政府确定。纳税人应按照有关规定及时进行纳税申报，并如实填写《车船税纳税申报表》。

6.7.3 认识印花税

印花税是以经济活动和经济交往中，书立、领受应税凭证的行为为征税对象征收的一种税。印花税是一种具有行为税性质的凭证税，它具有覆盖面广、税率低、税负轻、纳税人自行完税的特点。

6.7.3.1 纳税义务人

印花税的纳税义务人，是在中国境内书立、使用、领受印花税法所列举的凭证并依法履行纳税义务的单位和个人。

按照书立、使用、领受应税凭证的不同，可以分别将纳税人确定为立合同人、立据人、立账簿人、领受人、使用人和各种电子应税凭证的签订人。

（1）立合同人。立合同人是指合同的当事人，即与凭证有直接权利义务关系的单位和个人，但不包括合同的担保人、证人、鉴定人。各类合同的纳税人是立合同人。各类合同，包括购销、加工承揽、建设工程承包、财产租赁、货物运输、仓储保管、借款、财产保险、技术合同或者具有合同性质的凭证。

当事人的代理人有代理纳税义务，与纳税人有同等的税收法律义务和责任。

（2）立据人。产权转移书据的纳税人是立据人。

（3）立账簿人。立账簿人是指设立并使用营业账簿的单位和个人。

（4）领受人。领受人是指领取或接受并持有该项凭证的单位和个人。

（5）使用人。在国外书立、领受但在国内使用的应税凭证，其纳税人是使用人。

（6）各类电子应税凭证的签订人。

【提示6-22】对应税凭证，凡由两方或两方以上当事人共同书立的，其当事人各方都是印花税的纳税人，应各就其所持凭证的计税金额履行纳税义务。

6.7.3.2　税目、税率

印花税共有合同（指书面合同）、产权转移书据、营业账簿、证券交易四大类税目、17 个明细税目。印花税税目税率表如表 6－6 所示。

表 6－6　印花税税目税率表

<table>
<tr><th colspan="2">税目</th><th>税率</th><th>备注</th></tr>
<tr><td rowspan="11">合同（指书面合同）</td><td>借款合同</td><td>借款金额的万分之零点五</td><td>指银行业金融机构、经国务院银行业监督管理机构批准设立的其他金融机构与借款人（不包括同业拆借）的借款合同</td></tr>
<tr><td>融资租赁合同</td><td>租金的万分之零点五</td><td></td></tr>
<tr><td>买卖合同</td><td>价款的万分之三</td><td>指动产买卖合同（不包括个人书立的动产买卖合同）</td></tr>
<tr><td>承揽合同</td><td>报酬的万分之三</td><td></td></tr>
<tr><td>建设工程合同</td><td>价款的万分之三</td><td></td></tr>
<tr><td>运输合同</td><td>运输费用的万分之三</td><td>指货运合同和多式联运合同（不包括管道运输合同）</td></tr>
<tr><td>技术合同</td><td>价款、报酬或者使用费的万分之三</td><td>不包括专利权、专有技术使用权转让书据</td></tr>
<tr><td>租赁合同</td><td>租金的千分之一</td><td></td></tr>
<tr><td>保管合同</td><td>保管费的千分之一</td><td></td></tr>
<tr><td>仓储合同</td><td>仓储费的千分之一</td><td></td></tr>
<tr><td>财产保险合同</td><td>保险费的千分之一</td><td>不包括再保险合同</td></tr>
<tr><td rowspan="4">产权转移书据</td><td>土地使用权出让书据</td><td>价款的万分之五</td><td>转让包括买卖（出售）、继承、赠予、互换、分割</td></tr>
<tr><td>土地使用权、房屋等建筑物和构筑物所有权转让书据（不包括土地承包经营权和土地经营权转移）</td><td>价款的万分之五</td><td></td></tr>
<tr><td>股权转让书据（不包括应缴纳证券交易印花税的）</td><td>价款的万分之五</td><td></td></tr>
<tr><td>商标专用权、著作权、专利权、专有技术使用权转让书据</td><td>价款的万分之三</td><td></td></tr>
<tr><td colspan="2">营业账簿</td><td>实收资本（股本）、资本公积合计金额的万分之二点五</td><td></td></tr>
<tr><td colspan="2">证券交易</td><td>成交金额的千分之一</td><td></td></tr>
</table>

6.7.3.3　税收优惠

（1）对已缴纳印花税凭证的副本或抄本免税。凭证的正式签署本已按规定缴纳了印花税，其副本或者抄本对外不发生权利义务关系，只是留存备查，免税。但以副本或者抄本视同正本使用的，则应另贴印花税。

（2）对财产所有人将财产赠给政府、社会福利单位、学校所立的书据免税。

（3）对国家指定的收购部门与村民委员会、农民个人书立的农副产品收购合同免税。印花税法授权省、自治区、直辖市主管税务机关根据当地实际情况，具体划定本地区“收购部门”和“农副产品”的范围。

（4）对无息、贴息贷款合同免税。

无息、贴息贷款合同，是指我国的各专业银行按照国家金融政策发放的无息贷款，以及由各专业银行发放并按有关规定由财政部门或中国人民银行给予贴息的贷款项目所签订的贷款合同。

（5）对外国政府或者国际金融组织向我国政府及国家金融机构提供优惠贷款所书立的合同免税。

（6）对房地产管理部门与个人签订的用于生活居住的租赁合同免税。

（7）对农牧业保险合同免税。

（8）对特殊货运凭证免税，包括：

1）军事物资运输凭证。

2）抢险救灾物资运输凭证。

3）新建铁路和工程临管线运输凭证。

（9）企业改制过程中有关印花税的征免规定：

1）实行公司制改造的企业在改制过程中成立的新企业，其新启用的资金账簿记载的资金或因企业建立资本纽带关系而增加的资金，凡原已贴花的部分可不再贴花，未贴花的部分和以后新增加的资金按规定贴花。

2）以合并或分立方式成立的新企业，其新启用的资金账簿记载的资金，凡原已贴花的部分可不再贴花，未贴花的部分和以后新增加的资金按规定贴花。

3）企业债权转股权新增加的资金按规定贴花。

4）企业改制中经评估增加的资金按规定贴花。

5）企业其他会计科目记载的资金转为实收资本或资本公积的资金按规定贴花。

6）企业改制前签订但尚未履行完的各类应税合同，改制后需要变更执行主体的，对仅改变执行主体、其余条款未做变动且改制前已贴花的，不再贴花。

7）企业因改制签订的产权转移书据免予贴花。

8）股权分置改革过程中因非流通股股东向流通股股东支付对价而发生的股权转让，暂免征收印花税。

9）至2020年12月31日，金融机构与小微企业（小型企业、微型企业、家庭作坊式企业的统称）签订的借款合同。

10）从2018年5月1日起，资金账簿按实收资本和资本公积合计金额征收的印花税减半，对其他账簿免征印花税。

6.7.3.4 应纳税额的计算

1. 计税依据的一般规定

印花税的计税依据为各种应税凭证上所记载的计税金额。具体规定为：

（1）购销合同的计税依据为合同记载的购销金额。

(2) 加工承揽合同的计税依据是加工或承揽收入的金额。具体规定为：

1) 对于由受托方提供原材料的加工、定做合同，凡在合同中分别记载加工费金额和原材料金额的，应分别按“承揽合同”“买卖合同”计税，两项税额相加数，即合同应贴印花税；若合同中未分别记载，则应就全部金额依照承揽合同计税贴花。

2) 对于由委托方提供主要材料或原料，受托方只提供辅助材料的加工合同，无论加工费和辅助材料金额是否分别记载，均以辅助材料与加工费的合计数，依照承揽合同计税贴花。

(3) 建设工程勘察设计合同的计税依据为收取的费用。

(4) 建筑安装工程承包合同的计税依据为承包金额。

(5) 财产租赁合同的计税依据为租赁金额；经计算，税额不足1元的，按1元贴花。

(6) 货物运输合同的计税依据为取得的运输费金额（即运费收入），不包括所运货物的金额、装卸费和保险费等。

(7) 仓储保管合同的计税依据为收取的仓储保管费用。

(8) 借款合同的计税依据为借款金额。针对实际借贷活动中不同的借款形式，税法规定了不同的计税方法：

1) 凡是一项信贷业务既签订借款合同，又一次或分次填开借据的，只以借款合同所载金额为计税依据计税贴花；凡是只填开借据并作为合同使用的，应以借据所载金额为计税依据计税贴花。

2) 借贷双方签订的流动资金周转性借款合同，一般按年（期）签订，规定最高限额，借款人在规定的期限和最高限额内随借随还。为避免加重借贷双方的负担，对这类合同只以其规定的最高限额为计税依据，在签订时贴花一次，在限额内随借随还不签订新合同的，不再另行贴花。

3) 对借款方以财产作抵押，从贷款方取得的一定数量抵押贷款的合同，应按借款合同贴花；当借款方因无力偿还借款而将抵押财产转移给贷款方时，应再就双方书立的产权书据，按产权转移书据的有关规定计税贴花。

4) 对银行及其他金融组织的融资租赁业务签订的融资租赁合同，应按合同所载租金总额，暂按借款合同计税。

5) 在贷款业务中，如果贷方系由若干银行组成的银团，银团各方均承担一定的贷款数额，借款合同由借款方与银团各方共同书立，各执一份合同正本。对这类合同，借款方与贷款银团各方应分别在所执的合同正本上，按各自的借款金额计税贴花。

6) 在基本建设贷款中，如果按年度用款计划分年签订借款合同，在最后一年按总概算签订借款总合同，且总合同的借款金额包括各个分合同的借款金额的，对这类基建借款合同，应按分合同分别贴花，最后签订的总合同，只就借款总额扣除分合同借款金额后的余额计税贴花。

(9) 财产保险合同的计税依据为支付（收取）的保险费，不包括所保财产的金额。

(10) 技术合同的计税依据为合同所载的价款、报酬或使用费。为了鼓励技术研究开发，对技术开发合同，只就合同所载的报酬金额计税，研究开发经费不作为计税依据。单对合同约定按研究开发经费一定比例作为报酬的，应按一定比例的报酬金额贴花。

(11) 产权转移书据的计税依据为所载金额。

（12）营业账簿税目中记载资金账簿的计税依据为“实收资本”与“资本公积”两项的合计金额。

2. 计税依据的特殊规定

（1）应税凭证以“金额”“收入”“费用”作为计税依据的，应当全额计税，不得做任何扣除。

（2）同一凭证，载有两个或两个以上经济事项而适用不同税目税率，如分别记载金额的，应分别计算应纳税额，相加后按合计税额贴花；如未分别记载金额的，按税率高的计税贴花。

（3）按金额比例贴花的应税凭证，未标明金额的，应按照凭证所载数量及国家牌价计算金额；没有国家牌价的，按市场价格计算金额，然后按规定税率计算应纳税额。

（4）应税凭证所载金额为外国货币的，应按照凭证书立当日国家外汇管理局公布的外汇牌价折合成人民币，然后计算应纳税额。

（5）应纳税额不足1角的，免纳印花税；1角以上的，其税额尾数不满5分的不计，满5分的按1角计算。

（6）有些合同在签订时无法确定计税金额，如技术转让合同中的转让收入，是按销售收入的一定比例收取或是按实现利润分成的；财产租赁合同，只是规定了月（天）租金标准而无租赁期限的。对这类合同，可在签订时先按定额5元贴花，以后结算时再按实际金额计税，补贴印花。

（7）应税合同在签订时纳税义务即已产生，应计算应纳税额并贴花。所以，不论合同是否兑现或是否按期兑现，均应贴花。

对已履行并贴花的合同，所载金额与合同履行后实际结算金额不一致的，只要是双方未修改合同金额，一般不再办理完税手续。

（8）对有经营收入的事业单位，凡属于由国家财政拨付事业经费，实行差额预算管理的单位，其记载经营业务的账簿，按其他账簿的规定不贴花，不记载经营业务的账簿不贴花；凡属于经费来源实行自收自支的单位，应对其记载资金的营业账簿计算应纳印花税额。跨地区经营的分支机构使用的营业账簿，应由各分支机构于其所在地计算贴花。对上级单位核拨资金的分支机构，其记载资金的账簿按核拨的账面金额计税贴花；对上级单位不核拨资金的分支机构，账簿无须贴花。为避免对同一资金重复计税贴花，上级单位记载资金的账簿，应按扣除拨给下属机构资金数额后的剩余部分计税贴花。

（9）商品购销活动中，采用以货换货方式进行商品交易签订的合同，是反映既购又销双重经济行为的合同。对此，应按合同所载的购、销合计金额计税贴花。合同未列明金额的，应按合同所载购、销数量依照国家牌价或者市场价格计算应纳税额。

（10）施工单位将自己承包的建设项目，分包或者转包给其他施工单位所签订的分包合同或者转包合同，应按新的分包合同或转包合同所载金额计算应纳税额。这是因为印花税是一种具有行为税性质的凭证税，尽管总承包合同已依法计税贴花，但新的分包或转包合同是一种新的凭证，又发生了新的纳税义务。

（11）股份制试点企业向社会公开发行的股票，因购买、继承、赠予所书立的股权转让书据，均依书立时证券市场当日实际成交价格计算的金额，由立据双方当事人分别按

0.5‰的税率缴纳印花税。

(12) 对国内各种形式的货物联运，凡在起运地统一结算全程运费的，应以全程运费作为计税依据，由起运地运费结算双方缴纳印花税；凡分程结算运费的，应以分程的运费作为计税依据，分别由办理运费结算的各方缴纳印花税。

印花税票为有价证券，其票面金额以人民币为单位，分为1角、2角、5角、1元、2元、5元、10元、50元、100元9种。

3. 应纳税额的计算

根据应纳税凭证的性质，分别采用按比例税率或者定额税率计算，其计算公式为：

应纳税额=应税凭证计税金额(或应税凭证件数)×适用税率

【实务操作6-26】 远洋外贸公司于2019年8月18日开业，领受营业执照、房产证、商标注册各一件；注册资本3 800 000元，实收资本2 000 000万元，除记载资金的账簿外，还建有5本账簿。开业当年签订财产保险合同一份，投保金额1 200 000元，缴纳保险费24 000元；与银行签订借款合同一份，借款金额500 000元（利率8%）；签订购销合同2份，其中一份为外销合同，所载金额1 800 000元，另一份为内销合同，所载金额1 000 000元。计算远洋外贸公司2019年应缴纳的印花税税额。

解析：

领受权利许可证照应纳税额=3×5=15(元)

资金账簿应纳税额=(3 800 000+2 000 000)×0.5‰×50%=1 450(元)

财产保险合同应纳税额=24 000×1‰=24(元)

借款合同应纳税额=500 000×0.05‰=25(元)

购销合同应纳税额=1 800 000×0.3‰+1 000 000×0.3‰=840(元)

2019年共纳印花税=15+1 450+24+25+840=2 354(元)

【实务操作6-27】 2019年，远洋外贸公司与某公司签订技术转让合同一份，金额为300 000元；与货运公司签订运输合同一份，支付运输费50 000元、装卸费4 000元；营业账簿册数没变，只是记载资金的“实收资本”数额由去年的2 000 000元增加到2 800 000元。请计算该公司2019年应缴纳的印花税税额。

解析：

技术转让合同应纳税额=300 000×0.3‰=90(元)

货物运输合同应纳税额=50 000×0.5‰=25(元)

资金账簿应纳税额=(2 800 000-2 000 000)×0.5‰×50%=200(元)

2019年应纳印花税税额=90+25+200=315(元)

6.7.3.5　纳税申报

1. 纳税方法

根据税额大小、贴花次数以及税收征收管理的需要，采用以下三种方法：

(1) 自行贴花。

适用于应税凭证较少或者贴花次数较少的纳税人。对已贴花的凭证，修改后所载金额增加的，对增加部分应当补贴印花税票。凡多贴印花税票者，不得申请退税或者抵用。

（2）汇贴或汇缴。

适用于应纳税额较大或者贴花次数频繁的纳税人。一份凭证应纳税额超过500元的，应向当地税务机关申请填写缴款书或者完税证，将其中一联粘贴在凭证上或者由税务机关在凭证上加注完税标记代替贴花，这就是"汇贴"；同一种类应纳税凭证，需频繁贴花的，纳税人可根据实际情况自行决定是否采用按期汇总缴纳印花税的方式，汇总缴纳的期限为1个月。

（3）委托代征。

主要是通过税务机关的委托，经由发放或者办理纳税凭证的单位代为征收印花税税款。税务机关应与代征单位签订代征委托书。税务机关委托工商行政管理机关代售印花税票，按代售金额的5%支付代售手续费。

印花税法规定，发放或者办理应纳税凭证的单位，负有监督纳税人依法纳税的义务，具体是指对以下纳税事项进行监督：

1）应纳税凭证是否已粘贴印花税票；

2）粘贴的印花税票是否足额；

3）粘贴的印花税票是否按规定注销。

2. 纳税地点

印花税一般实行就地纳税。对于全国性商品物资订货会上所签订合同应纳的印花税，由纳税人回其所在地后及时办理贴花完税手续；对地方主办、不涉及省际关系的订货会、展销会上所签合同的印花税，其纳税地点由各省、自治区、直辖市人民政府自行确定。

3. 纳税环节

印花税应当在书立或领受时贴花，即在合同签订时、账簿启用时和证照领受时贴花。若合同是在国外签订，且不便在国外贴花的，应在将合同带入境时办理贴花纳税手续，如实填写《印花税纳税申报表》。

学习子情境 6.8 环境保护税

6.8.1 了解环境保护税相关知识

2016年12月25日，中华人民共和国第十二届全国人民代表大会常务委员会第二十五次会议通过并公布《中华人民共和国环境保护税法》，自2018年1月1日起施行。

6.8.1.1 纳税义务人

在中华人民共和国领域和中华人民共和国管辖的其他海域，直接向环境排放应税污染物的企事业单位和其他生产经营者为环境保护税的纳税人。

应税污染物，是指《环境保护税税目税额表》《应税污染物和当量值表》规定的大气污染物、水污染物、固体废物和噪声。

有下列情形之一的，不属于直接向环境排放污染物，不缴纳相应污染物的环境保护税：

（1）企事业单位和其他生产经营者向依法设立的污水集中处理、生活垃圾集中处理场所排放应税污染物的。

（2）企事业单位和其他生产经营者在符合国家和地方环境保护标准的设施、场所贮存或者处置固体废物的。

依法设立的城乡污水集中处理、生活垃圾集中处理场所超过国家和地方规定的排放标准向环境排放应税污染物的，应当缴纳环境保护税。

企事业单位和其他生产经营者贮存或者处置固体废物不符合国家和地方环境保护标准的，应当缴纳环境保护税。

6.8.1.2 征税范围

环境保护税征收范围是排放各种废气、废水和固体废物（包括工业生产中产生的废渣及各类污染环境的工业垃圾）的行为。

6.8.1.3 税目及税率

环境保护税税目税额如表 6-7 所示。

表 6-7 环境保护税税目税额表

<table>
<tr><th colspan="2">税目</th><th>计税单位</th><th>税额</th><th>备注</th></tr>
<tr><td colspan="2">大气污染物</td><td>每污染当量</td><td>1.2 元至 12 元</td><td></td></tr>
<tr><td colspan="2">水污染物</td><td>每污染当量</td><td>1.4 元至 14 元</td><td></td></tr>
<tr><td rowspan="4">固体废物</td><td>煤矸石</td><td>每吨</td><td>5 元</td><td rowspan="4"></td></tr>
<tr><td>尾矿</td><td>每吨</td><td>15 元</td></tr>
<tr><td>危险废物</td><td>每吨</td><td>1 000 元</td></tr>
<tr><td>冶炼渣、粉煤灰、炉渣、其他固体废物（含半固态、液态废物）</td><td>每吨</td><td>25 元</td></tr>
<tr><td rowspan="6">噪声</td><td rowspan="6">工业噪声</td><td>超标 1～3 分贝</td><td>每月 350 元</td><td rowspan="6">1. 一个单位边界上有多处噪声超标，根据最高一处超标声级计算应纳税额；当沿边界长度超过 100 米有两处以上噪声超标时，按照两个单位计算应纳税额。
2. 一个单位有不同作业场所的，应当分别计算应纳税额，合并计征。
3. 昼、夜均超标的环境噪声，昼、夜分别计算应纳税额，累计计征。
4. 声源一个月内超标不足 15 天的，减半计算应纳税额。
5. 夜间频繁突发和夜间偶然突发厂界超标噪声，按等效声级和峰值噪声两种指标中超标分贝值高的一项计算应纳税额。</td></tr>
<tr><td>超标 4～6 分贝</td><td>每月 700 元</td></tr>
<tr><td>超标 7～9 分贝</td><td>每月 1 400 元</td></tr>
<tr><td>超标 10～12 分贝</td><td>每月 2 800 元</td></tr>
<tr><td>超标 13～15 分贝</td><td>每月 5 600 元</td></tr>
<tr><td>超标 16 分贝以上</td><td>每月 11 200 元</td></tr>
</table>

6.8.1.4 税收优惠

下列情形，暂予免征环境保护税：

（1）农业生产（不包括规模化养殖）排放应税污染物的。

（2）机动车、铁路机车、非道路移动机械、船舶和航空器等流动污染源排放应税污染物的。

（3）依法设立的城乡污水集中处理、生活垃圾集中处理场所排放相应应税污染物，不超过国家和地方规定的排放标准的。

（4）纳税人综合利用的固体废物，符合国家和地方环境保护标准的。

（5）国务院批准免税的其他情形。

上述第（5）项免税规定，由国务院报全国人民代表大会常务委员会备案。

纳税人排放应税大气污染物或者水污染物的浓度值低于国家和地方规定的污染物排放标准30%的，减按75%征收环境保护税。纳税人排放应税大气污染物或者水污染物的浓度值低于国家和地方规定的污染物排放标准50%的，减按50%征收环境保护税。

6.8.2 计税依据和应纳税额

6.8.2.1 计税依据

应税污染物的计税依据，按照下列方法确定：

（1）应税大气污染物按照污染物排放量折合的污染当量数确定。

（2）应税水污染物按照污染物排放量折合的污染当量数确定。

（3）应税固体废物按照固体废物的排放量确定。

（4）应税噪声按照超过国家规定标准的分贝数确定。

应税大气污染物、水污染物的污染当量数，以该污染物的排放量除以该污染物的污染当量值计算。每种应税大气污染物、水污染物的具体污染当量值，依照《应税污染物和当量值表》执行。

每一排放口或者没有排放口的应税大气污染物，按照污染当量数从大到小排序，对前三项污染物征收环境保护税。

每一排放口的应税水污染物，按照《应税污染物和当量值表》，区分第一类水污染物和其他类水污染物，按照污染当量数从大到小排序，对第一类水污染物按照前五项征收环境保护税，对其他类水污染物按照前三项征收环境保护税。

省、自治区、直辖市人民政府根据本地区污染物减排的特殊需要，可以增加同一排放口征收环境保护税的应税污染物项目数，报同级人民代表大会常务委员会决定，并报全国人民代表大会常务委员会和国务院备案。

应税大气污染物、水污染物、固体废物的排放量和噪声的分贝数，按照下列方法和顺序计算：

（1）纳税人安装使用符合国家规定和监测规范的污染物自动监测设备的，按照污染物自动监测数据计算。

（2）纳税人未安装使用污染物自动监测设备的，按照监测机构出具的符合国家有关规定和监测规范的监测数据计算。

（3）因排放污染物种类多等原因不具备监测条件的，按照国务院环境保护主管部门规定的排污系数、物料衡算方法计算。

（4）不能按照上述第（1）项至第（3）项规定的方法计算的，按照省、自治区、直辖市人民政府环境保护主管部门规定的抽样测算方法核定计算。

6.8.2.2　应纳税额

应纳税额按照下列方法计算：

(1) 应税大气污染物的应纳税额为污染当量数乘以具体适用税额。

(2) 应税水污染物的应纳税额为污染当量数乘以具体适用税额。

(3) 应税固体废物的应纳税额为固体废物排放量乘以具体适用税额。

(4) 应税噪声的应纳税额为超过国家规定标准的分贝数对应的具体适用税额。

6.8.3　纳税申报

6.8.3.1　纳税义务发生时间

纳税义务发生时间为纳税人排放应税污染物的当日。

6.8.3.2　纳税地点

纳税人应当向应税污染物排放地的税务机关申报缴纳环境保护税。

6.8.3.3　纳税期限

环境保护税按月计算，按季申报缴纳。不能按固定期限计算缴纳的，可以按次申报缴纳。

纳税人按季申报缴纳的，应当自季度终了之日起 15 日内，向税务机关办理纳税申报并缴纳税款。纳税人按次申报缴纳的，应当自纳税义务发生之日起 15 日内，向税务机关办理纳税申报并缴纳税款。

纳税人申报缴纳时，应当向税务机关报送所排放应税污染物的种类、数量，大气污染物、水污染物的浓度值，以及税务机关根据实际需要要求纳税人报送的其他纳税资料。

税务机关应当将纳税人的纳税申报数据资料与环境保护主管部门交送的相关数据资料进行比对。

税务机关发现纳税人的纳税申报数据资料异常或者纳税人未按照规定期限办理纳税申报的，可以提请环境保护主管部门进行复核，环境保护主管部门应当自收到税务机关的数据资料之日起 15 日内向税务机关出具复核意见。税务机关应当按照环境保护主管部门复核的数据资料调整纳税人的应纳税额。

小结

本情境介绍了城建税、教育费附加、烟叶税、关税、资源税、土地增值税、房产税、城镇土地使用税、契税、耕地占用税、车辆购置税、车船税、印花税和环境保护税，这些税种均属于财产税和行为税，其立法权多数在地方。这些税种的特点是税率多样（有固定税额、比率税率、超额累进税率、浮动税率），税收优惠多。其中土地增值税、资源税、城建税的计算与增值税、消费税相结合，难点是计税依据的特殊规定。

综合实务操作题

一、单项选择题

1. 以下各个项目中，可以作为计算城市维护建设税依据的是（　　）。

A. 补缴的消费税税款　　　　B. 滞纳金

C. 因漏缴增值税而缴纳的罚款　　D. 进口货物缴纳的增值税税款

2. 教育费附加的计征比例为（　　）。

A. 1%　　B. 2%　　C. 3%　　D. 5%

3. 下列各项中，征收资源税的是（　　）。

A. 人造石油　　B. 洗煤

C. 与原油同时开采的天然气　　D. 地面抽采煤层气

4. 土地增值税的纳税人是法人的，如果转让的房地产坐落地与其机构所在地或经营所在地不一致，则应在（　　）的税务机关申报纳税。

A. 房地产坐落地所管辖　　B. 机构所在地所管辖

C. 经营所在地所管辖　　D. 房地产转让实现地所管辖

5. 房地产开发企业在确定土地增值税的扣除项目时，不允许单独扣除的税金是（　　）。

A. 地方教育费附加　　B. 教育费附加

C. 城市维护建设税　　D. 印花税

6. 下列各项中，应当征收土地增值税的是（　　）。

A. 公司与公司之间互换房产

B. 房地产开发公司为客户代建房产

C. 兼并企业从被兼并企业取得房产

D. 双方合作建房后按比例分配自用房产

7. 下列各项中，符合房产税规定的是（　　）。

A. 产权属于集体的，由承典人缴纳

B. 房屋产权出典的，由出典人缴纳

C. 产权纠纷未解决的，由代管人或使用人缴纳

D. 产权属于国家所有的，不缴纳

8. 发生下列业务的单位和个人，无须缴纳契税的是（　　）。

A. 处置旧楼房的工业企业　　B. 接受土地使用权投资的某商业企业

C. 房产交换中的支付补价方　　D. 购买商品房的外籍人员

9. 下列说法中，符合车辆购置税计税依据相关规定的是（　　）。

A. 进口自用的应税小汽车的计税价格包括关税完税价格和关税，不包括消费税

B. 底盘和发动机同时发生更换的车辆，计税依据为最新核发的同类型车辆最低计税价格

C. 销售汽车的纳税人代收的保险费，不应计入计税依据征收车辆购置税

D. 销售单位开展优质销售活动所开票收取的有关费用，应作为价外收入计算征收车辆购置税

10. 下列各项中，应当征收印花税的是（　　）。

A. 产品加工合同　　B. 法律咨询合同

C. 会计咨询协议　　D. 电网与用户之间签订的供电合同

11. 下列不属于关税纳税义务人的是（　　）。

A. 进口货物的收货人　　B. 出口货物的发货人

C. 邮递出口物品的寄件人　　D. 进出境物品的寄件人

12. 下列项目中，属于进口关税完税价格组成部分的是（　　）。

A. 进口人向自己的境外采购代理人支付的购货佣金

B. 进口人负担的向中介机构支付的经纪费

C. 进口设备报关后的维修费用

D. 货物运抵境内输入地点起卸之后的运输费用

13. 下列有关关税申报时间的说法中，符合我国规定的是（　　）。

A. 进口货物自运输工具申报进境之日起 14 日内，出口货物在运抵海关监管区后的装货的 12 小时以前

B. 进口货物自运输工具申报进境之日起 15 日内，出口货物在运抵海关监管区后的卸货的 24 小时以前

C. 进口货物自运输工具申报进境之日起 14 日内，出口货物在运抵海关监管区后的装货的 15 日以内

D. 进口货物自运输工具申报进境之日起 14 日内，出口货物在运抵海关监管区后的装货的 24 小时以前

二、多项选择题

1. 某县城一家食品加工企业为增值税小规模纳税人，8 月购进货物取得普通发票的销售额合计 50 000 元，销售货物开具普通发票的销售额合计 70 000 元，出租设备取得收入 10 000 元。本月应纳城建税、教育费附加和地方教育附加分别为（　　）。

A. 城建税 126.94 元　　B. 城建税 223.11 元

C. 教育费附加 76.16 元　　D. 地方教育附加 50.78 元

2. 下列关于烟叶税的说法中，正确的有（　　）。

A. 在中国境内收购烟叶的单位需要代扣代缴烟叶税

B. 烟叶税的税率为 20%

C. 烟叶的应纳税额等于烟叶收购金额乘以税率

D. 烟叶税的纳税义务发生时间为纳税人收购烟叶的当天

3. 烟叶税的征税范围包括（　　）。

A. 采摘烟叶　　B. 晾晒烟叶

C. 烤烟叶　　D. 烟丝

4. 下列收购未税矿产品的单位和个人能够成为资源税扣缴义务人的有（　　）。

A. 收购未税矿石的独立矿山　　B. 收购未税矿石的联合企业

C. 收购未税矿石的个体经营者　　D. 收购未税矿石的冶炼厂

5. 下列各项中，符合城镇土地使用税有关纳税义务发生时间规定的有（　　）。

A. 纳税人新征用的耕地，自批准征用之月起缴纳城镇土地使用税

B. 纳税人出租房产，自交付出租房产之次月起缴纳城镇土地使用税

C. 纳税人新征用的非耕地，自批准征用之月起缴纳城镇土地使用税

D. 纳税人购置新建商品房，自房屋交付使用之次月起缴纳城镇土地使用税

6. 下列各项中，可以免征城镇土地使用税的有（　　）。

A. 财政拨付事业经费的单位食堂用地　　B. 名胜古迹场所设立的照相馆用地
C. 中国银行的营业用地　　D. 宗教寺庙人员在寺庙内的生活用地

7. 契税的征税范围为发生土地使用权和房屋所有权权属转移的土地和房屋。下列各项表述正确的有（　　）。
A. 国有土地使用权出让，不征契税
B. 契税属于财产转移税
C. 企业分立中，派生方承受原企业土地房屋权属的，不征契税
D. 对承受国有土地使用权所应支付的土地出让金，要计征契税

8. 根据《车辆购置税法》的规定，下列车辆可以减免车辆购置税的有（　　）。
A. 武警部队购买的列入武器装备订货计划的车辆
B. 长期来华定居专家购买的1辆自用进口小汽车
C. 在外留学人员购买的1辆自用进口小汽车
D. 森林消防部门用于指挥、检查、调度、联络的设有固定装置的指定型号的车辆

9. 下列行为中，属于车辆购置税应税行为的有（　　）。
A. 销售应税车辆的行为　　B. 购买使用应税车辆的行为
C. 自产自用应税车辆的行为　　D. 进口使用应税车辆的行为

10. 印花税的自行贴花纳税主要是指（　　）。
A. 纳税人自行计算应纳税额
B. 纳税人自行购买印花税票
C. 纳税人自行贴花
D. 纳税人自行在每枚税票的骑缝处盖戳注销或画销

三、判断题

1. 无论是内资企业还是外资企业，出口货物退增值税、消费税时，均不退还已缴纳的城建税。（　　）

2. 某县一乡镇企业委托市内一日化厂加工化妆品，日化厂代收代缴消费税的同时，应按5%的税率代收城建税。（　　）

3. 资源税以应税矿产品销售数量或自用数量为依据征收，不能准确确定课税数量的，以销售额为依据征收。（　　）

4. 张某以60万元购置了新居后，欲将原居住8年的约18平方米的旧房卖出，经评估，此房价值30万元。因此房临街，最终以50万元售出。按照税法的有关规定，向当地税务机关申报并经核准后，张某出售的旧房免予征收土地增值税。（　　）

5. 城镇土地使用税的最高单位税额与最低单位税额相差50倍。（　　）

6. 应税房产大修停用半年以上的，经纳税人申请、税务机关审核，在大修期间免征房产税。（　　）

7. 免税单位与纳税单位合并办公，所用车辆不能划分者，一律免税；能划分者，分别免税和征税。（　　）

8. 对租赁双方未商定纳税事宜的，由车船拥有者缴纳车船税。（　　）

9. 应税凭证，凡由两方或两方以上当事人共同书立的，其当事人各方都是印花税的

纳税人，应各就其所持凭证的计税金额履行纳税义务。(　　)

10. 土地使用权交换中，由少交付货币或其他经济利益的土地承受方缴纳。(　　)

四、计算分析题

1. 某纳税人本期以自产液体盐 50 000 吨和外购液体盐 10 000 吨（每吨已缴纳资源税 5 元）加工固体盐 12 000 吨对外销售，取得销售收入 600 万元。已知固体盐税额为每吨 30 元，计算该纳税人本期应缴纳的资源税。

2. 某房地产开发企业建造一幢教师住宅楼（普通标准住宅）出售，取得货币收入 2 200 万元，水泥两车皮（市价折合 100 万元）。建此住宅支付地价款和相关过户手续费 800 万元，开发成本 700 万元，其利息支出 50 万元可以准确计算分摊，该省政府规定的费用扣除比例为 5%。计算该企业应纳的土地增值税（城建税税率 7%、教育费附加 3%）。

3. 某企业拥有一幢三层的办公楼，原值 6 000 万元，以每月 15 万元的租金额出租给其他单位使用。2019 年 4 月底，原租户的租期到期，该企业将该幢办公楼进行改建，更换楼内电梯，将原值 80 万元的电梯更换为 120 万元的新电梯，为该楼安装了 300 万元的智能化楼宇设施，这些改建工程于当年 7 月底完工。该企业所在地的人民政府规定房产原值减除比例为 30%，计算该企业 2019 年应缴纳的房产税。

4. 某运输企业有净吨位 3 000 吨的货运船只 6 艘；净吨位 4 000 吨的拖船 4 只；2 吨的非机动救生小舢板 10 只；1 000 吨的非机动驳船 3 只。若 200 吨以下船舶税额为每吨 3 元，201 吨至 2 000 吨船舶税额为每吨 4 元；2 001 至 10 000 吨的船舶税额为每吨 5 元，计算该企业应纳的车船税。

5. 甲方（某建设单位）与乙方（建筑公司）、丙方（建筑设计单位）签订了一份经济合同，将建筑安装工程承包给乙方，将建筑设计项目承包给丙方。建筑项目投资额 3 000 万元，勘察设计费用 200 万元。乙公司又将部分安装工程分包给丁，分包额 1 000 万元。计算甲、乙、丙、丁四方各自应缴纳的印花税。

6. 李某系某市居民，2016 年 2 月以 50 万元购得一临街商铺，同时支付相关税费 1 万元，购置后一直对外出租。2019 年 5 月，将临街商铺改租为卖，以 80 万元转让给他人，经相关评估机构评定，房屋的重置成本价为 70 万元，成新度折扣率为 80%。

要求（每问均需计算出合计数）：

(1) 计算李某转让商铺应缴纳的增值税、城建税、教育费附加。

(2) 计算李某转让商铺应缴纳的印花税。

(3) 计算李某转让商铺应缴纳的土地增值税。

7. 位于建制镇的某公司主要经营农产品采摘、销售、观光业务，公司占地 3 万平方米，其中采摘、观光的种植用地 2.5 万平方米，职工宿舍和办公用地 0.5 万平方米；房产原值 300 万元。该公司 2019 年发生下列业务：

(1) 全年取得旅游观光业务收入 150 万元、农产品零售收入 180 万元。

(2) 6 月 30 日签订房屋租赁合同一份，将价值 50 万元的办公室从 7 月 1 日起出租给他人使用，租期 12 个月，月租金 0.2 万元，每月收取租金 1 次。

其他相关资料：适用城镇土地使用税税率为每平方米 5 元；公司所在省规定计算房产余值的扣除比例为 30%；金额以元为单位计算。

要求：

（1）计算该公司2019年应缴纳的城镇土地使用税。

（2）计算该公司2019年应缴纳的房产税。

8. 某汽车制造厂2019年8月将自产轿车10辆向某汽车租赁公司进行投资，双方协议投资作价120 000元/辆，将自产轿车3辆转作本企业固定资产，将自产轿车4辆奖励给对企业发展有突出贡献的员工。该企业生产的上述轿车售价为180 000元/辆（不含增值税），国家税务总局对同类轿车核定的最低计税价格为150 000元/辆。计算该汽车厂应纳的车辆购置税。

9. 某公司主要从事建筑工程机械的生产制造，2019年发生以下业务：

（1）签订钢材采购合同一份，采购金额8 000万元；签订以货换货合同一份，用库存的价值3 000万元的A型钢材换取对方相同金额的B型钢材；签订销售合同一份，销售金额为15 000万元。

（2）公司作为受托方签订甲、乙两份加工承揽合同。甲合同约定：由委托方提供主要材料（金额300万元），受托方只提供辅助材料（金额20万元），受托方另收取加工费50万元；乙合同约定：由受托方提供主要材料（金额200万元）并收取加工费40万元。

（3）公司作为受托方签订技术开发合同一份，合同约定：技术开发金额共计1 000万元，其中研究开发费用与报酬金额之比为3∶1。

（4）公司作为承包方签订建筑安装工程承包合同一份，承包金额为300万元，公司随后又将其中的100万元业务分包给另一单位，并签订相关合同。

（5）公司新增实收资本2 000万元、资本公积500万元。

（6）公司启用其他账簿10本。

（说明：购销合同、加工承揽合同、技术合同、建筑安装工程承包合同适用的印花税税率分别为0.3‰、0.5‰、0.3‰、0.3‰；营业账簿的印花税税率为0.5‰减半征收两种。）

要求：

（1）计算该公司2019年签订的购销合同应缴纳的印花税。

（2）计算该公司2019年签订的加工承揽合同应缴纳的印花税。

（3）计算该公司2019年签订的技术合同应缴纳的印花税。

（4）计算该公司2019年签订的建筑安装工程承包合同应缴纳的印花税。

（5）计算该公司2019年新增记载资金的营业账簿应缴纳的印花税。

（6）计算该公司2019年启用其他账簿应缴纳的印花税。

10. 某企业破产清算时，其房地产评估价值为4 000万元，其中以价值3 000万元的房地产抵偿债务，将价值1 000万元的房地产进行拍卖，取得拍卖收入1 200万元。债权人获得房地产后，与他人进行房屋交换，取得额外补偿500万元。计算当事人各方应缴纳的契税（适用契税税率为3%）。

五、综合题

位于市区的某国有工业企业利用厂区空地建造写字楼，2019年发生的相关业务如下：

（1）按照国家有关规定补交土地出让金4 000万元，缴纳相关税费160万元。

（2）写字楼开发成本为 3 000 万元，其中装修费用 500 万元。

（3）写字楼开发费用中的利息支出为 300 万元（不能提供金融机构证明）。

（4）写字楼竣工验收，将总建筑面积的 1/2 销售，签订销售合同，取得销售收入6 500 万元；将另外 1/2 的建筑面积出租，当年取得租金收入 15 万元。

其他相关资料：该企业所在省规定，按《土地增值税暂行条例》规定的限额计算扣除房地产开发费用。

要求（每问均需计算出合计数）：

（1）计算该企业计算土地增值税时应扣除的取得土地使用权时所支付的金额。

（2）计算该企业计算土地增值税时应扣除的开发成本。

（3）计算该企业计算土地增值税时应扣除的开发费用。

（4）计算该企业计算土地增值税时应扣除的有关税金。

（5）计算该企业应缴纳的土地增值税。

（6）计算该企业应缴纳的增值税、城市维护建设税和教育费附加。

（7）计算该企业应缴纳的房产税。

学习情境 7

征收管理与纳税申报

能力目标

1. 能依法办理税务登记；
2. 能领购发票和开具发票；
3. 能进行各税种的纳税申报和缴纳税款；
4. 熟悉报税的各个基本流程；
5. 能协调好企业与税务机关之间的关系。

情境导入

税收征管是指国家税务征收机关依据税法、税收征收管理法等有关法律、法规的规定，对税款征收过程进行组织、管理、检查等一系列工作的总称。税收征管是整个税收管理活动的中心环节，是实现税收管理目标，将潜在的税源变为现实的税收收入的实现手段，也是贯彻国家产业政策，指导、监督纳税人正确履行纳税义务，发挥税收作用的重要措施的基础性工作。

《中华人民共和国税收征收管理法》（以下简称《税收征收管理法》）是我国税收法律体系中的程序法，是我国第一部以法律形式对国内税收和涉外税收做出统一规定的税收管理法。

税务行政处罚是指公民、法人或者其他组织有违反税收征收管理秩序的违法行为，尚未构成犯罪，依法应当承担行政责任的，由税务机关给予行政处罚。税务行政处罚是行政处罚的重要组成部分。

学习子情境 7.1

了解征收管理

7.1.1 税务登记

税务登记是税务机关对纳税人的生产、经营活动进行登记并据此对纳税人实施税务管理的一种法定制度。税务登记又称纳税登记，是税务机关对纳税人实施税收管理的首要环节和基础工作，是征纳双方法律关系成立的依据和证明，也是纳税人必须依法履行的义务。从 2015 年 10 月 1 日起，在全国推行“三证合一、一照一码”登记制度。

“三证合一”登记制度是指将企业登记时依次申请，分别由市场监督管理部门核发营业执照、质量技术监督部门核发组织机构代码证、税务部门核发税务登记证，改为通过“一窗受理、互联互通、信息共享”，由市场监督管理部门核发加载法人和其他组织统一社会信用代码的营业执照（以下称统一代码营业执照）的登记制度。纳税人办理统一代码营业执照后，无须再次进行税务登记，不再领取税务登记证。

涉及登记主体范围：新设立企业、农民专业合作社。

2016 年 6 月 30 日，国务院办公厅发布《关于加快推进“五证合一、一证一码”登记制度改革的通知》（国办发〔2016〕53 号），在全面实施营业执照、组织机构代码证、税务登记证“三证合一”登记制度改革的基础上，再整合社会保险登记证和统计登记证。

相关知识

（1）“无须再次进行税务登记”仅指不领取税务登记证。纳税人领取统一代码营业执照后，还需要到主管税务机关办理相关涉税事项。

（2）企业办理涉税事项时，在完成补充信息采集后，凭统一代码营业执照可代替税务登记证使用。

（3）已办理税务登记的企业、农民专业合作社，在 2015 年 10 月 1 日后，申请办理相关变更登记和换发证照的，将领取统一代码营业执照代替税务登记证使用，税务机关原发放的税务登记证件由企业登记机关收缴、存档。原证件遗失的，申请人应当提交刊登遗失公告的报纸报样。

（4）变更。持统一代码营业执照的纳税人生产经营地址、财务负责人、核算方式发生变更的，纳税人可以向主管税务机关申请变更。其他涉及统一代码营业执照信息的变更，纳税人需要到企业登记机关变更。

（5）注销。

1）持原税务登记证的纳税人 2015 年 10 月 1 日后申请注销的，到税务机关办理注销登记，税务机关收缴税务登记证。

2）持统一代码营业执照的纳税人申请注销的，到税务机关办理清税手续，税务机关开具《清税证明》后，纳税人到企业登记机关办理注销，由企业登记机关收缴统一代码营业执照。2017 年底前原税务登记证继续有效，自 2018 年 1 月 1 日起，一律改为使用加载统一代码的营业执照，原发税务登记证不再有效。

（6）清税后，经举报等线索发现少报、少缴税款的纳税人，税务机关将相关信息传至登记机关，纳入“黑名单”管理。

有问有答

2015年7月16日，某区国税局稽查人员在对某加油站进行日常纳税检查时发现，6月8日，该加油站根据城市规划的统一安排，由原经营地新华大街35号搬迁到马路对面新华大街51号经营，并于6月10日到工商行政机关办理了变更登记。该加油站认为，新的经营地址只是门牌号稍有不同，又不影响纳税，所以，就将税务登记证件中的地址35号直接改为51号。

问：该加油站的行为有无违法之处？

答：该加油站的行为有违法之处。

根据《税收征收管理法》的规定，从事生产、经营的纳税人，税务登记内容发生变化的，自工商行政管理机关办理变更登记之日起30日内办理变更税务登记。该加油站的地址发生了变化，但并未涉及主管税务机关发生变化，所以，应在7月10日前办理变更税务登记，而税务稽查人员于7月16日进行税务检查时，仍未办理变更税务登记，该加油站的行为是不符合法律规定的。

根据《税收征收管理法》的规定，纳税人不得转借、涂改、损毁、买卖或者伪造税务登记证件。该加油站私自将税务登记证中的经营地址由35号改为51号，为涂改税务登记证件，属于违法行为。

7.1.2 发票管理

税务机关是发票的主管机关，负责发票的印制、领购、开具、取得、保管、缴销的管理和监督。

7.1.2.1 发票种类

增值税发票主要有增值税专用发票、增值税普通发票、机动车销售统一发票、二手车销售统一发票及定额发票。

1. 增值税专用发票

增值税专用发票适用于增值税一般纳税人，小规模纳税人使用时需向税务机关代开。目前，有以下试点行业的小规模纳税人可以自开专票：住宿业，鉴证咨询业，建筑业，工业，信息传输、软件和信息技术服务业，租赁和商务服务业，科学研究和技术服务业，居民服务、修理和其他服务业。

自2020年2月1日起，增值税小规模纳税人（其他个人除外）发生增值税应税行为，需要开具增值税专用发票的，可以自愿使用增值税发票管理系统自行开具。选择自行开具增值税专用发票的小规模纳税人，税务机关不再为其代开增值税专用发票。增值税小规模纳税人应当就开具增值税专用发票的销售额计算增值税应纳税额，并在规定的纳税申报期内向主管税务机关申报缴纳。

增值税专用发票由基本联次或者基本联次附加其他联次构成，分为三联版和六联版（见图7-1）两种。基本联次为三联：第一联为记账联，是销售方记账凭证；第二联为抵扣联，是购买方扣税凭证；第三联为发票联，是购买方记账凭证。其他联次用途由纳税人自行确定。

纳税人可根据实际情况选择三联版或是六联版。

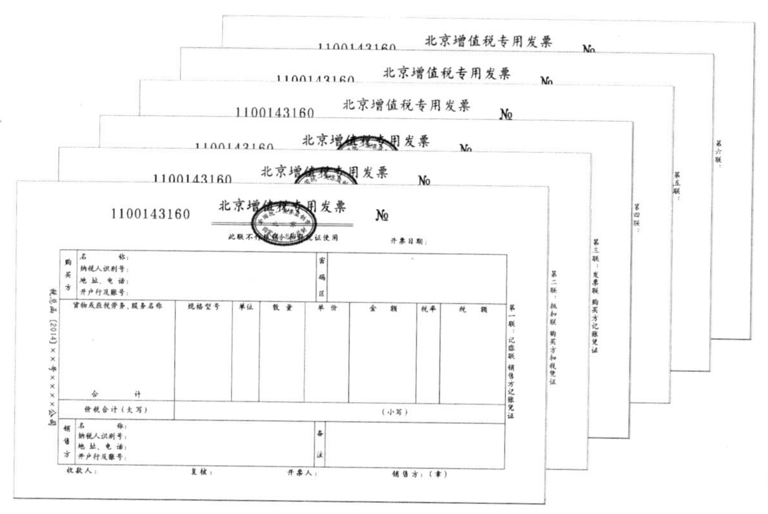

图 7-1　增值税专用发票（六联版）

2. 增值税普通发票

增值税普通发票分为折叠票、卷票、电子普票。小规模纳税人和一般纳税人在不能开具专票时可使用。

增值税普通发票（折叠票）由基本联次或者基本联次附加其他联次构成，分为两联版和五联版（见图 7-2）两种。基本联次为两联：第一联为记账联，是销售方记账凭证；第二联为发票联，是购买方记账凭证。其他联次用途由纳税人自行确定。纳税人可根据实际情况选择两联版或是五联版。

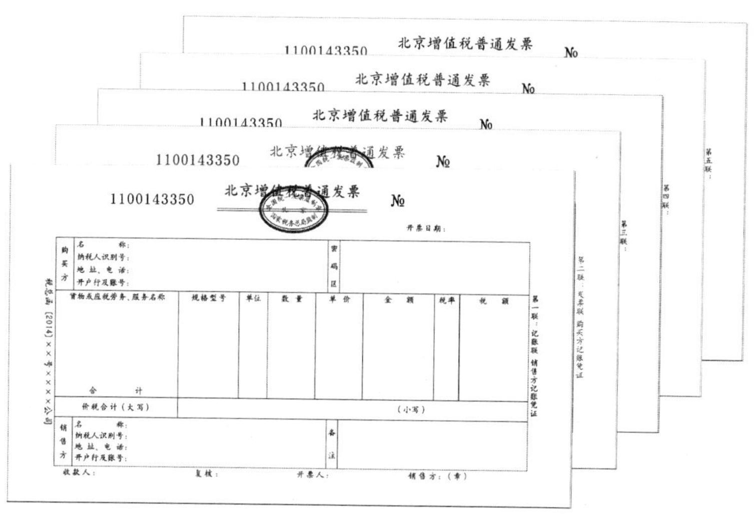

图 7-2　增值税普通发票（五联版）

增值税普通发票（卷票）分为两种规格：76mm×177.8mm、57mm×177.8mm，均为单联，见图 7-3。这种发票常用于餐饮及一些生活服务业。

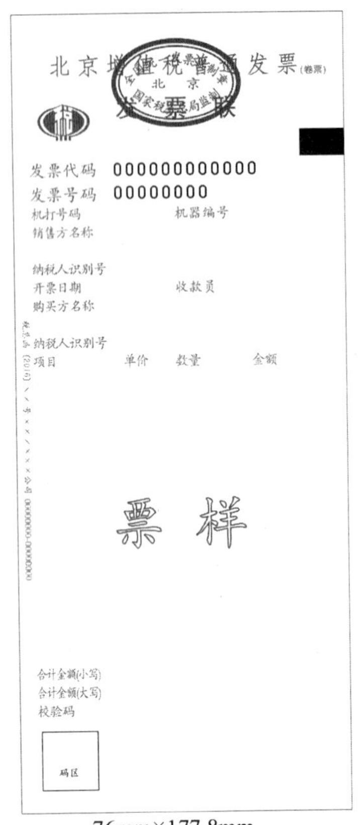

北京增值税普通发票（卷票）
发票联
发票代码 000000000000
发票号码 00000000
机打号码 机器编号
销售方名称
纳税人识别号
开票日期 收款员
购买方名称
纳税人识别号
项目 单价 数量 金额
票样
合计金额(小写)
合计金额(大写)
校验码
码区

76mm×177.8mm

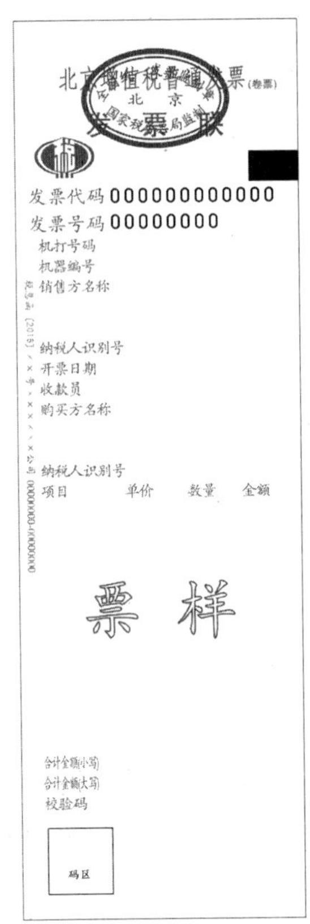

北京增值税普通发票（卷票）
发票联
发票代码 000000000000
发票号码 00000000
机打号码
机器编号
销售方名称
纳税人识别号
开票日期
收款员
购买方名称
纳税人识别号
项目 单价 数量 金额
票样
合计金额(小写)
合计金额(大写)
校验码
码区

57mm×177.8mm

图 7-3 增值税普通发票（卷票）

3. 机动车销售统一发票

从事机动车零售业务的单位和个人，在销售机动车（不包括销售旧机动车）收取款项时，开具机动车销售统一发票，见图 7-4。

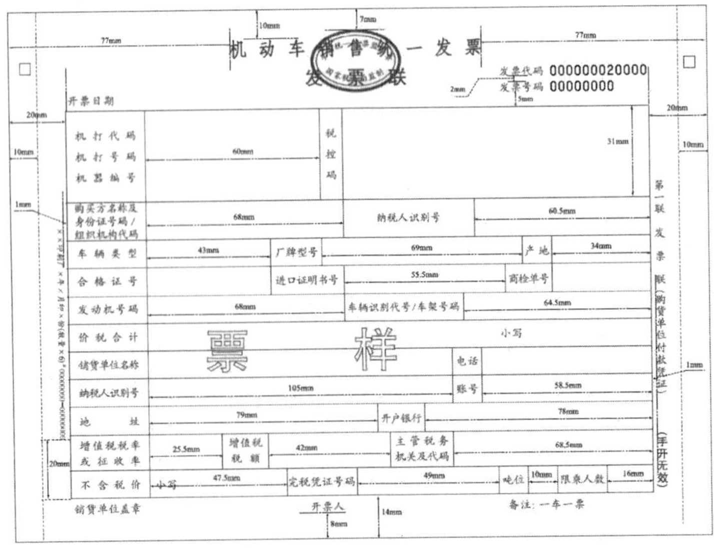

机动车销售统一发票
发票联
发票代码 000000020000
发票号码 00000000
开票日期
机打代码
机打号码
机器编号
税控码
购买方名称及身份证号码/组织机构代码
纳税人识别号
车辆类型 厂牌型号 产地
合格证号 进口证明书号 商检单号
发动机号码 车辆识别代号/车架号码
价税合计 小写
销货单位名称 电话
纳税人识别号 账号
地址 开户银行
增值税税率或征收率 增值税税额 主管税务机关及代码
不含税价 小写 完税凭证号码 吨位 限乘人数
销货单位盖章 开票人 备注：一车一票
第一联 发票联（购货单位付款凭证）（手开无效）
票样

图 7-4 机动车销售统一发票

4. 二手车销售统一发票

二手车经销企业、经纪机构和拍卖企业，在销售、中介和拍卖二手车收取款项时，必须开具二手车销售统一发票，见图 7－5。

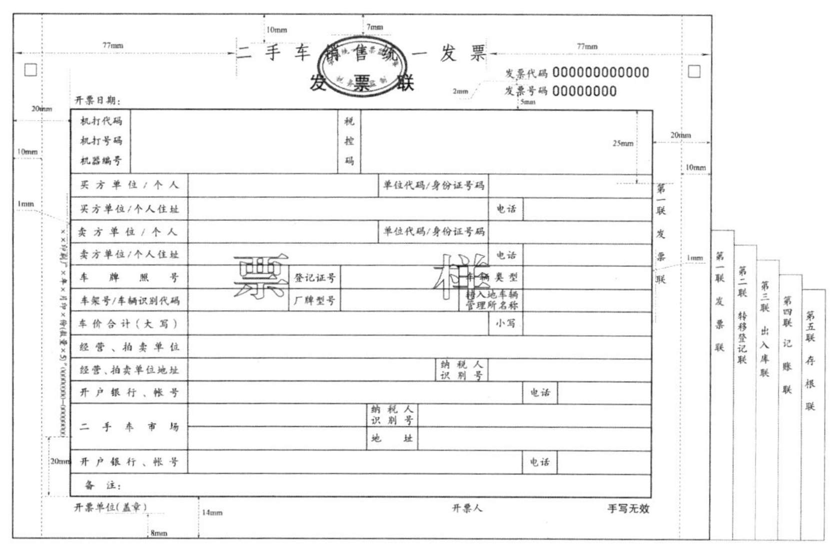
二手车销售统一发票
发票联
发票代码 000000000000
发票号码 00000000
开票日期:

机打代码 机打号码 机器编号		税控码			
买方单位/个人		单位代码/身份证号码			
买方单位/个人住址				电话	
卖方单位/个人		单位代码/身份证号码			
卖方单位/个人住址				电话	
车牌照号	登记证号		车辆类型		
车架号/车辆识别代码	厂牌型号		转入地车辆管理所名称		
车价合计(大写)				小写	
经营、拍卖单位					
经营、拍卖单位地址			纳税人识别号		
开户银行、帐号				电话	
二手车市场		纳税人识别号			
		地址			
开户银行、帐号				电话	
备注:					

开票单位(盖章)　开票人　手写无效

第一联 发票联　第二联 转移登记联　第三联 出入库联　第四联 记账联　第五联 存根联

图 7－5　二手车销售统一发票

5. 定额发票

定额发票是税务局专门印制的、不用填开的、有固定金额的发票，见图 7－6，即通常所说的“手撕票”。目前定额发票的最大面额为 20 元。

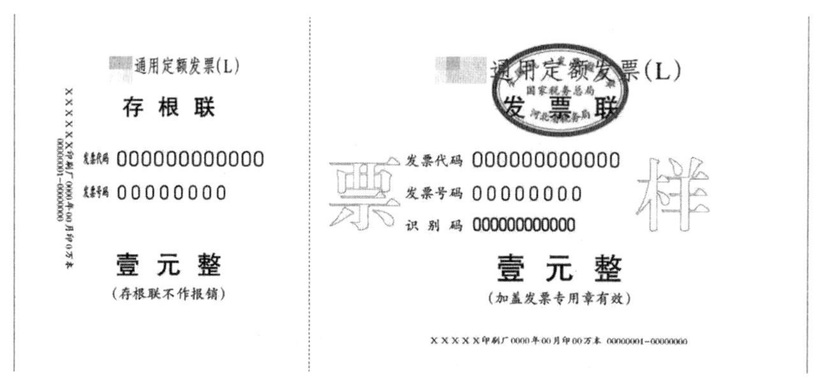
通用定额发票(L)
存根联
发票代码 000000000000
发票号码 00000000
壹元整
(存根联不作报销)

通用定额发票(L)
发票联
发票代码 000000000000
发票号码 00000000
识别码 000000000000
壹元整
(加盖发票专用章有效)
×××××印刷厂0000年00月印00万本 00000001-00000000

图 7－6　定额发票

7.1.2.2　发票印制管理

增值税专用发票由国务院税务主管部门指定的企业印制；其他发票按照国务院主管部门的规定，分别由省、自治区、直辖市税务局指定企业印制。禁止私自印制、伪造、变造发票。

7.1.2.3　发票领购管理

依法办理税务登记的单位和个人，在领取统一代码营业执照后，向主管税务机关申请领购发票。纳税人可以根据自己的需要申请领购普通发票。

为了进一步便利小微企业开具增值税专用发票，纳入自开专票试点的行业中的所有小规模纳税人，均可以自愿使用增值税发票管理系统自行开具增值税专用发票，不受月销售额标准的限制。也就是说，月销售额未超过10万元（含本数，以1个季度为1个纳税期的，季度销售额未超过30万元）的试点行业小规模纳税人，发生增值税应税行为，需要开具增值税专用发票的，可以选择使用增值税发票管理系统按照有关规定自行开具增值税专用发票。自2020年2月1日起，增值税小规模纳税人（其他个人除外）发生增值税应税行为，需要开具增值税专用发票的，可以自愿使用增值税发票管理系统自行开具。选择自行开具增值税专用发票的小规模纳税人，税务机关不再为其代开增值税专用发票。增值税小规模纳税人应当就开具增值税专用发票的销售额计算增值税应纳税额，并在规定的纳税申报期内向主管税务机关申报缴纳。

7.1.2.4 发票开具、使用、取得的管理

单位、个人在购销商品、提供或者接受经营服务以及从事其他经营活动中，应当按照规定开具、使用、取得发票。发票不得跨省、自治区、直辖市使用；开具发票后，如发生销货退回需开具红字发票的，必须收回原发票并注明“作废”字样或取得对方有效证明；发生销售折让的，在收回原发票并证明“作废”后，重新开具发票。

有问有答

问：纳税人2019年3月31日前开具了增值税专用发票，4月1日后因销售折让、中止或者退回等情形需要开具红字发票的，应如何处理？

答：纳税人因销售折让、中止或者退回等情形需要开具红字发票的，应分别按以下情形处理：

（1）销售方开具专用发票尚未交付购买方，以及购买方尚未用于申报抵扣并将发票联和抵扣联退回的，由销售方按规定在增值税发票管理系统中填开并上传《开具红字增值税专用发票信息表》，并按照调整前税率开具红字发票。

（2）购买方取得专用发票已用于申报抵扣，或者购买方取得专用发票尚未申报抵扣、但发票联或抵扣联无法退回的，由购买方按规定在增值税发票管理系统中填开并上传《开具红字增值税专用发票信息表》；销售方根据购买方开具的《开具红字增值税专用发票信息表》按照调整前税率开具红字发票。

7.1.2.5 发票保管

发票保管分为税务机关保管和用票单位、个人保管两个层次。包括：专人保管制度；专库保管制度；专账登记制度；保管交接制度；定期盘点制度。

7.1.2.6 发票缴销管理

发票缴销包括发票收缴和发票销毁。发票收缴是指用票单位和个人按照规定向税务机关上缴已经使用或者未使用的发票；发票销毁是指由税务机关统一将自己或者他人已使用或者未使用的发票进行销毁。收缴的发票，一般都要按照法律法规保存一定时期后才能销毁。

7.1.3 纳税申报管理

纳税申报是纳税人按照税法规定的期限和内容，向税务机关提交有关纳税事项书面报

告的法律行为，是纳税人履行纳税义务、界定纳税人法律责任的主要依据，是税务机关税收管理信息的主要来源和税务管理的重要制度。

7.1.3.1　纳税申报对象

纳税申报对象为纳税人和扣缴义务人。

【提示7-1】纳税人在纳税期内没有应纳税款的，也应当按照规定办理纳税申报。纳税人享受减税、免税待遇的，在减税、免税期间应当按照规定办理纳税申报。

7.1.3.2　纳税申报的要求

纳税人办理纳税申报时，应当如实填写纳税申报表，并根据不同的情况相应报送下列有关证件、资料：

(1) 财务会计报表及其说明材料。

(2) 与纳税有关的合同、协议及凭证。

(3) 税控装置的电子报税资料。

(4) 外出经营活动税收管理证明和异地完税凭证。

(5) 境内或者境外公司公证机构出具的有关证明文件。

(6) 税务机关规定应当报送的其他有关证件、资料。

(7) 扣缴义务人办理代扣代缴、代收代缴税款报告时，应当如实填写代扣代缴、代收代缴税款报告表，并报送代扣代缴、代收代缴税款的合法凭证以及税务机关规定的其他有关证件、资料。

7.1.3.3　纳税申报的内容

纳税人申报的内容主要包括税种、税目、计税依据、扣除项目及标准、适用税率或者单位税额、应退税项目及税额、应减免税项目及税额、应纳税额或者应代扣代缴、代收代缴税额及税款所属期限等。

7.1.3.4　纳税申报方式

目前，纳税申报的形式主要有以下三种。

1. 直接申报

直接申报是指纳税人自行到税务机关办理纳税申报。

2. 邮寄申报

邮寄申报是指经税务机关批准的纳税人使用统一规定的纳税申报特快专用信封，通过邮政部门办理申报的方式。

3. 数据电文申报

数据电文申报是指经税务机关确定的电话语音、电子数据交换和网络传输等电子申报方式。

学习子情境7.2　税款征收

税款征收是税款征收管理工作的中心环节，是全部税收征管工作的目的和归宿，在整个税收工作中占据着极其重要的地位。

7.2.1 税款征收方式

7.2.1.1 查账征收

查账征收是指税务机关按照纳税人提供的账表所反映的经营情况，依照适用税率计算缴纳税款的方式。一般适用于财务会计核算较为健全，能够认真履行纳税义务的单位。

7.2.1.2 查定征收

查定征收是指税务机关根据纳税人的从业人员、生产设备、采用原材料等因素，对其产制的应税产品查实核定产量、销售额并据以征收税款的方式。

7.2.1.3 查验征收

查验征收是指税务机关对纳税人的应税商品，通过查验数量，按市场一般销售单位计算其销售收入并据以征税的方式。

7.2.1.4 定期定额征收

定期定额征收是指税务机关通过典型调查，逐户确定营业额和所得额并据以征税的方式。

7.2.1.5 委托代征税款

委托代征税款是指税务机关委托代征人以税务机关的名义征收税款，并将税款缴入国库的方式。

7.2.1.6 代收代缴

代收代缴是指依照税法的规定，负有代收代缴税款义务的单位和个人，在向纳税人收取款项的同时，依法收取纳税人应纳的税款并按照规定的期限和缴库办法申报解缴的一种方式。

7.2.1.7 代扣代缴

代扣代缴是指按照税法的规定，负有代扣代缴税款义务的单位和个人，在向纳税人支付款项的同时，依法从支付款项中扣收纳税人应纳税款并按照规定的期限和缴库办法申报解缴的一种方式。

7.2.2 税款征收制度

7.2.2.1 代扣代缴、代收代缴税款制度

（1）对法律、行政法规没有规定负有代扣、代收税款义务的单位和个人，税务机关不得要求其履行代扣、代收税款义务。

（2）税法规定的扣缴义务人必须依法履行代扣、代收税款义务；如果不履行义务，就要承担法律责任。

（3）扣缴义务人依法履行代扣、代收税款义务时，纳税人不得拒绝。

（4）扣缴义务人代扣、代收税款，只限于法律、行政法规规定的范围，并依照征收标准执行。

（5）税务机关按照规定付给扣缴义务人代扣、代收手续费。

7.2.2.2 延期缴纳税款制度

纳税人和扣缴义务人必须在规定的期限内缴纳、解缴税款。但纳税人如有特殊困难，不能按期缴纳税款的，经省、自治区、直辖市税务局批准，可以延期缴纳税款，但最长不

得超过 3 个月。

相关知识

特殊困难的主要内容包括：因不可抗力，导致纳税人发生较大损失，正常生产经营活动受到较大影响的；当期货币资金在扣除应付职工工资、社会保险费后，不足以缴纳税款的。

7.2.2.3　税收滞纳金征收制度

纳税人未按规定期限缴纳税款的，扣缴义务人未按照期限解缴税款的，税务机关除责令限期缴纳外，从滞纳税款之日起，按日加收滞纳税款万分之五的滞纳金。

有问有答

2013 年 10 月 11 日，某县甲企业应纳税款为 300 万元，由于会计人员休产假，且资金周转困难，企业向税务机关提出延期缴纳税款的申请，县税务局局长批准其可延期一个月缴纳税款。2014 年 2 月 8 日，税务机关进行日常检查时，发现甲企业该笔税款仍未缴纳，虽经过税务分局的多次催缴，但企业一直以各种理由拖欠。经过检查往来账目，发现甲企业应收账款余额并不大，其中债务人乙企业所欠 250 万元早已到期，且了解到乙企业近半年资金信用情况一直很好。

问：(1) 县税务局局长是否应该批准甲企业的延期纳税申请？为什么？

(2) 税务机关可以采取哪些措施？

(3) 正常情况下，如果甲企业在 2014 年 4 月 10 日缴纳了该笔税款，那么，甲企业应缴纳多少滞纳金？(注：2014 年 2 月为 28 天)

答：(1) 县税务局局长不应批准甲企业的延期纳税申请。因为根据《税收征收管理法》及其实施细则的规定，纳税人因有特殊困难，不能按期缴纳税款的，经省、自治区、直辖市税务局的批准，才可以延期缴纳税款，但最长不可以超过 3 个月。本题中，会计人员休产假不是资金周转困难的理由。县税务局局长也无此项权力批准延期纳税。

(2) 税务机关可以采取税收强制措施。限期期满仍未缴纳税款的，经县以上税务局(分局)局长批准，税务机关可以直接从企业开户行或其他金融机构的存款中扣缴税款或者依法拍卖、变卖所扣押、查封的商品、货物或者其他财产，以拍卖、变卖所得抵缴税款。

(3) 从 2013 年 10 月 11 日至 2014 年 4 月 10 日按万分之五征收滞纳金。

$$\begin{aligned}\text{应缴纳滞纳金} &= 3\,000\,000\times(21+30+31+31+28+31+10)\times 0.5‰ \\ &= 273\,000(\text{元})\end{aligned}$$

7.2.2.4　减免税制度

(1) 减免税必须有法律、行政法规的明确规定。

(2) 纳税人申请减免税，应向主管税务机关提出书面申请，并按规定附送有关资料。

(3) 减免税的申请须经法律、行政法规规定的减税、免税审查批准机关审批。

(4) 纳税人在享受减免税待遇期间，仍应按规定办理纳税申报。

(5) 纳税人享受减税、免税的条件发生变化时，应当自发生变化之日起 15 日内向税务机关报告，经税务机关审核后，停止其减税、免税。

（6）减税、免税期满，纳税人应当自期满次日起恢复纳税。

【提示7-2】纳税人享受免税的条件发生变化的，应自发生变化之日起15个工作日内向税务机关报告，经税务机关审核后，停止其减免税。

7.2.2.5 税额核定和税收调整制度

纳税人有下列情形之一的，税务机关有权核定其应纳税额：

（1）依照法律、行政法规的规定可以不设置账簿的。

（2）依照法律、行政法规的规定应当设置但未设置账簿的。

（3）擅自销毁账簿或者拒不提供纳税资料的。

（4）虽设置账簿，但账目混乱或者成本资料、收入凭证、费用凭证残缺不全，难以查账的。

（5）发生纳税义务，未按照规定的期限办理纳税申报，经税务机关责令限期申报，逾期仍不申报的。

（6）纳税人申报的计税依据明显偏低，又无正当理由的。

7.2.2.6 未办理税务登记的从事生产、经营的纳税人，以及临时从事经营的纳税人的税款征收制度

对未按照规定办理税务登记的从事生产、经营的纳税人以及临时从事生产、经营的纳税人，由税务机关核定其应纳税额，责令缴纳；不缴纳的，税务机关可以扣押其价值相当于应纳税款的商品、货物。扣押后仍不缴纳应纳税款的，经县以上税务局（分局）局长批准，依法拍卖或者变卖所扣押的商品、货物，以拍卖或者变卖所得抵缴税款。

7.2.2.7 税收保全措施

税收保全措施是指税务机关对可能由于纳税人的行为或者某种客观原因，致使以后税款的征收不能保证或难以保证的案件，采取限制纳税人处理或转移商品、货物及其他财产的措施。

【提示7-3】个人及其所扶养家属维持生活必需的住房和用品，不在税收保全措施的范围之内。个人所扶养家属，是指与纳税人共同居住的配偶、直系亲属以及无生活来源的并由纳税人扶养的其他亲属。生活必需的住房和用品不包括机动车辆、金银饰品、古玩字画、豪华住宅或者一处以外的住房。税务机关对单价5 000元以下的其他生活用品，不采取税收保全措施和强制执行措施。

（1）采取税收保全措施应注意以下几个方面：

1）纳税人是有逃避纳税义务行为的。

2）必须是在规定的纳税期之前和责令限期缴纳应纳税款的限期内。

（2）采取税收保全措施的法定程序。

1）责令纳税人提前缴纳税款。税务机关有根据认为从事生产、经营的纳税人有逃避纳税义务行为的，可以在规定的纳税期之前，责令限期缴纳应纳税款。

2）责成纳税人提供纳税担保。在限期内，纳税人有明显转移、隐匿应纳税的商品、货物以及其他财产或者应纳税的收入迹象的，税务机关可以责成纳税人提供纳税担保。

3）冻结纳税人的存款。纳税人不能提供纳税担保的，经县以上税务局（分局）局长批准，书面通知纳税人开户银行或者其他金融机构冻结纳税人的金额相当于应纳税款的存款。

4）查封、扣押纳税人的商品、货物或其他财产。纳税人在开户银行或其他金融机构中没有存款，或者税务机关无法掌握其存款情况的，税务机关可以扣押、查封纳税人的价值相当于应纳税款的商品、货物或其他财产。

（3）税收保全措施的终止。税收保全措施的终止有两种情况：一是纳税人在规定的期限内缴纳了应纳税款的，税务机关必须立即解除税收保全措施；二是纳税人超过规定的期限仍不缴纳税款的，经县以上税务局（分局）局长批准，终止保全措施，转入强制执行措施。

7.2.2.8 税收强制执行措施

税收强制执行措施，是指当事人不履行法律、行政法规规定的义务，有关国家机关采取的强制手段，强迫当事人履行纳税义务的行为。

《税收征收管理法》规定：从事生产、经营的纳税人、扣缴义务人未按照规定的期限缴纳或者解缴税款，纳税担保人未按照规定的期限缴纳所担保的税款，由税务机关责令限期缴纳，逾期仍未缴纳的，经县以上税务局（分局）局长批准，税务机关可以采取下列强制执行措施：

（1）书面通知企业的开户银行或者其他金融机构从其存款中扣缴税款。

（2）扣押、查封、依法拍卖或者变卖企业的价值相当于应纳税款的商品、货物或者其他财产，以拍卖或者变卖所得抵缴税款。

税务机关采取强制执行措施时，对纳税人、扣缴义务人、纳税担保人未缴纳的滞纳金同时强制执行。

个人及其所扶养家属维持生活必需的住房和用品，不在强制执行措施的范围之内。

有问有答

2017 年 9 月 21 日，某市（县级市）税务局对本市企业进行检查时发现，红星酒业批发商店 2015 年 4 月办理税务登记，从事白酒批发、零售业务。在两年多时间里，既未建立账簿，也未向税务机关报送财务会计资料、申报纳税。经多方调查取证，查实确认该商店未申报缴纳增值税 64 010 元。

问：（1）红星酒业批发商店有哪些税收违法行为？

（2）税务机关依据法律应追究红星酒业批发商店什么税收法律责任？

答：（1）该纳税人的税收违法行为有：未按照《税收征收管理法》的规定设立账簿并进行会计核算；未将企业所采用的财务、会计制度和具体的财务、会计处理办法报送税务机关备案；未按期办理纳税申报，未按期缴纳税款。

（2）根据《税收征收管理法》的规定，红星酒业批发商店未按照规定设立账簿并进行会计核算，未将企业所采用的财务、会计制度和具体的财务、会计处理办法报送税务机关备案，税务机关可限期该商店改正，处以 2 000 元以下罚款。纳税人经税务机关通知申报而拒不申报，不缴或少缴税款，是偷税。税务机关追缴其不缴或少缴的税款、滞纳金，并处以不缴或少缴税款 50%以上 5 倍以下罚款；构成犯罪的，依法追究刑事责任。

小结

本情境的主要内容有税务登记、发票管理、纳税申报管理、税款征收方式及税款征收制度等。

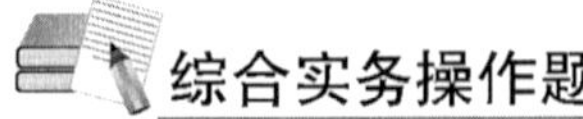

综合实务操作题

一、单项选择题

1. 下列关于税收强制执行措施的表述中，正确的是（　　）。

A. 税收强制执行措施不适用于扣缴义务人

B. 作为家庭唯一代步工具的轿车，不在税收强制执行的范围之内

C. 税务机关采取强制执行措施时，可对纳税人未缴纳的滞纳金同时强制执行

D. 税务机关可对未按期缴纳工资薪金收入个人所得税的个人实施税收强制执行

2. 下列各项中，不符合《税收征收管理法》有关规定的是（　　）。

A. 采取税收保全措施时，冻结的存款以纳税人应纳税款的数额为限

B. 采取税收强制执行措施时，被执行人未缴纳的滞纳金必须同时执行

C. 税收强制执行措施的适用范围不仅限于从事生产经营的纳税人，也包括扣缴义务人

D. 税收保全措施的适用范围不仅限于从事生产经营的纳税人，也包括扣缴义务人

3. 根据《税收征收管理法》的规定，扣缴义务人应扣未扣、应收未收税款的，由税务机关向纳税人追缴税款，对扣缴义务人处以一定数额的罚款。其罚款限额是（　　）。

A. 2 000 元以下

B. 2 000 元以上 5 000 元以下

C. 应扣未扣、应收未收税款 50%以上 3 倍以下

D. 应扣未扣、应收未收税款 50%以上 5 倍以下

4. 纳税担保人未按照规定的期限缴纳所担保的税款、滞纳金的，由税务机关责令限期在（　　）内缴纳；逾期仍未缴纳的，经县以上税务局（分局）局长批准，税务机关依法拍卖、变卖抵押物，抵缴税款、滞纳金。

A. 10 日　　B. 15 日　　C. 30 日　　D. 45 日

5. 税务机关应当为纳税人、扣缴义务人的情况保密，是指对（　　）保密。

A. 商业秘密　　B. 欠税情况　　C. 税收违法行为　　D. 税收违法事实

6. 按照《税收征收管理法》的规定，从事生产经营的纳税人，应当自领取（　　）或发生纳税义务之日起 15 日内设置账簿。

A. 营业执照　　B. 税务登记证

C. 法人代码证　　D. 银行开户许可证

7. 实施税收强制执行措施，拍卖或者变卖所得抵缴税款、滞纳金、罚款以及扣押、查封、保管、拍卖、变卖等费用后，剩余部分应当在（　　）内退还被执行人。

A. 1 日　　B. 3 日　　C. 7 日　　D. 10 日

8. 经税务机关同意，纳税人或纳税担保人将其动产或权利凭证移交税务机关占有，

将该动产或权利凭证作为税款及滞纳金的担保，称为（　　）。

A. 纳税担保　　B. 纳税质押　　C. 纳税抵押品　　D. 纳税补偿

9. 纳税担保人未按照规定的期限缴纳所担保的税款、滞纳金的，由税务机关责令限期在 15 日内缴纳；逾期仍未缴纳的，经（　　）批准，税务机关依法拍卖、变卖抵押物，抵缴税款、滞纳金。

A. 县级以上税务局（分局）　　B. 县级以上税务局（分局）局长

C. 省级税务局　　D. 省级税务局局长

二、多项选择题

1. 下列各项中，不适用《税收征收管理法》的有（　　）。

A. 城市维护建设税　　B. 关税

C. 车辆购置税　　D. 教育费附加

2. 纳税人、扣缴义务人的权利包括（　　）。

A. 对税务机关做出的决定享有陈述权、申辩权

B. 依法享有申请行政复议、提起行政诉讼、请求国家赔偿等权利

C. 有权控告和检举税务机关、税务人员的违法违纪行为

D. 有权要求税务机关为纳税人、扣缴义务人的情况保密

3. 下列各项中，符合《税收征收管理法》税款征收有关规定的有（　　）。

A. 税务机关减免税时，必须给纳税人开具承诺文书

B. 税务机关征收税款时，必须给纳税人开具完税凭证

C. 税务机关扣押商品、货物或者其他财产时必须开具收据

D. 税务机关查封商品、货物或者其他财产时必须开具清单

4. 下列关于税务机关行使税务检查权的表述中，符合税法规定的有（　　）。

A. 到纳税人的住所检查应纳税的商品、货物和其他财产

B. 责成纳税人提供与纳税有关的文件、证明材料和有关资料

C. 到车站检查纳税人托运货物或者其他财产的有关单据、凭证和资料

D. 经县税务局局长批准，凭统一格式的检查存款账户许可证，查询案件涉嫌人员的储蓄存款

5. 纳税申报的方式包括（　　）。

A. 直接申报　　B. 间接申报

C. 邮寄申报　　D. 数据电文申报

6. 当纳税人遇有特殊困难，需要延期纳税时，下列做法正确的有（　　）。

A. 纳税人必须书面申请

B. 经县以上税务局局长批准

C. 期限最长不超过 3 个月

D. 批准期限不加收滞纳金，但要按月支付 10%的利息

7. 实施税收保全措施的被执行人不包括（　　）。

A. 从事生产、经营的纳税人　　B. 不从事生产、经营的纳税人

C. 纳税担保人　　D. 代扣代缴、代收代缴义务人

8. 税收保全措施终止的情况有（　　）。

A. 纳税人在规定的期限内缴纳了应纳税款

B. 纳税人提请税务行政复议

C. 纳税人超过规定期限不纳税，经税务局（分局）局长批准，终止税收保全措施，转入强制执行措施

D. 纳税人提请税务行政诉讼

9.《税收征收管理法》规定税务机关可以采取的税收保全措施有（　　）。

A. 书面通知纳税人开户银行冻结纳税人的金额相当于应纳税款的存款

B. 书面通知纳税人开户银行从其存款中扣缴税款

C. 扣押、查封纳税人的价值相当于应纳税款的商品、货物或者其他财产

D. 扣押、查封、拍卖纳税人的价值相当于应纳税款的商品、货物或者其他财产，以拍卖所得抵缴税款

参考文献

1. 中国注册会计师协会. 税法. 北京：科学出版社，2018.

2. 东奥会计在线. 2017 注册会计师考试应试指导及全真模拟测试——税法. 北京：北京大学出版社，2017.

3. 中华会计网校. 经济法基础. 北京：高等教育出版社，2017.

4. 李凤荣. 税法实务. 2 版. 北京：中国人民大学出版社，2018.

5. 财政部会计资格评价中心. 经济法基础. 北京：经济科学出版社，2020.

图书在版编目（CIP）数据

税法实务/李凤荣，宣胜瑾主编. --3版. --北京：中国人民大学出版社，2020.7
21世纪高职高专会计类专业课程改革规划教材
ISBN 978-7-300-28351-7

Ⅰ.①税… Ⅱ.①李… ②宣… Ⅲ.①税法-中国-高等职业教育-教材 Ⅳ.①D922.22

中国版本图书馆CIP数据核字（2020）第121158号

21世纪高职高专会计类专业课程改革规划教材
税法实务（第三版）
主　编　李凤荣　宣胜瑾
副主编　张　萌　张凌羽　张开宇　于　蕾
Shuifa Shiwu

出版发行　中国人民大学出版社
社　　址　北京中关村大街31号　　**邮政编码**　100080
电　　话　010－62511242（总编室）　010－62511770（质管部）
010－82501766（邮购部）　010－62514148（门市部）
010－62515195（发行公司）　010－62515275（盗版举报）
网　　址　http://www.crup.com.cn
经　　销　新华书店
印　　刷　北京溢漾印刷有限公司　　**版　　次**　2016年5月第1版
规　　格　185 mm×260 mm　16开本　　2020年7月第3版
印　　张　16.5　　**印　　次**　2023年2月第4次印刷
字　　数　393 000　　**定　　价**　40.00元